LIÇÕES DE LIDERANÇA DE
AGOSTINHO

SEGREDOS MILENARES PARA LIDERAR E INSPIRAR PESSOAS PARA O SUCESSO

EDWARD L. SMITHER

© 2008 de Edward L. Smither
Esta tradução de *Augustine as Mentor: a Model for Preparing Spiritual Leaders* foi publicada de acordo com B&H Publishing Group, Nashville, Tennessee, EUA.

2ª edição: fevereiro de 2022

Tradução
Odair Olivetti

Revisão
Dominique Bennett
Simone Granconato

Capa
Wesley Mendonça

Diagramação
Sonia Peticov

Editor
Aldo Menezes

Coordenador de produção
Mauro Terrengui

Impressão e acabamento
Imprensa da Fé

As opiniões, as interpretações e os conceitos emitidos nesta obra são de responsabilidade do autor e não refletem necessariamente o ponto de vista da Hagnos.

Todos os direitos desta edição reservados à
Editora Hagnos Ltda.
Av. Jacinto Júlio, 27
04815-160 — São Paulo, SP
Tel.: (11) 5668-5668

E-mail: hagnos@hagnos.com.br
Home page: www.hagnos.com.br

Dados Internacionais de Catalogação na Publicação (CIP)
Angélica Ilacqua CRB-8/7057

Smither, Edward L.
    Lições de liderança de Agostinho: segredos milenares para liderar e inspirar pessoas para o sucesso / Edward L. Smither. 2. ed. Tradução de Odair Olivetti. — São Paulo: Hagnos, 2022.

    Título original: Augustine as a Model for Preparing Spiritual Leaders.

    ISBN 978-85-7742-319-4

    1. Agostinho, Santo, bispo de Hipona, 354-430 2. Liderança - Aspectos religiosos I. Título II. Olivetti, Odair

21-5650 CDD 189.2

Índices para catálogo sistemático:
1. Agostinho, bispo de Hipona, 354-430

SUMÁRIO

Prefácio 5

Abreviações 9

1. Mentoreamento no primeiro século .. 11

2. A matriz da função de mentor 39

3. Quem foi mentor de Agostinho? 119

4. Como agostinho aborda a função
   de mentor 159

5. Pensamentos de Agostinho sobre a
   função de mentor 263

Epílogo Pastoreando pastores hoje 317

PREFÁCIO

Como poderia um bispo africano do quinto século ser relevante para o século 21? A julgar pela soma de produção acadêmica gerada cada ano, levando-se em conta somente em inglês, Agostinho de Hipona (354-430) continua a atrair o interesse de professores e estudantes de Filosofia, Teologia e História. Embora a imensa maioria dos estudos sobre Agostinho sejam nas disciplinas acima referidas, minha leitura e meu estudo de Agostinho me impressionaram pela qualidade do seu ministério e da sua teologia pastoral, área largamente omitida por muitos excelentes estudiosos. Afinal, pastorear a igreja de Hipona foi seu "trabalho diário" por uns quarenta anos! Ou até mais que isso. Agostinho foi também pastor de líderes espirituais em sua época — bispos, presbíteros, diáconos e outros que ocupavam ofícios clericais na igreja africana e além.

Este estudo ocupa-se do ministério de mentorear líderes espirituais, isto é, da função de pastorear os que pastoreiam o rebanho do Senhor. Depois de lançar os alicerces do ministério de mentor no Novo Testamento e de interagir com modelos exemplares do período da igreja primitiva, a maior parte deste livro analisará e articulará a abordagem que Agostinho faz do trabalho de mentorear os líderes da igreja. Ao examinar detalhadamente o percurso percorrido pessoalmente por Agostinho e as contribuições dos que lhe serviram de mentores, vou mostrar seus principais métodos ou formas de mentorear. Partindo desta evidência, elaborarei um argumento em prol dos seus princípios e convicções para mentorear líderes espirituais.

Hoje em dia, principalmente no Ocidente, muitos pastores estão lutando isoladamente, sem um pastor para nutrir-lhes as almas. Lamentavelmente, muitos destes, se não passarem por uma mudança radical, não completarão a carreira. Agostinho poderá simplesmente convencê-los de que eles também precisam ser pastoreados. Seguindo a mesma linha, outros pastores podem aprender de Agostinho, e assim, alcançar os demais, particularmente os que estão apenas começando o ministério. A abordagem agostiniana do ministério de mentor, seguramente proverá um modelo prático sobre como exercer esse ministério a outros. Finalmente, para os estudiosos da história da igreja e para os seguidores de Jesus, o modelo de Agostinho, da igreja primitiva, para o exercício do serviço de mentor, deve dar alguma inspiração e direção quanto ao que significa ser discípulo de Jesus e um participante ativo do seu corpo.

Devido ao foco da função de mentorear neste livro, o leitor deve estar ciente de que, às vezes, eu emprego um linguajar não ortodoxo para expor e defender minha tese. Mais notavelmente, essa linguagem inclui termos como "recursorando" (servir como recurso e prática espiritual), e "liberar" ou "liberação" (consagração ou separação de líderes para o ministério).

Finalmente, permita-me dizer-lhe uma palavra sobre a limitação desta obra. Trabalhando com a teologia pastoral de Agostinho, interajo com seu pensamento e com o seu desenvolvimento em diversas áreas práticas, filosóficas e teológicas. Contudo, este livro não se dedica a avaliar as suas ideias sobre questões teológicas tais como: predestinação, graça sacramental, regeneração batismal, política eclesiástica, autoridade papal, celibato clerical, monasticismo, relíquias, milagres e a controvérsia donatista.

Seria impossível completar este projeto sem a ajuda de algumas pessoas chaves em minha vida. Sou devedor a Thomas O'Loughlin, meu supervisor para doutorado na University of Wales-Lampeter, que foi meu orientador no trabalho de tese doutoral sobre Agostinho, agindo tanto com rigor como com encorajamento. Jim Blunk, meu ex-assistente, graduado no Seminário Teológico Batista "Liberty", supriu-me de um novo par de olhos e de proveitoso *feedback* sobre os originais. Sou grato pela oportunidade de publicar este livro com B&H Publishing Group e de trabalhar com grandes editores como

PREFÁCIO

John Landers e Ray Clendenen. Como eu trabalho melhor no contexto anônimo, ainda que público, dos cafés, também sou grato aos proprietários de tais bares em Túnis, Paris, Londres, Oxford, Lampeter e Lynchburg [cidade da Virginia, EUA], que serviram ótimo café e me permitiram trabalhar em suas instalações. Finalmente, quero agradecer à minha esposa Shawn, que me incentivou a perseguir este sonho e me concedeu tempo protegido pra escrever e pesquisar.

EDWARD L. SMITHER

ABREVIAÇÕES

ACW   Ancient Christian Writers.

ATTA   *Augustine Through the Ages: An Encyclopedia.* Alan Fitzgerald, ed. Grand Rapids, MI: Wm. B. Eerdmans, 1999.

ep. (epp.)   *Epistulae*, Augustine.

FC   Fathers of the Church.

JBL   *Journal of Biblical Literature.*

JECS   *Journal of Early Christian Studies.*

JTS   *Journal of Theological Studies.*

NBD   *New Bible Dictionary,* 2ª. ed. J. D. Douglas e N. Hillyer, editores. Downers Grove, IL 1982.

TU   Texte und Untersuchungen.

WSA   *Works of Saint Augustine: A Translation for the 21st Century.*

CAPÍTULO **1**

MENTOREAMENTO NO PRIMEIRO SÉCULO

Aurélio Agostinho (354-430) viveu bem, e seu legado vive até hoje. Seu pensamento — cuidadosamente preservado nos livros, sermões e cartas — impactou teólogos como João Calvino (1509-1564), o historiador árabe Ibn Khaldoun (1332-1406), e praticamente todos os filósofos, amadores e profissionais, dos últimos 1500 anos. Sua contribuição continua a estimular os estudiosos que se dedicam atualmente a esses campos de estudo. Ele foi um escritor prolífico, autor de mais de 100 livros, muitos dos quais foram compostos depois de um longo dia de trabalho como bispo da igreja de Hipona (Hippo Regius, atualmente Annaba, na Argélia).[1] Vê-se que sua capacidade é ainda mais significativa quando nos lembramos de que ele foi criado no seio de uma família de recursos modestos, em Tagaste (Souk Ahras, Argélia), uma cidade insignificante da África romana, distante dos centros de ensino do Império Romano.[2]

---

[1] Possídio, *Vida de Agostinho* 27; todas as traduções são da versão inglesa *Life of Saint Augustine*, editada por John E. Rotelle (Villanova, PA: Augustinian, 1988).
[2] *Sermão* 356.13.

Embora seu pensamento e sua eloquência sejam merecidamente elogiados, acho sua pessoa, seu caráter e seu ministério ainda mais extraordinários. Ele tinha uma fé sincera, que permaneceu consistente e apaixonada desde sua conversão ocorrida na Itália, em 386, até sua morte em Hipona, uns 44 anos mais tarde.[3] Contudo, diferente dos monges eremitas que fugiam do mundo em busca da solidão do deserto, este pastor africano estava sempre na companhia de amigos. Ele fez sua profissão de fé, algo considerado hoje como altamente pessoal, na presença de um amigo íntimo.[4] No mosteiro de Hipona, onde ele e outros clérigos e leigos viviam, ele deliberadamente deixava a porta aberta para visitantes, e sua mesa era posta com lugares extras.[5] Em resumo, sua vida era caracterizada pela amizade.

Meu interesse particular está no impacto que Agostinho teve sobre outros líderes espirituais do seu tempo. Robert Clinton define o líder espiritual como "uma pessoa com capacidade dada por Deus e com responsabilidade dada por Deus de influenciar um grupo específico de pessoas pertencentes a Deus, com vistas a seus propósitos para o grupo".[6] No tempo de Agostinho, os líderes espirituais incluíam bispos, padres (presbíteros) e diáconos, como também subdiáconos, acólitos e leitores.[7] Como líderes, eles eram homens separados para servir o povo de Deus e arcar com as responsabilidades da igreja. A presente pesquisa considerará como Agostinho influenciou esses líderes na instrução e capacitação deles para o ministério. Minha alegação é que Agostinho mentoreou efetivamente líderes espirituais e os

---

[3] *Confissões* 1.1; *Soliloquies* 1.1:5; também George Lawless, *Augustine of Hippo and His Monastic Rule* (Nova York: Oxford University Press, 1989), p. 34-35.

[4] *Confissões* 8.8.19; 11:27; 12:30.

[5] *Sermão* 355:2; *Carta* 38:2; Possídios, *Vida de Agostinho* 22:2,6; também Frederick van der Meer, *Augustine the Bishop*, tradução de B. Battershaw e G. R. Lamb (Londres: Sheed & Ward, 1961) 239.

[6] CLINTON, Robert, *The Making of a Leader*, Colorado Springs: NavPress, 1988, p. 245.

[7] BACCHI, Ver Lee, *The Theology of the Ordained Ministry in the Letters of Augustine of Hippo,* San Francisco: International Scholars, 1998, p. 68.

separou para ministérios necessários na igreja, e que muitos aspectos do seu trabalho como mentor servirão como elementos instrutivos para o mentor moderno. Embora não nos tenha deixado um manual específico sobre como ser líder espiritual, seu exemplo e seus escritos dão significativa evidência que propicia o entendimento dos seus princípios sobre como mentorear.

Escrevo principalmente para pastores e líderes espirituais dos dias modernos que desejem mentorear e equipar outros. Nos círculos cristãos evangélicos, que sou mais propenso a frequentar, o trabalho de mentorear e de instruir tem obtido maior importância nos últimos anos.[8] O grande número de livros, seminários, eventos em estádios, reuniões com café da manhã para oração e excursões de pesca testificam um aumento da ênfase no trabalho de mentor. A presente geração de pastores parece estar mais interessada em questões do coração, como integridade, humildade, fidelidade, santidade pessoal, fome espiritual e serviço, do que nas habilidades normalmente associadas ao ministério — pregação, evangelização, ensino, administração e visitação. Como há um imenso depósito de sabedoria e discernimento preservado na história do movimento cristão primitivo, acredito que Agostinho tem algo para oferecer aos ministros modernos que buscam autenticidade e anseiam praticar o que pregam. Mediante seu pensamento, sua prática, seu sucesso, e até seus fracassos, minha esperança é que os mentores atuais encontrem esperança, inspiração e sugestões práticas para que saibam como mentorear uma geração emergente de líderes espirituais.

Devo deixar claro os assuntos que abordarei e os assuntos que não tratarei neste livro. Primeiro, pretendo apenas focar a obra de Agostinho na formação de homens que foram líderes espirituais e que ocupavam um ofício clerical. Isto não significa que ele não teve impacto em mulheres, particularmente freiras e virgens. Apesar das mulheres que servem como líderes espirituais encontrarem pontos

---

[8] Ver CLINTON, Robert e STANLEY, P., *Connections: The Mentoring Relationships You Need to Succeed in Life*, Colorado Springs: NavPress, 1992, p. 18.

de relevante aplicação, os estudos de casos se limitarão à relação de Agostinho como mentor de homens.

Um segundo limite é que este estudo não mostrará como Agostinho discipulava a congregação geral de Hipona — ministério que é exposto claramente por seus sermões, catecismos, cartas, julgamentos legais e aconselhamentos registrados. Além de sua congregação, Agostinho também influenciou outros leigos por meio de sua correspondência, incluindo cartas a "servos de Deus" — homens e mulheres religiosos que tinham abandonado o mundo secular para se tornarem servos e servas de Deus.[9]

As evidências circundantes à vida de Agostinho revelam um homem profundamente especial e apaixonado, comprometido com pessoas e com relações de amizade. Como servo da igreja, seus pensamentos, que foram ditados para serem inseridos em livros e cartas, e formulados em sermões, serviram para edificar a igreja de Hipona, África, estendendo-se também para fora dos limites dessa cidade. À luz do que já sabemos a respeito de Agostinho, um estudo focando sua abordagem da obra de mentorear líderes espirituais é uma valiosa contribuição para o estudo da função de mentor, e para o estudo do discipulado e da formação espiritual como ocorriam na igreja primitiva. Comecemos, pois, a considerar a vida de alguém que devemos "emular e imitar neste mundo".[10]

O QUE É MENTOREAR?

Embora só tenha entrado em voga na América do Norte em anos recentes, o conceito de mentorear é antigo. Em algumas culturas africanas, mentorear refere-se ao processo pelo qual um menino se torna homem, ou a um jovem que aprende alguma habilidade, como tocar tambor, ou a um novato que trabalha como aprendiz de um ofício sob o comando

---

[9] Ver DOYLE, Daniel, *The Bishop as Disciplinarian in the Letters of St. Augustine*, Nova York: Lang, 2002, p. 368.

[10] POSSÍDIO, *Vida de Agostinho* 31.11.

de um mestre, como a carpintaria. Milavec cita exemplos, colhidos da cultura grega, de novatos sendo mentoreados nos trabalhos de tecelagem de cestos, ou de caça com arco e flecha, ou de fabricação de objetos de cerâmica.[11] Hoje, na América, mentorear veio a ser sinônimo de aconselhar, informar, instruir, preparar e ministrar aprendizagem, ao passo que alguns contextos incluem ofícios, esportes, educação e belas artes. Embora os contextos e as culturas variem, mentorear significa, na essência, que um mestre, ou um perito, ou alguém que tem significativa experiência, infunde conhecimento e habilidade a um novato em uma atmosfera de disciplina, compromisso e responsabilidade.

À luz da necessidade inerente da obra de mentor ou do ministério de discipulado no cristianismo, parece melhor trabalhar com vistas a um modelo de mentor focando textos primitivos, principalmente do Novo Testamento, que amplamente mostram Jesus e Paulo mentoreando homens logo no início do movimento cristão.[12] A parte restante deste capítulo se ocupará em oferecer um modelo cristão primitivo da obra de mentor que também proverá um cenário de fundo histórico quanto ao exercício dessa função na igreja anterior ao ministério de Agostinho.

O TRABALHO DE MENTOR NOS ESCRITOS CRISTÃOS PRIMITIVOS

Apesar de não existir no Novo Testamento e nos textos cristãos primitivos nenhum equivalente exato para o termo *mentorear*, há, porém, algumas palavras associadas que juntas expressam esse conceito. Encontramos, por exemplo, verbos como "fazer discípulos" (*mathēteuō*), "ensinar" (*didaskō*), "instruir" (*didaxō*), "ser sadio" (*hugiainō*), e "seguir" (*akaloutheō*), e também substantivos, como "discípulo" (*mathētēs*), "mestre" (*didaskalos*), "imitador" (*mimētēs*) e "instrução" (*didachē*). Com uma primária ênfase à noção de "discípulo" (*mathētēs*), consideremos as

---

[11] Ver MILAVEC, Aaron, *The Didache: Text, Translation, Analysis, and Commentary.* Collegeville, MN: Liturgica, 2003), p. 47; e WILKINS, Michael, *The Concept of a Discipline in Matthew's Gospel: As Reflected in the Use of the Term Mathêtês,* Leiden: Brill, 1988, p. 34.

[12] Alguma reflexão sobre o mentorear cristão será extraída da obra *Didache* (*Didaquê*).

palavras chaves relacionadas com "mentorear", que nos falam especificamente sobre a fé e a conduta próprias de um discípulo.

Mathētēs

Muito embora a expressão "fazer discípulos" (*mathēteuō*) apareça poucas vezes no Novo Testamento, a ocorrência mais significativa está, ao que parece, na narrativa registrada por Mateus sobre a comissão final dada por Jesus aos Doze: "Portanto, ide, fazei discípulos de todas as nações".[13] Ao contrário, o substantivo *mathētēs* pode ser encontrado 264 vezes nas narrativas dos Evangelhos e em Atos, e ocorre no plural (*mathētai*) em 239 dos exemplos mencionados.[14] Daí, sua significativa repetição, só em cinco livros, sugere fortemente que "discípulo" era um conceito importante para os escritores cristãos primitivos quando explicavam as origens e a propagação do movimento de Jesus.

O conceito de discípulo não se limitava ao ministério de Jesus. Marcos e João registraram que os fariseus tinham discípulos, e os judeus geralmente se consideravam discípulos de Moisés.[15] A narrativa de cada evangelho mostra também João Batista com discípulos, se bem que João retrata João Batista essencialmente renunciando a seus discípulos e os encaminhando a Jesus.[16] Quando "discípulos" é empregado em Atos, refere-se uma vez a Paulo e Barnabé em seus esforços missionários, mas o resto do tempo o termo é sinônimo de cristãos em geral. Lucas reforça isso escrevendo que "os discípulos foram chamados cristãos pela primeira vez", dando a esses crentes o caráter de discípulos de Jesus em um sentido geral.[17]

---

[13] Mateus 28:19; também Atos 14:21; expressão no grego 27:57; ver WILKINS, *Concept of a Disciple*, p. 160-62.

[14] MEIER, John, *A Marginal Jew: Rethinking the Historical Jesus*, Anchor Bible Reference Library, New York: Doubleday, 2001, 3:41-45; ver WILKINS, *Concept of a Disciple*, p. 11-125.

[15] Marcos 2:18; João 9:28; ver WILKINS, *Concept of a Disciple*, p. 131.

[16] Mateus 9:14; 11:2; Marcos 2:18; Lucas 5:33; 7:18,19; João 1:35-41; 3:25.

[17] Atos 13:52; 6:1,2,7; 9.1,19,25,27,38; Atos 11:26; 11:26,29; 14:20,22,28; 15:10; 18:23,27; 19:1,9,30; 20:1; 21:4,6.

As restantes referências a "discípulo", no plural (*mathētai*), nas narrativas dos Evangelhos, referem-se exclusivamente aos que estiveram pessoalmente com Jesus. Dos escritores dos Evangelhos, três retrataram um grande número de discípulos, incluindo alguns que deixaram de acompanhar Jesus depois de algum tempo porque não podiam aceitar o seu ensino.[18] Lucas narrou a interação de Jesus com um grupo de setenta seguidores que ele enviou adiante dele às cidades nas quais ele deveria pregar.[19] Contudo, o maior significado dado nos Evangelhos a Jesus e seus discípulos refere-se à sua relação com os Doze.[20] John Meier escreve: "Imaginamos os seguidores de Jesus como círculos concêntricos: as 'multidões' formam o círculo externo, os 'discípulos' o círculo médio ou intermediário, e os 'Doze' o círculo interno".[21]

À luz do significativo e repetido uso de *mathētēs* nas passagens citadas, parece melhor abordar o possível entendimento da obra de mentor observando o que se passava com o discípulo ou com o grupo de discípulos, bem como o que ocorria em torno deles, em sua jornada rumo à "plenitude de Cristo". O que é que o discípulo recebia de seu mentor nesse processo?

O discípulo e sua fé

Marshall define amplamente discípulo como "o aluno de um mestre", indicando que aprender é uma ocupação chave.[22] Em certo sentido, isto significa que um ensino de natureza cognitiva era dado a um discípulo para que ele o apreendesse e cresse.[23] Jesus é chamado "mestre"

---

[18] Mateus 8:21; Lucas 6:17; 19:37; João 6:60,66.

[19] Lucas 10:1-17.

[20] Mateus 10:1,2,5; 11:1; 4:12,15,19,22,26; 20:17; 26:14,20,47; Marcos 3:14,16; 4:10; 6:7; 9:35; 10:32; 11:11; 14:10,17,20,43; Lucas 6:13; 8:1; 9:1,12; 18:31; 22:33,47; João 6:67,70,71; 20:24; ver WILKINS, *Concept of a Disciple*, p. 166-67.

[21] MEIER, *Marginal Jew*, 3:21.

[22] MARSHALL, I. Howard, "Disciple", em NBD, 285; também Mateus 10:24,25; Lucas 6:40.

[23] "Aprender", de um modo meramente cognitivo, parece estar refletido no vocábulo raramente empregado *manthanō*, que ocorre somente sete vezes nos Evangelhos e em

(*didaskalos*),[24] *rabbi*, (mestre)[25] ou "senhor" e "mestre" (*kyrios*)[26] 151 vezes nos Evangelhos, e é retratado no ato de ensinar (*didaskô*)[27] outras 42 vezes.

Jesus é o Cristo. Em que os seus seguidores creram que os fez seus discípulos? Apesar dos relatos dos Evangelhos o retratarem ensinando sobre assuntos tais como ética e oração, percebe-se que a convicção acerca da identidade de Jesus como o Cristo — alguém que iria expiar os pecados mediante sua morte, seu sepultamento e sua ressurreição — era o mais importante atributo qualificativo de discípulo.[28] Esta convicção foi comunicada muito sucintamente na famosa confissão de Pedro segundo a qual Jesus era o Cristo, "o Filho do Deus vivo".[29] Embora alguns dos Doze tenham sido lentos em entender esta questão e muitos do grupo maior o tenham rejeitado completamente, em

---

Atos (Mateus 9:13;11:29;24:32; Marcos 13:28; João 6:45; 7:15; Atos 23:27). ver WILKINS, *Concept of a Disciple,* p. 158-60.

[24] Mateus 8:19; 9:11; 12:38; 17:24; 19:16; 22:16,24,36; 26:18; Marcos 4:38; 5:35; 9:17,38; 10:17,20,35; 12:14,19,32; 13:1; 14:14; Lucas 3:12; 7:40; 8:39; 9:38; 10:25; 11:45; 12:13; 18:18; 19:39; 20:21,28,39; 21:7; 22:11; João 1:38; 3:2; 8:4; 11:28; 13:13,14; 20:16; ver MILAVEC, *Didaquê,* 73.

[25] Mateus 26:25,49; Marcos 9:5; 11:21; 14:45; João 1:29,38; 3:2; 4:31; 6:25; 9:2; 11:8; Lucas usou também "mestre" *(epistata),* no mesmo sentido, outra seis vezes (Lucas 5:5; 8:24,45; 9:33,49; 17:13).

[26] Kyrios é essencialmente a tradução grega de "rabbi". Mateus 7:21,22; 8:2,6,8,21,25; 9:28; 12:8; 14:28,30; 15:22,25,27; 16:22; 17:4,15; 18:21; 20:30,31,33; 21:3,30; 24:42; 26:22; Marcos 2:28; 5:19; 7:28; 11:3; 16:19; Lucas 2:11; 5:8,12; 6:5,46; 7:6,13; 9:54,59,61; 10:1,17,40,41; 11:1,39; 12:41; 13:15,23; 17:6,37; 18:6,41; 19:8,31,34; 22:33,38,49,61; 24:3; João 4:11,15,19,49; 5:7; 6:34,68; 8:11; 9:36,38; 11:3,12,21,27,32,34,39; 13:6,9,13,14,25,36,37; 14:5,8,22; 15:15; 20:28; 21:7,12,15-17,20,21; ; ver MILAVEC, Aaron, *To Empower as Jesus Did: Acquiring Spiritual Power Through Apprenticeship,* Nova York e Toronto: Edwin Mellen, 1982, p. 98.

[27] Mateus 4:23; 5:2; 7:29; 9:35; 11:11; 13:54; 21:23; 22.16; 26:55; Marcos 1:21,22; 2:13; 4:1,2; 6:2,6,34; 8:31; 9:31; 10:1; 11:1,7; 12:14,35; 14:49; Lucas 4:15,31; 5:3,17; 6:6; 13:10,22; 19:47; 20:1,21; 21:37; João 6:59; 7:14,28; 8:2,20; 18:20.

[28] Mateus 5—7; Lucas 11:1-13; João 13—17; ver MEIER, *Marginal Jew,* 3:2.

[29] Mateus 16:16; "o Cristo" *(ho christos)* significa literalmente "o ungido", e é o equivalente grego do hebraico *mashiah.* Que o Messias sofreria e morreria é narrado em Daniel 9:25; Mateus 16:13-21; Marcos 8:27-33; 9:31; Lucas 9:18; João 3:16; 4:39,41; 6:69; 7:31; 8:24,30; 11:25,27; 13:17; 16:30; 20:31.

última instância a identidade de Jesus era o ponto principal das boas novas pregadas por ele nos Evangelhos e o que foi proclamado pelos apóstolos em Atos.[30]

As Escrituras. Além da identidade de Jesus, que outro ensino contribuiu para a fé característica de discípulo? Mateus registrou Jesus dizendo: "Não penseis que vim abolir a Lei ou os Profetas; não vim abolir, mas cumprir".[31] À medida que o seu discurso se desdobrou, ele fez diversas referências à Lei Mosaica, seguidas de comentário e de ensino atualizado sobre cada assunto.[32]

Entrada da antiga cidade de Hipona, atual Annaba, na Argélia, onde Agostinho serviu como presbítero (391-395) e depois como bispo (395-430).

O fato de que Jesus cumpriria a lei ou os profetas implica que o seu ensino brotava das Escrituras hebraicas. Ao longo dos Evangelhos, Jesus é regularmente visto ensinando no templo ou nas sinagogas

---

[30] Mateus 16:22,23; Marcos 8:32,33; João 6:60-66; Mateus 16:21; 17:12; Marcos 1:1; 8:31; 9:21; 14:9; Lucas 9:22; 17:25; 24:26-46; Atos 2:38; 3:12-26; 4:2; 5:42.
[31] Mateus 5:17.
[32] Mateus 5:21,27,31,33,35,38,43.

onde, como um rabi não oficial, ele teria lido e ensinado com base nessas Escrituras.[33] Assim, além de crer que Jesus era o Cristo, o discípulo também teria que aceitar os ensinamentos morais e éticos das Escrituras hebraicas, como também o seu ensino atualizado, como o que se vê no conteúdo do Sermão do Monte.

Vê-se que os apóstolos e os evangelistas que vieram depois de Jesus também seguiam este padrão de ensino. Lucas escreveu que Filipe, Paulo e Apolo faziam uso das Escrituras hebraicas para apresentarem Jesus como o Cristo.[34] Os apóstolos docentes da igreja de Jerusalém em Atos — em particular os que tinham estado com Jesus — provavelmente passavam também o que tinham aprendido do Senhor nos três anos anteriores.[35] Ao que parece, este ensino foi transmitido rapidamente a discípulos de fora da comunidade de Jerusalém; isso explica como Barnabé, um nativo de Chipre, e que aparentemente vivia em Jerusalém nas proximidades do Pentecoste, e Priscila e Áquila, oriundos de Roma, foram educados na fé o suficiente para ensinarem líderes emergentes como Paulo e Apolo.[36]

Sã doutrina. Conforme a comunidade da fé crescia, um desafio sobre o qual Lucas e Paulo lançaram luz foi o combate contra a heresia que se infiltrava nas novas igrejas.[37] Os dois jovens pastores, Timóteo e Tito, receberam cartas de Paulo nas quais eles foram exortados a

---

[33] Mateus 4:23; 9:35; 13:54; 21:23; 26:55; Marcos 1:21; 6:2; 11:7; 12:35; 14:49; Lucas 4:15; 6:6; 13:10; 19:47; 20:1; 21:37; João 6:59; 7:14-28; 8:2,20; ver MARSHALL, "Disciple", p. 285; muitas das referências de Jesus à Escritura *(graphê)* também fazem alguma conexão com a sua identidade como o Cristo; ver Mateus 21:42; 22:29; 26:54,56; Marcos 12:10,24; 14:49; Lucas 4:21; 24:27,32,45; João 2:22; 5:39; 7:38,42; 10:35; 13:18; 17:12; 19:24,28,36,37; 20:9.

[34] Atos 8:35; 17:22; 18:28.

[35] Atos 2:42; 6:2; 11:26; 15:22; 18:11; 20:20; 28:31; Mateus 5—7; 9:37; 11:11; 16:5,13,20,21,24; 17:19; 19:23; 20:17; 26:1,26; Marcos 4:34; 8:27,33,34; 9:28,31; 10:23,24; 12:43; Lucas 6:20; 9:18,40,43; 10:23; 11:1; 12:22; 16:1; 17:1,22; 20:45; 22:11; João 6:61; 13:5,35; 15:18; 16:29; ver WILKINS, *Concept of a Disciple*, p. 144.

[36] Atos 4:36; 18:2; 11:25,26;18:26.

[37] Atos 15:1ss; Romanos 16:17,18; Gálatas 1:6,7; Colossenses 2:8; 1Timóteo 4:1ss; 2Timóteo 4:3,4.

MENTOREAMENTO NO PRIMEIRO SÉCULO

manter a "sã doutrina" (*hugiainousê didaskalia*) em face de certos ensinos ascéticos e judaicos.[38]

O que era sã doutrina? A resposta mais clara vem em 1Timóteo, onde um ensinamento que não era são foi descrito como "alguma outra doutrina e discorda das sãs palavras de nosso Senhor Jesus Cristo".[39] Portanto, a sã doutrina consistia nos ensinamentos de Jesus, "o que ouviste de mim diante de muitas testemunhas" e aparentemente era conhecida de todos os líderes e mestres da igreja, constituindo o padrão do são ensino.[40]

Em 2Timóteo 3:14-17, Paulo acrescentou que a sã doutrina era essencialmente o que era ensinado nas Escrituras:

> Tu, porém, permanece naquilo que aprendeste e de que foste inteirado, sabendo de quem o tens aprendido; pois desde a infância sabes as Sagradas Letras, que podem fazer-te sábio para a salvação, pela fé que há em Cristo Jesus. Toda a Escritura é divinamente inspirada e proveitosa para ensinar, para repreender, para corrigir, para instruir em justiça; a fim de que o homem de Deus tenha capacidade e pleno preparo para realizar toda boa obra.[41]

Os "escritos sagrados" (*hiera grammata*), que Timóteo conhecia desde quando recebeu sua primeira educação, na infância, em um lar judeu, e "toda a Escritura" (*pasa graphê*), referem-se às Escrituras hebraicas.[42] Todavia, em 1Timóteo 5:18, Paulo tinha escrito: "Porque a Escritura diz: Não amarres a boca do boi quando ele estiver debulhando; e: O trabalhador é digno do seu salário". Aqui Paulo citou Deuteronômio 25:4 e Lucas 10:7 e se referiu a ambas as passagens como "a Escritura" (*he graphê*). Daí, para os cristãos primitivos, a sã doutrina significava doutrina que se conformava às Escrituras

---

[38] 1Timóteo 1:10; 4:6; 6:3; 2Timóteo 1:13; 4:3; Tito 1:9; 2:1.
[39] 1Timóteo 6:3.
[40] 2Timóteo 2:2; também *Didaquê* 11:2.
[41] 2Timóteo 3:14-17.
[42] 2Timóteo 1:5.

hebraicas, aos ensinos de Jesus transmitidos pelos apóstolos e a eventuais escritos do Novo Testamento, nos quais Lucas está incluído.

Por que a noção sobre as Escrituras era importante para a promoção da sã doutrina e, em última instância, era uma chave para o trabalho de mentorear e de ministrar o discipulado no cristianismo primitivo? A mensagem do cristianismo, bem como do judaísmo, foi comunicada mediante revelação. Os judeus criam que Deus lhes falava através dos seus profetas e líderes, como Moisés, que recebeu a lei. Embora esta revelação tenha se iniciado com um encontro pessoal divino-humano, a mensagem foi posteriormente escrita e preservada para que os membros da comunidade da aliança a aprendessem e até a memorizassem. Embora aceitando a autoridade das Escrituras hebraicas, a igreja primitiva cria que uma subsequente revelação na forma de Escritura acompanhava o surgimento e a expansão do movimento cristão. João escreveu que Jesus não era meramente um meio de revelação, mas que ele era a Palavra de Deus encarnada (*ho logos*).[43] Como já foi observado, Paulo considerava os escritos de Lucas como Escritura, ao passo que Pedro comunicou o mesmo pensamento com relação aos escritos de Paulo.[44]

As Escrituras trouxeram unidade e continuidade aos judeus e à igreja primitiva, no sentido de que serviam como ponto de referência para o ensino e a preservação da fé. Ao mesmo tempo, elas proviam um meio pelo qual podia discernir ensino falso. Como notamos, Paulo defendia as Escrituras, como também os ensinos de Jesus, como o teste para provar sã doutrina, o que salvaguardava a fé doutrinária própria de um discípulo.

Conduta de discípulo

Segundo os escritores dos Evangelhos, alguém se tornava discípulo por crer que Jesus era o Cristo, e por aceitar os seus ensinamentos — os

---

[43] João 1:1-14.
[44] 2Pedro 3:16.

ensinamentos morais e éticos das Escrituras hebraicas e os seus ensinamentos que cumpriam a lei. Mas, ser discípulo de Jesus limitava-se a crer? Ao contrário, os escritores dos Evangelhos mostravam que era inteiramente impossível separar a fé acerca da pessoa e dos ensinamentos de Jesus da obediência a esses ensinamentos.[45] À luz deste elo inseparável, Milavec argumenta que se deve traduzir *didaskolos* por "senhor", em vez de por "mestre", e que se deve traduzir *didaskō* por "aprender" em vez de por "ensinar". Sobre *didaskō* ele comenta que "só pode referir-se àquela aprendizagem que consumia toda a vida e todo o propósito de todos os judeus — isso é assimilar o caminho de YHWH".[46] Em seu comentário sobre a *Didaquê*, Milavec acrescenta que a palavra *didachē*, muito frequentemente traduzida por "ensino", deve ser traduzida por "treinamento", devido à natureza prática do ensinamento.[47]

A maneira prática de obedecer aos ensinamentos de Jesus foi claramente expressa pelo modo ativo como Jesus chamou os seus discípulos — "segue-me" (*akolouthei moi*).[48] Meier escreve: "No caso dos que foram especificamente chamados discípulos, em especial o grupo particular chamado "os Doze", o ato físico de seguir expressa uma adesão à pessoa e à mensagem de Jesus".[49] Mateus deu ênfase à obediência prática em sua narrativa do Sermão do Monte de Jesus, um discurso ético caracterizado por ordens práticas para a vida, resumidas pelo mandado: "Sede, pois, perfeitos, assim como perfeito é o vosso Pai celestial".[50] Como já foi observado, João retratou Jesus no papel de um senhor que não somente ordenou obediência, mas

---

[45] A ideia de ouvir *(akouō)* é empregada quase como sinônimo de obedecer em textos como Mateus 7:24,26; Lucas 6:47; João 12:47.

[46] Ver MILAVEC, *To Empower as Jesus Did*, 85.

[47] Ver MILAVEC, *The Didache: Text, Translation, Analysis, and Commentary*, 44; *Didache*. 2.1; 6.1.

[48] Mateus 8:22; 9:19; 10:38; 16:24; 19:21,28; Marcos 2:14; 8:34; 10:21; Lucas 5:27; 9:23,59; 18:22; João 1:43; 8:12; 10:27; 12:26; 13:36; 21:19,22.

[49] MEIER, *Marginal Jew*, 3:20.

[50] Mateus 5:48.

também a demonstrou lavando os pés dos seus discípulos antes de ensiná-los no cenáculo.[51]

Enquanto que Jesus se apresentou como um modelo para os Doze, Paulo conclamou os crentes coríntios a serem seus "imitadores" (*mimētēs*), imitando "o [seu] modo de vida", ou seus "caminhos", em Cristo.[52] Os "caminhos" de Paulo (*hodous*) referiam-se à sua conduta moralmente íntegra, que se conformava à conduta e aos ensinamentos de Jesus, a quem João se referiu como "o caminho" (*hē hodos*).[53] Sem nenhuma separação entre sua conduta e seus ensinamentos, Jesus foi a encarnação da perfeição moral e de tudo o que agradava ao Pai. Portanto, os crentes coríntios foram desafiados a um nível superior de conduta pela imitação de Paulo, que imitava Cristo. Também nas primeiras epístolas os cristãos eram encorajados a imitar o bom exemplo de gente honesta e trabalhadora, a fé dos santos das Escrituras hebraicas, o exemplo dos mestres que tinham ensinado a Palavra de Deus e tinham demonstrado uma vida santa, bem como a imitar Deus e Cristo.[54]

Resumo

O discípulo cristão primitivo típico cria na identidade de Jesus como o Cristo e cognitivamente aceitava os ensinamentos morais e éticos de Jesus, emanados das Escrituras, e procurava obedecê-los. Junto a isso, o discípulo imitava a conduta de Cristo e de outros membros da comunidade da fé, cuja conduta se conformava à de Cristo.

O mentoreado ou o discipulado, como visto no Novo Testamento e nos escritos cristãos primitivos, era obra de um cristão ajudando outro discípulo ou grupo de discípulos a crescerem em seu conhecimento e em sua aplicação dos ensinamentos de Jesus e das Escrituras.

---

[51] João 13:3-17.

[52] 1Coríntios 4:16,17; 11:1.

[53] João 14:6.

[54] 1Tessalonicenses 1:6; 2Tessalonicenses 3:7,9; Hebreus 6:12; 13:7; *Didaquê* 4:1,2; Efésios 5:1-4.

Dito de outra maneira, o mentor tutoreava os seus discípulos encaminhando-os à compreensão da plenitude da sua salvação.[55] A relação produzida pela obra de mentor se expressava por um relacionamento pessoal e diligente entre os discípulos comprometidos com esta meta comum.[56] Provavelmente, o mentor tinha sido discípulo mais tempo que os seus discípulos, e tinha um entendimento mais profundo dos ensinamentos de Jesus e das Escrituras. Com isso ele era um cativante modelo, cuja conduta ia se conformando continuamente ao modo e aos caminhos de Cristo. Seu ensinamento e sua conduta eram coerentes entre si, significando que ele praticava o que pregava. Finalmente, a atmosfera da relação própria do mentoreado era tanto generosa como rigorosa, e caracterizada por encorajamento e exortação.

MENTOREANDO LÍDERES ESPIRITUAIS

Em certo nível, o mentoreado ou o discipulado era possível para todos os cristãos. Como já observamos, a palavra discípulos poderia referir-se ao grupo maior de irmãos que seguiam Jesus, ou até aos membros do movimento cristão primitivo, segundo seu registro em Atos. Contudo, visto que a nossa pesquisa está interessada no mentoreado de líderes espirituais, parece mais útil concentrar-nos em ver como Jesus mentoreava os Doze e como Paulo mentoreava os seus cooperadores na missão. Meier assinala importante ponto quando declara que Jesus chamava os seus discípulos, não meramente para salvação e benefício deles, mas para se juntarem a ele em seu propósito — a promoção do reino de Deus.[57] Também Paulo, evidentemente, selecionou homens e os mentoreou no contexto do empreendimento missionário. Para completar o nosso modelo da obra de mentorear líderes espirituais entre os cristãos primitivos, ofereço as oito seguintes características da obra de mentorear, extraídas das evidências já apresentadas.

---

[55] Efésios 2:8; 4:13; Colossenses 1:28.

[56] Ver MILAVEC, *Didaquê*, 88.

[57] MEIER, *Marginal Jew*, 3.157.

1. O grupo

A primeira realidade aparente do mentoreamento de líderes espirituais no cristianismo primitivo é que essa obra aconteceu no contexto de um grupo. Como já foi observado, o termo *mathētēs* é repetido 239 vezes no plural nos Evangelhos e em Atos, em contraste com apenas 25 vezes no singular. Vinte das 25 ocorrências referem-se ao "discípulo a quem Jesus amava", no Evangelho de João, ou à hipotética noção de discípulo.[58] De fato, o único discípulo individual mencionado nos Evangelhos foi José de Arimateia.[59] Daí, discípulo era quase exclusivamente um conceito grupal nos Evangelhos e em Atos. Simplesmente nunca se vê o Senhor mentorear qualquer dos Doze ou qualquer dos membros do grupo mais amplo em base individual.[60] Meier afirma corretamente: "Nos termos em que é apresentado nos Evangelhos, o discipulado não envolve apenas uma relação de um único aluno com seu mestre, mas sim a formação de um grupo ao redor do mestre que trouxe a existência o grupo".[61]

Embora Paulo não tenha sido iniciado na comunidade como os outros apóstolos, ele também mentoreou líderes espirituais em um contexto de grupo. Seus contextos chaves de mentoreado foram as viagens missionárias registradas em Atos, onde líderes emergentes como João Marcos, Tito, Timóteo, Silas, Judas e Lucas o acompanharam como discípulos e colaboradores.[62]

---

[58] João 18:15,16; 19:26,27; 20:2-4:8; 21:7,20,23,24; Mateus 10:24,25,42; Lucas 6:10; 14:26,27,33.

[59] João 19:38; os restantes usos de discípulo no singular estão em Atos 9:10,26,36; 16:1.

[60] Há poucos exemplos nos quais só Pedro, Tiago e João acompanham Jesus, se bem que isso não diminui o contexto de grupo do seu ensino; ver Mateus 17:1; Marcos 5:37; 9:2; Lucas 8:51; 9:28.

[61] MEIER, *Marginal Jew*, 3.51,52; também WILKINS, *Concept of a Disciple*, 169.

[62] João Marcos (Atos 13:13; Colossenses 4:10; Filemom 24); Tito (Gálatas 2:1; 2Coríntios 8:23); ver as declarações de "nós", de Lucas (Atos 16:10-13,16; 20:6-8,13-15; 21:1-8,10,12,14-17; 27:1-8,15,16,18,27,29; 28:1,10-14,16).

MENTOREAMENTO NO PRIMEIRO SÉCULO

Por que será que o mentoreado cristão primitivo aconteceu em um contexto de grupo, mais do que em uma base individual? Alguns podem argumentar razoavelmente dizendo que a Palestina do primeiro século era mais comunal do que a Europa ou a América do Norte moderna, onde o individualismo é mais altamente valorizado; mas em minha opinião a razão que mais se impõe e que está acima da cultura, é que Jesus e Paulo e outros mentores cristãos primitivos mentoreavam líderes no contexto da meta que tinham — o estabelecimento da igreja.[63] Como a igreja devia ser um corpo de crentes vivendo juntos na fé, na esperança e no amor, seus líderes precisavam ser treinados no contexto de uma comunidade. Wilkins acrescenta acertadamente: "A igreja em geral pode ser identificada com o grupo de discípulos".[64]

Finalmente, mentorear em um contexto de grupo parece mais eficiente porque leva em conta a constituição e as necessidades relacionais dos seres humanos. Milavec lança luz sobre o papel vital da família, particularmente dos pais, na formação dos filhos em seu sistema básico de fé e servindo como uma comunidade de nutrição e cultivo ideal.[65] Além da família, a expressão "ninguém é uma ilha" significa que os seres humanos não prosperam ou não desenvolvem isolados. Os teólogos explicam o caráter relacional dos seres humanos apontando para a sua criação à imagem de um Deus trino, estando necessariamente ligado com a Divindade.[66] Seres humanos que já demonstram a necessidade de estarem ligados a outros, estão em maior necessidade de relacionamentos na medida em que buscam ter ou manter relações com Deus. Diante disso começamos a entender um pouco a especulação teológica entre o mistério da Trindade e a doutrina do corpo de Cristo. Resumindo, mentorear no contexto de grupo, como o demonstram Jesus e Paulo, é mais eficaz porque atende às necessidades relacionais inerentes do discípulo.

---

[63] Mateus 16:18; Atos 11:26; 14:23-27.
[64] WILKINS, *Concept of a Disciple*, p. 170.
[65] MILAVEC, *To Empower as Jesus Did*, 8.11.
[66] Gênesis 1:26,27.

2. O mentor como discípulo

Paulo escreveu aos filipenses: "Não que eu já a tenha alcançado, ou que seja perfeito; mas vou prosseguindo, procurando alcançar aquilo para que também fui alcançado por Cristo Jesus".[67] Embora ainda não tendo "alcançado" espiritualmente, o mentor ainda estava crescendo, sua conduta estava se tornando cada vez mais semelhante à de Cristo. O mentor continuava sendo um discípulo.

O Novo Testamento retrata Jesus também em forma humana, vivendo pela fé e na dependência de Deus, se bem que sua natureza divina jamais ficou comprometida. Tal dependência, caracterizada pela oração, demonstra que ele também assumiu a postura de discípulo. O escritor de Hebreus descreve isto da seguinte maneira: "Nos dias de sua vida, com grande clamor e lágrimas, Jesus ofereceu orações e súplicas àquele que podia livrá-lo da morte e, tendo sido ouvido por causa do seu temor a Deus, embora sendo Filho, aprendeu a obediência por meio das coisas que sofreu".[68]

Essa atitude e esse modo de viver qualificavam o mentor para ser imitado por seus discípulos. A constante postura de aprendizagem do mentor demonstrava autenticidade e humildade para os seus discípulos, tornando o seu mentoreado mais atraente e mais eficaz. Agostinho comunicou aptamente este ponto no *Sermão* 340: "Para vocês eu sou um bispo, com vocês sou um cristão".[69]

Falando em termos práticos, o mentor continuava a meditar nos ensinos de Jesus transmitidos pelos apóstolos, bem como nas Escrituras. Milavec, descrevendo a dedicação de Jesus a conhecer as Escrituras, escreve: "Empregando os métodos de valorização comuns em sua época, Jesus foi um mestre cuja sensibilidade o levava

---

[67] Filipenses 3:12.

[68] Hebreus 5:7,8.

[69] AGOSTINHO, *Sermão* 340; todas a traduções dos sermões são da versão inglesa, e foi feita do latim para o inglês por John E. Rotelle, ed., *Works of Saint Augustine: A Translation for the 21ª Century*, pt. III, vol. 1-11, Hyde Park, NY: New City, 2001.

a imergir na Torah juntamente com seus discípulos.[70] Com este ensino em mente, o mentor buscava, continuadamente, mudança de conduta, trabalhando sua salvação com "temor e tremor".[71] Também, provavelmente, ele tinha sido ou continuava a ser mentoreado por outro líder espiritual. No caso de Paulo, Barnabé inicialmente serviu como seu mentor, embora posteriormente eles pareçam ter tido mais uma relação de colegas mentores, no mesmo nível.[72]

3. Seleção

Em cada contexto de mentoreado que permaneceu havia um ponto definido de seleção no qual o mentor chamava um discípulo, ou um grupo de discípulos, para juntar-se a ele no crescimento espiritual e no serviço à comunidade. Apesar de Jesus convidar os discípulos para o seguirem, em determinados momentos ele separou especificamente os Doze para estarem com ele, aprenderem dele e ministrarem com ele.[73] Meier resume assim: "A iniciativa de Jesus em convocar uma pessoa para o discipulado é uma condição necessária para que alguém se torne seu discípulo".[74] Similarmente, Barnabé viajou para Tarso em busca de Paulo para recrutá-lo para a importante obra de ensinar os gregos recentemente convertidos de Antioquia.[75] Posteriormente, Paulo, tendo recebido boa recomendação da igreja de Listra, escolheu Timóteo para viajar e ministrar com ele.[76]

Milavec escreve que "a escolha que Jesus fazia de colaboradores foi uma das obras mais críticas de sua carreira", significando que esse estágio de seleção envolvia risco.[77] Primeiro, havia o risco de que o

---

[70] MILAVEC, *To Empower as Jesus Did*, p. 134, 317.
[71] Filipenses 2:12.
[72] Atos 9:27; 11:25,26.
[73] Marcos 3:13-19; Lucas 6:13-16.
[74] MEIER, *Marginal Jew*, 3:54; ver 3:21,45,50-54.
[75] Atos 11:19-26.
[76] Atos 16:1-3.
[77] MILAVEC, *To Empower as Jesus Did*, p. 110.

LIÇÕES DE LIDERANÇA DE AGOSTINHO

discípulo não perseverasse, causando possível dano ao ministério ou atrito dentro da comunidade mentoral. Embora tendo recebido boas referências da igreja de Listra acerca de Timóteo, Paulo certamente não se esquecera do incidente ocorrido com outro discípulo, João Marcos, que o tinha abandonado, a ele e a Barnabé, após a sua campanha de pregação em Chipre. A saída de João Marcos tinha resultado em conflito e em separação de caminhos entre Paulo e Barnabé.[78] Segundo, potencialmente o mentor arriscava sua própria reputação como líder espiritual, se o discípulo não permanecesse. Barnabé fez isso quando pediu em favor de Paulo, recentemente convertido, diante dos apóstolos em Jerusalém.[79] Embora o elemento de risco na seleção de discípulos fosse inevitável, um fator que o amenizava era a capacidade do mentor de identificar o potencial de uma pessoa.[80] O mentor era ajudado a tomar essa decisão, se já tivesse observado fidelidade em um discípulo, como no caso de Jesus e os Doze, ou se tivesse recebido boas informações de alguma fonte confiável, como Paulo tinha recebido a respeito de Timóteo.

4. A relação mentor-discípulo

O mentor convidava um discípulo ou um grupo de discípulos para conviverem em uma relação de cuidados mútuos pessoais, caracterizada tanto pela disciplina como pela bondade. Como o mentor queria ver o potencial do discípulo realizar-se plenamente, o programa de treinamento era rigoroso. Quando os Doze quiseram dispensar as multidões porque a hora era avançada, Jesus desafiou seus discípulos a alimentá-las.[81] Coleman sugere que era objetivo do treinamento dos Doze estar preparados para liderar a igreja quando Jesus partisse,

---

[78] Atos 12:25—13:13; 15:36-40.
[79] Atos 9:27.
[80] Ver CLINTON e STANLEY, *Connections*, p. 38; MILAVEC, *To Empower as Jesus Did*, p. 110.
[81] Marcos 8:35-37.

e isso o levou a exigir total obediência e a instruí-los na atmosfera de disciplina que conhecemos.[82] Talvez tenha sido uma convicção parecida que levou Paulo a rejeitar João Marcos como companheiro na próxima viagem missionária.

A relação mentoral também era assinalada pela bondade. Isto é, o mentor era paciente e brando com seus discípulos no processo de crescimento. No Evangelho de João Jesus foi retratado como pastor: "As minhas ovelhas ouvem a minha voz; eu as conheço, e elas me seguem".[83] Paulo repetidamente se referia a Timóteo como "meu filho".[84] A bondade era demonstrada pela maneira paciente com que o mentor tratava seu discípulo em sua imaturidade. Os Doze discutiram entre si sobre quem seria o maior no reino, ofereceram-se para chamar fogo do céu contra os que tinham discordado deles e se irritaram com os pais que traziam seus filhos a Jesus.[85] Contudo, como Coleman escreve: "Jesus suportou pacientemente esses fiascos dos seus discípulos porque, a despeito dos seus defeitos, desejavam segui-lo".[86] Da mesma forma, o mentor demonstrava bondade na maneira como reagia a um fracasso do discípulo. Segundo João, Jesus restaurou ternamente a Pedro, que o tinha negado e retornado aos cômodos limites da pesca. Como o texto registra, Jesus renovou o chamado de Pedro para que o seguisse e continuasse no ministério.[87]

Em vista da estatura de maturidade espiritual e de experiência ministerial do mentor, é evidente que havia uma hierarquia espiritual que se fazia presente na relação.[88] Embora a autoridade espiritual do

---

[82] COLEMAN, Robert, *The Master Plan of Evangelism*, Old Tappan, NJ: Revell, 1987, 58-59.

[83] João 10:27, NVI.

[84] 1Coríntios 4:17; Filipenses 2:22; 1Timóteo 2:2; 2Timóteo 1:2; Tito 1:4; também *Didaquê* 3:1-8; 4.1; MILAVEC, *A Didaquê: Faith, Hope & Love*, 147,8.

[85] Mateus 18:1-5; Marcos 9:33-37; 10:13; Lucas 9:46-48,51-54.

[86] COLEMAN, *Master plan*, 55; também CLINTON e STANLEY, *Connections*, 38.

[87] João 21:3,15-19.

[88] Ver *Didaquê* 4.1; e MILAVEC, *Didaquê*, 13,49.

LIÇÕES DE LIDERANÇA DE AGOSTINHO

mentor sobre o seu discípulo fosse evidente, era uma autoridade que se dava a conhecer por sua influência carinhosa e protetora, mais do que pelo título ou posição. A obra do mentor requeria uma liderança de servo. Como já foi observado, antes de iniciar seu discurso no cenáculo, Jesus demonstrou humilde espírito de serviço, lavando os pés dos seus discípulos.[89]

Apesar de ser rabi e senhor, Jesus também se referia aos Doze como seus amigos.[90] A natureza fraternal e amiga da relação deles é comprovada pelo tempo significativo e pelos diversos contextos em que estiveram juntos. Além de passarem tempo juntos ensinando e ministrando, eles comiam, tinham seu repouso juntos, e até foram juntos a uma festa de casamento.[91] Mais que um grupo de estudantes sob um mestre, os Doze pareciam uma família ou um grupo de amigos que moravam juntos.

Vê-se que Paulo também tinha afinidade com seus discípulos. Em uma de suas cartas aos coríntios ele chamou Tito "meu companheiro e cooperador para convosco".[92] Nas saudações de oito de suas epístolas, os destinatários foram saudados, não somente por Paulo, mas também por discípulos como Silas e Timóteo, aos quais o apóstolo se referia como "irmãos".[93] O fato de Paulo incluir os nomes desses amigos em escritos geralmente considerados de sua autoria também refletia sua humildade e a afinidade de pensamentos e de sentimentos que os unia.

---

[89] João 13:4,5; também Mateus 20:28; Marcos 10:45; e Brian Patrick McGuire, *Friendship and Community: the Monastic Experience 350-1250, Cistercian Studies 95* (Kalamazoo, MI: Cistercian Publications, 1988), xxvii.

[90] João 15:15.

[91] Mateus 5:1; 8:23; 9:10,19:37; 11:1; 14:22; 16:5; 17:19; Marcos 2:15,16; 3:7; 4:34; 6:45; 8:34; 10:13,46; 13:1; Lucas 5:30; 6:20; 7:11; 9:40; 10:23; 12:22; 16:1; 17:1,22; João 2:2,11,12; 3:22; 11:7-12.

[92] 2Coríntios 8:23.

[93] 1Coríntios 1:1; 2Coríntios 1:1,19; Gálatas 1:1; Filipenses 1:1; Colossenses 1:1; 1Tessalonicenses 1:1; 2Tessalonicenses 1:1; Filemom 1:1; ver GAMBLE, Harry, *Books and Readers in the Early Church: A History of Early Christian Texts*, New Haven e Londres:Yale university press, 1995, p. 99.

5. Sã doutrina

Como doutrina que se conformava às palavras de Jesus, o mentor extraía das Escrituras hebraicas os ensinamentos de Jesus e dos escritos primitivos que circulavam pelas igrejas e que posteriormente foram confirmados como Escritura. Como já observei, as Escrituras escritas, a marca por excelência do movimento cristão, proviam um ponto de referência, não somente para o ensino da sã doutrina, mas também para a vigilância e proteção contra qualquer ensino errôneo. (Ver 1Timóteo 6:20; 2Timóteo 1:14.)

Jesus insistia que os apóstolos sustentassem a sã doutrina. O mandamento final, dado aos Doze, que fizessem discípulos de todas as nações, deveria ser cumprido por meio das doutrinas que Jesus lhes tinha ensinado.[94] Timóteo recebeu ordem de ensinar "o que ouviste de mim diante de muitas testemunhas" (2Timóteo 2:2) e de preservar "o modelo das sãs palavras que de mim ouviste na fé e no amor que estão em Cristo Jesus" (2Timóteo 1:13).[95] O seguidor de Jesus ressurreto, e ainda mais o líder espiritual emergente na igreja, era alguém que cria na pessoa de Jesus como o Cristo, como também no que Jesus ensinava.

Uma clara necessidade de que o líder espiritual mantivesse sã doutrina era a capacidade de ler as Escrituras. Apesar de a Palestina do primeiro século poder ser caracterizada como uma cultura oral, e apesar de ser possível que um judeu ouvisse a Torá na sinagoga, o líder espiritual, a quem era confiado o ensino, tinha que ser letrado. Milavec escreve: "Os mestres fariseus costumeiramente exigiam que os seus discípulos fossem capazes de ler o texto das Escrituras, antes de os instruírem em sua pertinente interpretação".[96] É improvável que Jesus, que emergiu da tradição rabínica, exigisse menos dos seus discípulos.

---

[94] Mateus 28:19; ver WILKINS, *Concept of a Disciple*, p.144.
[95] Ver *Didaquê* 11.2.
[96] Ver MILAVEC, *To Empower as Jesus Did*, p. 109.

6. Modelando e envolvendo no ministério

O mentor não era tão somente um discípulo em crescimento e um cativante modelo para imitação; também demonstrava fidelidade e competência na obra do ministério. Os Doze viam Jesus confundir os líderes judeus, que tentavam fazê-lo cair em armadilhas com suas perguntas. Eles observaram como ele atraiu multidões e as deixou admiradas com seus ensinamentos contidos no Sermão do Monte. Também aprenderam a descansar e a orar depois de um longo dia atendendo as multidões.[97] Certamente, Paulo aprendeu muito com Barnabé sobre a arte de ensinar, durante o ano que passaram juntos em Antioquia, antes da viagem missionária aos gentios.[98] Clinton escreve que os líderes emergentes aprendem por meio da "imitação de um modelo" e que as habilidades ministeriais são adquiridas em grande parte mediante observação.[99] De modo similar, Milavec sugere que a habilidade começa a ser captada pelos discípulos com o passar do tempo.[100]

O mentor não somente modelava o ministério, mas também deliberadamente envolvia os seus discípulos na obra. Clinton acrescenta que as habilidades ministeriais são desenvolvidas por meio de "aprendizagem informal" e da "experiência".[101] Embora as tarefas iniciais possam não ter sido abertamente espirituais, a responsabilidade aumentava com o tempo e com a fidelidade por parte dos discípulos.[102] Como já fiz notar anteriormente, os Doze estavam envolvidos na distribuição de alimento e na arrumação depois das ocasiões em que ele alimentou miraculosamente o povo, como também na responsabilidade de garantirem boa cobertura para a entrada triunfal de Jesus em Jerusalém. Também lhes foram confiados os trabalhos de

---

[97] Mateus 7:29; 14:22; 21:23-27; Marcos 3:7; 6:45; Lucas 20:1-8.
[98] CLINTON, *Making of a Leader*, 83 (ver Atos 11:25,26).
[99] Ibid., 31, 89.
[100] Ver MILAVEC, *To Empower as Jesus Did*, p.19.
[101] CLINTON, *Making of a Leader*, 31, p. 89.
[102] Ibid., 35, 81; MILAVEC, *To Empower as Jesus Did*, p. 133.

batizar, pregar e expulsar demônios.[103] Finalmente, depois de poucos anos viajando e servindo com Jesus, eles foram promovidos à incumbência maior de fazerem discípulos de todas as nações.

Timóteo começou a viajar com Paulo e sua equipe na segunda viagem missionária. Posteriormente ele foi enviado, em algumas ocasiões, para ministrar no lugar de Paulo. As cartas de Paulo a Timóteo indicam que a Timóteo foi confiada uma responsabilidade maior, a de servir como pastor da igreja de Éfeso.[104]

Uma importante qualidade da obra de mentor neste estágio era a de colher relatórios. Um grupo de discípulos era incumbido de uma tarefa, bem ou mal executada, e depois voltava para discutir sua experiência com seu mentor. Lucas registrou que setenta foram incumbidos de pregar em vilas e cidades onde mais tarde Jesus pregaria.[105] Neste caso eles voltaram orgulhosos com seu sucesso. Jesus reagiu incentivando-os a serem humildes, e abertamente louvou o Pai pelo sucesso deles.[106] Mateus registrou um caso em que alguns dos Doze tentaram em vão expulsar um demônio. Jesus chegou, expulsou o demônio e mais tarde usou essa experiência como uma lição objetiva para lhes ensinar sobre a fé.[107] Em resumo, o mentor efetivamente mentoreava seus discípulos mediante ministério modelo, envolvimento dos discípulos no ministério e avaliando sucessos e fracassos na pregação, com vistas ao ministério futuro.

7. Autorizando a ministrar

A autorização de um líder seguia-se, logicamente, ao estágio anterior e estava relacionada com um maior envolvimento e responsabilidade

---

[103] Mateus 14:19; 15:36; 21:1,6; Marcos 6:7-12,41; 8:6; 11:1; Lucas 9:14,16; 19:29; João 4:1,2; 6:3,12; ver WILKINS, *Concept of a Disciple*, p. 166.

[104] Atos 16:1-3; 17:14,15; 18:5; 19:22; 20:24; Romanos 16:21; 1Coríntios 4:17; 16:10; Filipenses 2:19; 1Tessalonicenses 3:2,6; 1Timóteo 1:3; 2Timóteo 4:19; ver Donald Cuthrie, "Timothy", NBD, 1201.

[105] Lucas 10:1-24; também Marcos 6:7-13.

[106] Lucas 10:20-24.

[107] Mateus 17:19,20.

do líder no ministério. Jesus tinha ensinado e treinado os Doze, tinha lhes confiado a comissão de fazer discípulos, e depois, dentro do seu propósito, partiu, deixando com eles o sucesso ou o fracasso na execução da obra. Paulo usou este mesmo método com Timóteo. Após anos observando Paulo e recebendo incumbências de crescente responsabilidade, foi confiada a Timóteo a autoridade e a responsabilidade de pastorear a igreja de Éfeso, onde suas tarefas incluíam ensinar sã doutrina, conduzir a igreja, equipar outros líderes e cuidar das viúvas.[108] Essas tarefas não poderiam ser delegadas de volta a Paulo quando ficassem difíceis. Este estágio era um verdadeiro desmamar para os discípulos e provavelmente era tão penoso para o mentor como para os seus discípulos. Contudo, dados o treinamento e o tempo devido, este estágio era crucial e necessário para impedir que os discípulos desenvolvessem uma dependência doentia do mentor e para impedir que acabassem privando a igreja dos ministros necessários.

8. Líderes como recursos

Embora os discípulos fossem liberados para agir com autoridade e responsabilidade, o mentor ainda podia continuar sendo útil como um recurso disponível ou como um conselheiro, para propiciar encorajamento e talvez algum conselho prático. Porque a distância podia tornar o contato pessoal ou as visitas difíceis, as formas do mentoreado provavelmente tiveram que mudar. Paulo ajudou Timóteo e Tito com cartas, confirmando e fortalecendo o ministério deles, e ao mesmo tempo atendendo a questões específicas que eles estavam enfrentando. Conquanto o papel do mentor tenha mudado nesse ponto, a relação de bondoso cuidado entre mentor e discípulos continuou sendo a mesma.

RESULTADOS DO MENTOREADO

O impacto do mentor continuava através dos seus discípulos, quando estes mentoreavam outros grupos de discípulos. Esta influência

---

[108] 1Timóteo 1:10; 3:1-13; 4:6; 5:3-22; 6:3,20; 2Timóteo 1:13; 2:24-26; 4:3.

continuou se multiplicando. Timóteo teve que tomar os ensinamentos que tinha aprendido e confiá-los "a homens fiéis e aptos para também ensinar os outros".[109] Em resumo, o mentor deixava um legado.

O testemunho dado pelo cristianismo primitivo foi que os discípulos de Jesus e de Paulo se tornaram discípulos e líderes maduros na igreja na maior parte do mundo conhecido.[110] O fato de que o movimento de Jesus, nascido entre pescadores galileus, continuou até o presente e tomou raízes de amplitude universal, é tão extraordinário como inegável. E, apesar de a obra de mentorear e discipular líderes ter desempenhado um importante papel na incessante missão da igreja, o legado do mentor está em grande medida fora de controle. Nada funciona automaticamente. O que teria acontecido, por exemplo, se os Doze tivessem mudado de opinião depois que Jesus partiu, e tivessem voltado a dedicar-se à pesca? Também devemos notar que o legado ou a influência de uma pessoa difere de acordo com os dons e a contribuição do mentor. Alguns mentores escrevem e têm seus livros preservados; outros pregam e seus sermões são registrados, enquanto outros simplesmente servem e seu exemplo anônimo continua vivo. O legado de cada mentor parecerá diferente, mas é difícil a gente não errar ao julgar ou ao classificar o legado de uma pessoa. O legado de um mentor pode permanecer adormecido por um tempo, para reaparecer em uma próxima geração (Van Gogh não vendeu uma só pintura enquanto era vivo!). Podemos ao menos dizer que um líder espiritual, ministrando na comunidade da fé, geralmente deixa alguma influência duradoura à próxima geração de líderes espirituais.

---

[109] 2Timóteo 2:2.
[110] Ver MILAVEC, *To Empower as Jesus Did*, p.149.

CAPÍTULO 2

A MATRIZ DA FUNÇÃO DE MENTOR

O objetivo deste capítulo é entender o pano de fundo e a situação em que o trabalho de mentor exercido por Agostinho com líderes espirituais ocorreu, examinando alguns exemplos do mentoreado que aconteceram na igreja nos séculos terceiro e quarto. A nossa pesquisa começará no meio do terceiro século e se estenderá até o início do ministério de Agostinho, focalizando áreas como o Norte da África, o Egito, a Ásia Menor e a Itália. Examinaremos quatro personagens centrais: Cipriano de Cartago (195-258), o monge egípcio Pacômio (290-346), Basílio de Cesareia (329-379) e Ambrósio de Milão (340-397). Cada um deles, exceto Pacômio, era um bispo metropolitano, isto é, tinha autoridade sobre certa região, seus bispos e suas paróquias. Mas Pacômio foi incluído devido à sua importante obra como mentor no contexto do monasticismo comunal ou cenobita (em oposição ao monasticismo eremítico (de eremitas ou ermitões), o que tem grande relevância para o mentoreado de Agostinho. Foram escolhidos esses personagens por sua significativa contribuição, como líderes e como mentores, ao movimento cristão dos séculos terceiro e quarto — o pano de fundo da vida e do ministério de Agostinho.

CIPRIANO DE CARTAGO

Cipriano veio de uma família socialmente proeminente de Cartago, e é provável que inicialmente tenha trabalhado especificamente como professor de retórica.[1] Converteu-se ao cristianismo em 246 e foi ordenado bispo de Cartago apenas dois anos mais tarde. O período do seu mandato como bispo foi dominado pelas perseguições imperiais da igreja sob os imperadores Décio (249,50) e Valeriano (257,58), quando os cristãos recebiam ordem de negar sua fé e sacrificar às divindades romanas. Durante a perseguição movida por Décio, Cipriano resolveu esconder-se — decisão que provocou reações mistas do seu clero. Embora fisicamente ausente, ele se esforçou para conduzir a igreja e o clero de Cartago por meio de mensageiros e cartas.[2] Durante a opressão exercida por Valeriano sobre a igreja, Cipriano foi banido para o exílio por um ano, retornando então a Cartago, onde foi executado em 258 por recusar-se a cumprir um edito imperial que mandava sacrificar aos deuses romanos.

Após a perseguição movida por Décio, a igreja lutou com questões surgidas da perseguição, e algumas vezes se dividiu por essa mesma razão. A primeira questão era a restauração dos que tinham caído — aqueles que tinham cedido à ordem de sacrificar. Cipriano procurou implementar uma consistente política de penitência para os que tinham caído. Nesse meio tempo, Novaciano, um rigorista que vivia em Roma, fez oposição ao bispo Cornélio e causou um cisma na igreja, o que propiciou atos significativos, como correspondência, tratados e concílios por parte do bispo de Cartago. Finalmente, Cipriano se enredou com o bispo Estêvão de Roma, sobre a questão de ministração do batismo aos hereges — especificamente aos que

---

[1] Ver TILLEY, Maureen, "Cyprian of Carthage", ATTA, 262, e Richard Seagraves, *Pascentes Cum Disciplina: A Lexical Study of the Clergy in the Cyprianic Correspondence*, Friburgo: Editions Universitaires, 1993, p. 1.

[2] *Carta* 20.12; ver BURNS, J. Patout, *Cyprian the Bishop*, Londres: Routledge, 2002, p.2.

entravam na igreja católica procedentes do partido novaciano. Então, a situação política fez pressão sobre a igreja e provocou ao menos algumas batalhas dentro dela, conflitos que ocuparam muito tempo da carreira de Cipriano como bispo. Foi nesse terreno que Cipriano dirigiu e mentoreou o seu clero.

Clarke observa que o estilo de liderança de Cipriano, e particularmente o seu conceito de autoridade do bispo, eram semelhantes aos dos procônsules romanos.[3] Indubitavelmente, as condições em que se encontrava e sua familiaridade com a administração romana influenciaram sua filosofia de liderança eclesiástica. Para Cipriano, a igreja se compunha de bispos, clero e membros fiéis, e se fazia completa devido à unidade de bispo e igreja, ou seja, devido à união existente entre o bispo e a igreja.[4]

Cipriano como bispo

Qual era o papel de um bispo, para Cipriano? Como sacerdote (latim, *sacerdos*), segundo o legado de Melquisedeque e dos levitas das Escrituras hebraicas, Cipriano presidia todas as assembleias litúrgicas, a eucaristia e os batismos inclusive.[5] Como pastor, ele ouvia as confissões e restaurava os que tinham caído. Como mestre (latim, *doctor*), era seu dever pregar as Escrituras, o que o levou a formular artigos e a expô-los ao clero na *Carta* 73: "O nosso dever é claro: devemos apegar-nos firmemente à fé e à verdade da igreja católica, devemos continuar a ensinar tal fé e verdade e, por meio de todos os mandamentos

---

[3] Ver o comentário de CLARKE, G. W., em *The Letters of St. Cyprian*, ACW, New York: Paulist, 1986, 43:19.

[4] *Cartas* 33; 66; *On the Unity of the Church* 5; também SAXER, Victor, *Vie Liturgique et Quotidienne à Cartage Vers le Milieu du IIIè Siècle: Le Témoignage de Saint Cyprien et des ses Contemporains d'Afrique* (2ª. ed., Citta del Vaticano: Pontificio Instituto di Archeologia Cristiana, 1984), 72; Jan Joncas, "Clergy, North African", ATTA, 213; e Seagraves, *Pascentes*, 49.

[5] *Carta* 63.4.1; também Seagraves, *Pascentes*, 26; G. S. M. Walker, *The Churchmanship of St. Cyprian* (Richmond, VA: John Knox, 1969), 40; e Saxer, *Vie Liturgique*, 88.

dos Evangelhos e dos apóstolos, devemos expor a natureza da ordem e da unidade ordenadas por Deus".[6] Como bispo metropolitano, ele convocava concílios e deles participava com o conselho (latim, *collegium*) de bispos. Finalmente, como o nosso presente estudo mostrará, ele não somente separava clérigos para servirem, mas também supervisionava o ministério exercido pelo clero em Cartago, dando instrução, exortação, repreensão, encorajamento e oportunidades para serviço e desenvolvimento.[7]

O clero de Cipriano em Cartago

Apesar de ser jovem na ocasião em que foi consagrado, ao que parece Cipriano tinha um entendimento amadurecido dos ofícios e papéis da liderança da igreja. Além do bispo, no tempo de Cipriano os ofícios clericais incluíam presbíteros, diáconos, subdiáconos, leitores, exorcistas e acólitos. Somente o bispo e os presbíteros eram consagrados por imposição das mãos, ao passo que os outros clérigos eram simplesmente nomeados pelo bispo. Como as cartas de Cipriano, sozinhas, revelam nada menos que 39 clérigos servindo com ele em Cartago, infere-se que a liderança eclesiástica naquela cidade era bastante desenvolvida. Consideremos resumidamente o papel de cada ofício clerical em Cartago durante o ministério de Cipriano.[8]

Em geral, o *presbítero* servia, assistia e aconselhava o bispo. Na ausência do bispo, ele presidia à eucaristia e em alguns casos ouvia a confissão dos que haviam pecado e lhes oferecia a reconciliação.[9] Os presbíteros eram incumbidos de ensinar, principalmente os catecúmenos — aqueles que se preparavam para o batismo. Também visitavam os enfermos, ministravam para os cristãos que estavam na prisão e distribuíam ajuda material aos pobres. Alguns presbíteros realizavam

---

[6] *Carta* 73.20.2; tradução inglesa extraída de Seagraves, *Pascentes*, p. 69; também ibid., p. 66-70, p. 174; e Joncas, "Clergy, North African", ATTA, 213.

[7] Ver Joncas, *Clergy, North African*, ATTA, 213.

[8] Ver SEAGRAVES, *Pascentes*, 278, 173, 318.

[9] *Carta* 29; ver JONCAS, "Clergy, North African", ATTA, 214.

A MATRIZ DA FUNÇÃO DE MENTOR

tarefas administrativas, tais como transmitir cartas e dinheiro em favor do bispo. Finalmente, eles participavam com o bispo dos concílios eclesiásticos.[10]

Os *diáconos* de Cipriano também existiam em grande parte para servir o bispo.[11] Suas tarefas incluíam visitação a enfermos e a prisioneiros, atendimento às necessidades dos pobres, gerenciamento das finanças da igreja, prestação de assistência na liturgia e nos batismos e distribuição do cálice durante a eucaristia.[12] Na ausência do bispo, os diáconos tinham permissão para ouvir a confissão dos caídos em seu leito de morte e de lhes oferecer reconciliação.[13] Os subdiáconos assistiam os diáconos em seu ministério, primariamente transmitindo cartas e distribuindo dinheiro.[14]

Cipriano tinha em alto conceito os leitores devido à atividade exercida por eles, ou seja, o ministério de leitura das Escrituras na assembleia de culto.[15] Alguns leitores ajudavam os presbíteros na leitura das Escrituras para os catecúmenos durante a instrução ministrada a estes, e outros transmitiam cartas para Cipriano.[16] Geralmente este ofício era ocupado por jovens dotados de voz clara para a leitura. Servia como degrau para posições mais altas do clero, à medida que o indivíduo ficava mais velho e mais maduro espiritualmente.[17]

Cipriano também incluiu exorcistas no clero de Cartago. O ministério deles incluía conduzir os catecúmenos na renúncia ao Maligno

---

[10] *Cartas* 14.3.1; 16.1.2; 1; 4; 29; 38; também JONCAS, "Clergy, North African", ATTA, 214.

[11] *Cartas 3.3.1; 52.2,3;* ver SEAGRAVES, *Pascentes*, 110; e SAXER, *Vie Liturgique*, 80.

[12] *Cartas* 5.1,2; 5.2,1; 12.1.1; 13.7; *On the Lapsed*, 25; também JONCAS, *Clergy, North African,* ATTA, 214; ACW, 43.168; e BURNS, *Cyprian the Bishop*, 19.

[13] *Carta* 18.1.2; também JONCAS, "Clergy, North African", ATTA, 214; e SEAGRAVES, *Pascentes*, 113.

[14] *Cartas,* 9.1.1; 9.2.1; 20.3.2; 35.1.1; 36; 45.4.3; 47.1.2; 77-9; ACW, 43:206; também SEAGRAVES, *Pascentes,* 139.

[15] *Cartas,* 38,39; também SEAGRAVES, *Pascentes*, 150; e Saxer, *Vie Liturgique*, 78.

[16] *Cartas* 24; 29; 32; também SAXER, *Vie Liturgique*, 78; e Seagraves, *Pascentes*, 151.

[17] Ver SAXER, *Vie Liturgique*, 80; JONCAS, "Clergy, North African", ATTA, 214; e *Cartas* 24; 39.

e à carne antes do batismo, bem como cuidar de outros que aparentemente eram oprimidos por demônios. Também acompanhavam o bispo e os presbíteros nas visitas a enfermos.[18] O outro ofício clerical anotado por Cipriano era o exercido pelo acólito, que geralmente servia os presbíteros, os diáconos e os subdiáconos, encaminhando cartas e distribuindo dinheiro a prisioneiros.[19]

Como Cipriano mentoreava?

Os leitores das cartas de Cipriano, *A unidade da igreja* e *Os lapsos*, bem como a obra de Pontius (Pôncio), *A vida de Cipriano*, obtêm certa percepção de como era a relação mentorial de Cipriano com o clero de Cartago e de outras partes da África. Quatro abordagens chaves do mentoreado podem ser tiradas do seu repetido procedimento: participação dos discípulos nos concílios da igreja, provisão de recursos através das cartas, provisão de recursos através dos livros, e disciplina do clero.

Concílios da Igreja. Seguindo o exemplo do seu predecessor, Agripino de Cartago (c. 220), Cipriano valorizava muito a realização de concílios dos bispos africanos para tratarem de matérias eclesiásticas. Com boa fundamentação se pode afirmar que Cipriano participou de sete concílios durante o período em que foi bispo. Os quatro primeiros, reunidos em 251, 252, 253 e 254, trataram principalmente da questão dos que caíram.[20] O concílio de 254, em particular, repreendeu severamente o clero que tinha, prematuramente, restaurado caídos sem lhes exigir a penitência pertinente. Os outros três concílios — realizados em 255, na primavera de 256 e em setembro de 256 — trataram da necessidade de rebatizar os hereges que

---

[18] *Cartas* 69.15.2; 75.10.4; *An Address to Demetrianus*, 5, 15; *On the Vanity of Idols*, 7; ACW, 43:343; também SEAGRAVES, *Pascentes*, 162, 164.

[19] *Cartas*, 45.4.3; 52.1; 59.1. 77.3,2; 78.1; ACW, 43:202; também SEAGRAVES, *Pascentes*, 168.

[20] *Cartas* 42; 45; 49; 57; 64; 67; também SAXER, *Vie Liturgique*, 13,14; e Burns, *Cyprian the Bishop*, 5, 8.

pedissem admissão ao rol de membros da igreja católica.[21] O concílio de 255, bem como o da primavera de 256, ratificaram a decisão do concílio de 220, sob a presidência de Agripino, segundo a qual os que vinham de heresia tinham ordem de ser rebatizados. Finalmente, o concílio de setembro de 256 condenou aberta e totalmente o bispo Estêvão, de Roma, por sua oposição ao rebatismo.[22]

Como Cipriano mentoreou o clero, usando os concílios da igreja? Na qualidade de bispo metropolitano, ele tomou a iniciativa de convocar os bispos pela primeira vez em mais de trinta anos, e eles atenderam a seu chamado.[23] Isso foi especialmente significativo nos anos iniciais, quando Cipriano se esforçava para estabelecer estas reuniões como uma prática regular. A opinião de Cipriano sobre questões doutrinárias, como no caso do rebatismo de hereges, também parecia ter mais peso do que a dos seus colegas. No segundo concílio de 256, a correspondência de Cipriano com Jubiano sobre o rebatismo foi lida em voz alta e seguida de uma decisão que mantinha coerência com as opiniões de Cipriano.[24] A influência de Cipriano estendeu-se além do alcance costumeiramente obtido pelas cartas que articulavam os procedimentos e as decisões do concílio.[25] Infere-se, então que ele influenciava o clero, pois organizava a reunião, através de sua real participação no concílio, e também do período subsequente à realização do concílio.

Mesmo conduzindo os concílios com autoridade, Cipriano também o fazia com muita humildade. No meio da realização de um concílio, ele fez esta famosa observação: "Ninguém é bispo de bispos".[26]

---

[21] *Cartas* 70; 72; ver SAXER, *Vie Liturgique*, 14,15; e BURNS, *Cyprian the Bishop*, 106.

[22] Ver BURNS, *Cyprian the Bishop*, 9, 106.

[23] *Cartas* 3,4; 56; 58; 62-64; 70; 72; também BURNS, *Cyprian the Bishop*, 15.

[24] *Cartas* 70; 73; ver *Seventh Council of Carthage* em http://www.newadvent.org/fathers/0508.htm; e Burns, *Cyprian the Bishop*, 106.

[25] *Cartas* 57; 64; 67; 70; e 72 compreendem as cartas conciliares; também *Carta* 48.2.2.

[26] Ver *Opinion of the Bishops (Sententiæ Episcoporum, 87)*, em MIGNE, J. P., *Patrologiæ Cursus Completus*, Series Latina (Paris: Garnier Frères, 1844, 1958-1974), 3.1054; também SAXER, *Vie Liturgique*, 17.

LIÇÕES DE LIDERANÇA DE AGOSTINHO

Embora alguns sejam céticos quanto à declaração de humildade que teria sido feita por Cipriano, alguns dos seus atos devem ser levados em consideração. Durante um concílio, ele se posicionou humildemente, sendo o último a assinar os procedimentos do concílio.[27] Ele não poupava esforços para reunir o concílio, o que demonstrava o seu desejo de que os bispos africanos se envolvessem, e mostrava também o valor que ele dava à obtenção de decisões coletivas. À custa de muita paciência, ele se esforçava para moldar a união da igreja na união dos bispos.[28] Durante alguns concílios ele solicitou humildemente a contribuição de presbíteros, diáconos, e, algumas vezes, até de leigos, principalmente com relação às decisões concernentes aos caídos.[29] Se Cipriano não fosse um líder humilde, certamente não se teria dado ao trabalho de unir os bispos e de envolver o clero.

Cartas. Cipriano dava grande importância a mensagens e à correspondência escrita. Clarke afirma que as cartas de Cipriano eram escritas com o propósito de que fossem lidas publicamente e que em geral também se fizessem cópias antes de serem remetidas, para que também servissem de material de consulta para outros.[30] Cinquenta e sete das 67 cartas de Cipriano que sobreviveram foram escritas para membros do clero.[31] Dezenove foram dirigidas ao seu próprio clero, de Cartago, ao passo que as outras 38 visavam outros clérigos, da África e de além-África.[32] Ele fazia uso de cartas como recursos para o clero, respondendo perguntas sobre questões práticas relacionadas com a igreja, dando instruções práticas para o ministério,

---

[27] Ver SAXER, *Vie Liturgique*, 17.

[28] *Cartas* 26.1,2; 55.6.1,2; também BURNS, *Cyprian the Bishop*, 87,88; MERDINGER, Jane, *Rome and the African Church* (New Haven: Yale University Press, 1997), 37.

[29] *Cartas* 11.7.3; 16.4.2; 19.2.2; 26.1.2; também BURNS, *Cyprian the Bishop*, 21.

[30] Ver o comentário de CLARKE, G. W. em *Cartas of St. Cyprian*, ACW, 43:9.

[31] O total da correspondência de Cipriano chega a 82, mas inclui 15 cartas que foram dirigidas a ele.

[32] As cartas 5-7; 11-14; 16; 18,19; 26; 29; 32; 34; 38-40; 43; 81 foram escritas para o clero cartaginês; as cartas 1-4; 25; 27,28; 35; 37; 41; 44-48; 51,52; 55-57; 59-74; 76; 80 foram escritas para clérigos de fora de Cartago.

A MATRIZ DA FUNÇÃO DE MENTOR

exortando os clérigos à fidelidade e ao exercício do ministério, às vezes disciplinando os clérigos, animando-os, tratando de questões doutrinárias, ou simplesmente comunicando informação sobre a igreja. Escreveu cinco cartas adicionais para comunicar as decisões dos concílios da igreja realizados na África.

Em ao menos doze de suas cartas, Cipriano respondeu perguntas relacionadas a questões práticas referentes à igreja. Em cinco delas ele deu instruções sobre o tratamento devido aos caídos.[33] Quatro cartas incluíam declaração e instrução ao clero sobre como efetuar a disciplina da igreja, tanto no caso de clérigos como no de leigos.[34] Em uma carta ele respondeu a clérigos que estavam tentando corrigir a situação de um presbítero que fora impropriamente instalado como bispo interino após a morte do bispo anterior.[35] Noutra carta ele deu instruções sobre como tratar do caso de um ex-ator que se uniu à igreja, mas que continuava a receber sustento financeiro por ensinar sua profissão anterior a jovens.[36] Finalmente, Cipriano respondeu a um bispo sobre como preparar o vinho para a eucaristia.[37]

Três cartas escritas no ano de 250 continham instruções quanto às atribuições específicas do clero de Cartago, quando Cipriano estava em refúgio secreto. Algumas tarefas incluíam distribuir dinheiro aos pobres, visitar os confessantes (crentes que não negaram sua fé) na prisão e prestar as devidas honras e oferecer sepultamento digno aos confessantes que morriam na prisão.[38]

Cipriano enviou cinco cartas de exortação aos membros do clero. Em uma delas ele os concitou a manterem boas relações uns com os outros, a perseverarem na oração, a permanecerem firmes na fé e a terem cuidado com o que comiam e bebiam.[39] Em outras duas cartas

---

[33] *Cartas* 19; 25-27; 56.
[34] *Cartas* 3,4; 34; 41; também *Carta* 64.
[35] *Carta* 1.
[36] *Carta* 2.
[37] *Carta* 63.
[38] *Cartas* 5.1.2; 5.2.1;7.2; 12.1,2; 12.2.1.
[39] *Cartas* 11.3.2; 11.5.1; 11.7.3; 11.5.3; 11.6.2.

LIÇÕES DE LIDERANÇA DE AGOSTINHO

ele lembrou, em fortes termos, ao clero que prosseguissem na obra do ministério distribuindo dinheiro aos pobres, ministrando a confessantes na prisão e repreendendo todo e qualquer confessante por comportamento impróprio.[40] Em uma quarta carta Cipriano escreveu exortando o bispo Estêvão de Roma, a usar sua influência para conseguir a remoção do bispo Gaull, cismático.[41] Finalmente, Cipriano escreveu a alguns clérigos de Roma, que tinham dado apoio à eleição de Novaciano como bispo, e os concitou a romperem com o cisma.[42]

Das cartas de Cipriano, três tinham a intenção específica de disciplinar clérigos, em 250, ele os repreendeu com rigor por terem tomado as rédeas e terem readmitido prematuramente os caídos à comunhão.[43] Noutra carta ele repreendeu severamente um certo Pupiano por ter um estilo de vida imoral.[44]

Cipriano escreveu dezesseis cartas de encorajamento destinadas a seu clero de Cartago, como também a líderes que serviam noutros lugares. Em duas delas ele animou o clero quanto à sua função de prover aconselhamento espiritual aos que sofriam.[45] Uma carta fortalecia e animava um bispo, cuja posição estava sendo questionada por um bispo que caíra.[46] Cipriano destinou seis cartas a Cornélio de Roma, animando-o em sua função de bispo em face do cisma novaciano.[47] Outras quatro foram escritas para encorajar clérigos que, ou estavam na prisão, ou tinham sido condenados a trabalhos forçados, por se recusarem a oferecer sacrifícios às divindades romanas.[48] Cipriano escreveu também uma carta de encorajamento a

---

[40] *Cartas* 13.7; 14.2.1,2; 14.3.2.

[41] *Carta* 68.

[42] *Carta* 46.

[43] *Cartas* 16; 18. Embora agrupada com as cartas de exortação, a *Carta* 11 tem também um tom disciplinar.

[44] *Carta* 66.

[45] *Cartas* 19; 43.

[46] *Carta* 65.

[47] *Cartas* 44,45; 47,48; 51; 60.

[48] *Cartas* 6; 28; 37; 76.

A MATRIZ DA FUNÇÃO DE MENTOR

um bispo e a seus colegas que tinham acabado de voltar do exílio.[49] Noutra carta ele respondeu com encorajamento prático a um grupo de bispos da Numídia, alguns membros de cujo rebanho tinham sido raptados por um bando de ladrões. Ele lhes deu encorajamento verbal, mas também lhes enviou um donativo em dinheiro para ajudar no resgate dos crentes sequestrados.[50] Finalmente, a última dessas cartas de Cipriano continha uma mensagem de esperança e de ânimo, tanto para o clero como para os leigos, à luz do iminente martírio do missivista. Ele os incentivou a aceitarem o seu sofrimento com coragem e calma.[51]

Cinco cartas de Cipriano eram respostas a consultas doutrinárias. A primeira foi uma obra persuasiva, escrita a um certo bispo Antoniano para impedi-lo de ser arrastado pelo ensino de Novaciano.[52] As outras quatro cartas tratavam da importância de rebatizar hereges que desejassem ser recebidos como membros da igreja.[53] Em uma das quatro cartas Cipriano respondeu a um certo Pompeu, que pedira a Cipriano que lhe passasse a argumentação de Estêvão em favor do não rebatismo de hereges. Cipriano não somente enviou a respectiva carta de Estêvão, mas também lhe acrescentou uma significativa nota refutando o pensamento de Estêvão.[54]

Cipriano escreveu nove cartas ao clero, com o fim de atualizá-lo quanto as atividades da igreja. Em uma carta ele meramente "copiou" para seu clero a correspondência oficial com Roma, informação que eles tinham liberdade de passar a outros que dela tivessem necessidade.[55] Noutra carta Cipriano atualizou alguns clérigos romanos sobre um caso de disciplina eclesiástica.[56] Cipriano enviou

---

[49] *Carta* 61.
[50] *Cartas* 62.4.1; 62.3.2.
[51] *Carta* 81.
[52] *Carta* 55.
[53] *Cartas* 69; 71; 73,74; também *Cartas* 70; 72.
[54] *Carta* 74.
[55] *Carta* 32.
[56] *Carta* 35.

duas cartas a Cornélio, informando sobre o que ele estava fazendo com o clero cismático da África, e ao mesmo tempo discutindo o cisma novaciano em geral.[57] Em uma carta dirigida a um certo bispo Sucesso (Successus), Cipriano informou-o sobre a perseguição que tinha acontecido sob o imperador Valeriano e incentivou o bispo a se preparar para ela.[58] Nas quatro cartas finais, Cipriano contou ao clero algumas nomeações clericais que ele tinha feito.[59]

As cinco cartas finais de Cipriano foram escritas para comunicar decisões tomadas pelo concílio de bispos. A primeira delas, dirigida a Cornélio, comunicou a decisão do concílio sobre a situação dos caídos.[60] Uma segunda carta, escrita para um certo Fido (Fidus), tratava da questão doutrinária relacionada com o batismo de crianças, como também da questão prática de um presbítero caído que tinha sido restaurado rápido demais.[61] Uma terceira carta, dirigida aos clérigos espanhóis Félix e Aélio, foi mais de natureza disciplinar em seu tom, pois Cipriano declarou altos padrões de santidade requeridos dos bispos. Deve-se notar que esta carta foi escrita em resposta ao fracasso moral de dois clérigos espanhóis.[62] As duas últimas cartas das cinco aqui referidas eram tanto doutrinárias como práticas, escritas para esclarecer a necessidade de rebatismo dos que tinham aderido à igreja vindos de alguma heresia.[63]

Infere-se, pois, que Cipriano fez grande uso de cartas para mentorear tanto seus clérigos cartagineses como também para influenciar outros. Durante períodos de ocultamento, exílio, paz e subsequentes concílios eclesiásticos, Cipriano fez uso de cartas para dar instrução prática, exortar, disciplinar, encorajar e dar informação com vistas a equipar o clero no exercício do seu ministério.

---

[57] *Cartas* 52; 59.
[58] *Carta* 80.
[59] *Cartas* 29, 38-40.
[60] *Carta* 57.
[61] *Carta* 64.
[62] *Carta* 67.
[63] *Cartas* 70; 72.

Livros. Além de sua correspondência, Cipriano enviava pequenos livros como um meio de suprir de recursos o clero. Em 251, após seu retorno do refúgio, ele escreveu dois importantes tratados dirigidos primariamente ao clero — *Os lapsos* e *A unidade da igreja.*

Os lapsos explicava como reconciliar aqueles que tinham cedido à ordem de sacrificar.[64] Como muitos clérigos tinham reagido à crise dos caídos e ao autoimposto exílio de Cipriano fazendo o que parecia certo aos seus próprios olhos, Cipriano usou este tratado para solidificar novamente a autoridade do bispo e ao mesmo tempo corrigir o pensamento da igreja sobre essa questão. Sobre esse texto Burns escreve: "Ele revela um hábil programa pelo qual moveu a igreja a declarar seus limites protetores e a realinhar o seu sistema de ofícios e funções, que tinha sido distorcido pelos mártires, pelos confessantes e por um clero frouxo".[65] Burns acrescenta que, antes de sua publicação, provavelmente Cipriano tinha proferido *Os lapsos* na forma de discurso ao clero de Cartago, após seu regresso do refúgio.[66]

O propósito prático de *A unidade da igreja* era defender a autoridade do ofício de bispo, e especificamente o de Cornélio de Roma, que se opunha a Novaciano.[67] Contudo, as circunstâncias em que se deu o cisma em Roma, em sequência à perseguição movida por Décio, também deram a Cipriano a oportunidade de esclarecer os clérigos sobre a natureza da igreja. Cipriano argumentou de maneira cativante, neste tratado, defendendo a necessidade da unidade da igreja contra todas as tentativas de dividi-la em facções e de promover cismas.[68]

Parece claro que o clero de Cartago estava bastante ciente do pensamento de Cipriano concernente à restauração dos caídos e à unidade da igreja. Todavia, publicando os livros por meio das cuidadosas mãos dos copistas, o bispo de Cartago exerceu influência como mentor sobre o clero de fora de Cartago, bem como sobre as gerações futuras.

---

[64] Ver Tilley, "Cyprian of Carthage", ATTA, 263.
[65] Ver Burns, *Cyprian the Bishop*, 37.
[66] Ver ibid., 85.
[67] Ver Tilley, "Cyprian of Carthage", ATTA, 263.
[68] Ver Merdinger, *Rome and the African Church*, 37,38.

LIÇÕES DE LIDERANÇA DE AGOSTINHO

Disciplina. Uma última forma de mentorear que se nota em Cipriano era a aplicação de disciplina aos clérigos. Sem, contudo, ser o rigorista que Novaciano era, Cipriano mantinha altos padrões morais para o clero, uma vez que ele acreditava que a impropriedade da conduta deles poderia impedir a bênção de Deus sobre a igreja. Por essa razão era necessário que Cipriano confrontasse e até demitisse clérigos imorais.

As cartas e outros escritos de Cipriano estão cheios de casos de disciplina e de exoneração de clérigos.[69] Alguns foram disciplinados por tratarem impropriamente dos caídos, por rebelião, por avareza ou fraude, ou por terem caído na fé.[70] Apesar de Cipriano ser severo com os clérigos imorais, ele esperava que eles se arrependessem e fossem restaurados à comunhão da igreja. Contudo, o valor mais significativo da disciplina como ferramenta do mentor era que o clero, que se mantinha em boa condição moral, fosse advertido indiretamente quando os imorais eram disciplinados.[71]

Não se deve considerar a disciplina como tão somente penal. Como demonstra a correspondência de Cipriano, ele escreveu cartas disciplinares para exortar e repreender os clérigos com vistas ao cumprimento dos seus deveres.[72] Aparentemente esses clérigos continuaram nos seus ministérios após receberem a carta de Cipriano.

Devido a seu conceito sobre o sacerdócio, Cipriano mantinha altos padrões de santidade para o clero. Era essa convicção que o compelia a disciplinar e a remover clérigos indignos, ao mesmo tempo em que repreendia e exortava os que permaneciam fiéis a que agissem bem.

---

[69] *Cartas* 1.2.1; 3.3.1-3; 4.4.1; 9.1; 16.4.2; 34.1; 34.4.1,2; 45.4.1; 52.3; 59.1; 64.1.1,2; 65.4.2; 66.10.1; 67.3.1-5.2; 68.2.1-4.3; 72.2; *On the Lapsed,* 10,11; também BURNS, *Cyprian the Bishop,* 15.

[70] *Cartas* 3; 16.4,2; 34.1; 34.3.2; 34.4.1; 41.2.2; 52.1,2; 55.4.3; 59; também SEAGRAVES, *Pascentes,* 105, 110, 125, 169.

[71] *Cartas* 54; 67.

[72] *Cartas* 11; 14; 16; 18.

Os pensamentos de Cipriano sobre mentorear

Dadas as quatro abordagens do mentoreado observadas no ministério de Cipriano, quais eram suas convicções sobre a obra de mentorear líderes espirituais? Em geral, o seu pensamento sobre mentorear segue o modelo neotestamentário apresentado no primeiro capítulo.

O grupo. Cipriano via o grupo como essencial ao mentoreado por diversos motivos. Primeiro, o mero fato de que ele supervisionava quase quarenta clérigos no trabalho da igreja de Cartago criava um contexto de grupo para o mentoreado. Segundo, visto que a correspondência clerical de Cipriano era caracteristicamente endereçada a grupos de clérigos que serviam juntos, provavelmente a intenção de Cipriano era que sua orientação, ou exortação ou sua palavra de ânimo fosse recebida pelo grupo. Terceiro, suas cartas, que continham instruções ou atribuições ministeriais, também eram frequentemente dirigidas a grupos de clérigos. Assim, ele provavelmente acreditava que o grupo se apoiaria e se cobraria a completar a tarefa em mãos. Quarto, ao menos em uma ocasião, Cipriano separou dois ou mais líderes — no caso, Celerino e Aurélio, designados para exercerem juntos o ofício de leitor.[73] A intenção de Cipriano era que eles progredissem, subindo de posição dentro do clero, até se tornarem presbíteros. Em vista disso, é plausível supor que eles se apoiassem e se encorajassem mutuamente ao logo do caminho. Finalmente, Cipriano influenciou concílios da igreja e exerceu influência mentorial sobre os bispos africanos. Cipriano tinha insistido nessas reuniões porque acreditava que as questões eclesiásticas mais importantes deveriam ser resolvidas por um corpo de clérigos. Joncas afirma que provavelmente foi Cipriano que cunhou a palavra *collegium* para referir-se ao grupo de bispos.[74]

O mentor é um discípulo. Pôncio, em sua obra *A vida de Cipriano*, sobre o seu mentor Cipriano, mencionou Ceciliano, o presbítero cartaginês que dirigiu o discipulado de Cipriano quando este

---

[73] *Cartas* 38,39.
[74] Ver JONCAS, "Clergy, North African", ATTA, 213; e *Cartas* 55; 68.

era neófito. Pôncio referiu-se a Ceciliano como mestre ("doctor"), talvez indicando que ele era responsável por instruir catecúmenos.[75] É significativo que Pôncio reconheceu que o seu renomado bispo, ele próprio um mestre, também tinha passado algum tempo sendo mentoreado na doutrina.

Cipriano, na *Carta* 74, escreveu a seu clero: "É, pois, dever do bispo, não somente ensinar; também precisa aprender. Porquanto ele se tornará um mestre melhor se fizer progresso diário e avanço na aprendizagem do que é melhor".[76] Cipriano não recebeu instrução somente como novo crente, mas ele valorizava a aprendizagem continuada, a vida toda, concretizada pelo estudo diário das Escrituras e interação com elas.[77]

Cipriano mostrava que era um contínuo discípulo e aprendiz por sua atitude de buscar seu clero para receber conselhos em áreas importantes como a restauração dos caídos e a nomeação de clérigos. Apesar de ser um bispo metropolitano, sua humildade em reunir concílios de bispos e de buscar a colaboração dos clérigos também reflete uma postura de aprendiz.

A relação mentor-discípulo. Cipriano exercia significativa autoridade sobre seu clero.[78] Esta autoridade era clara em sua correspondência, pela postura que ele assumia de atribuir tarefas ministeriais, exortar o clero quanto ao exercício do ministério e disciplinar clérigos desobedientes. Embora alguns clérigos tenham ignorado suas diretrizes durante o tempo em que esteve oculto, em 250, ele nunca soltou as rédeas da liderança da igreja cartaginesa. Burns comenta: "Cipriano tinha agido no sentido de fazer frente às ameaças que poderiam ter resultado na dissolução da comunidade ou em seu próprio isolamento... Ele tinha

---

[75] PÔNCIO, *Life of Cyprian*, 4; também SEAGRAVES, Pascentes, 102.

[76] *Carta* 74.10.1; tradução inglesa extraída de SEAGRAVES, *Pascentes*, 69.

[77] HAMMAN, Andre, *Etudes Patristiques: Méthodologie, Liturgie, Histoire, Théologie* (Paris: Beachesne, 1991), 285.

[78] *Cartas* 16.3.2; 16.4.2; 43.5.2; 59.7.3; 70.3.1; 73.11.1; também BURNS, *Cyprian the Bishop*, 96.

declarado com firmeza os direitos do seu ofício dentro do contexto do serviço que esse ofício prestava a toda a igreja".[79] Seagraves faz um resumo da autoridade de Cipriano: "Para preservar esta dignidade da igreja, o bispo (neste caso, Cipriano) necessita e tem sua autoridade dada por Deus. Contudo, a só posse de autoridade não é suficiente: o bispo precisa exercê-la nas várias facetas da sua direção e orientação dos seus subordinados".[80] Se bem que Cipriano agisse no sentido de manter e exercer autoridade sobre seu clero, só essa caracterização está longe de ser completa. Como foi mostrado, Cipriano demonstrou grande confiança nos clérigos durante seu tempo de exílio confiando-lhes significativa responsabilidade ministerial. Ele mostrou muita humildade buscando conselho dos clérigos em importantes decisões da igreja e incluindo-os em concílios eclesiásticos. Nesses sentidos, Cipriano permitiu aos clérigos que fossem seus iguais. O fato de que ele se referia a outros bispos e presbíteros como "nossos colegas presbíteros" (*conpresbyteri nostri*) e de que os clérigos mais novos eram chamados "irmãos" também ilustra o aspecto igualitário da relação entre eles.[81] Embora liderando com autoridade, Cipriano também acreditava que o bispo deve ensinar e liderar por meio do seu exemplo.[82] Em suma, a relação de Cipriano com o clero consistia de um delicado equilíbrio de autoridade e cooperação.

Sã doutrina. Nemesiano da Numídia, recebeu um elogio de Cipriano, em que ele o louvava por ser ele "um bom e verdadeiro mestre" (*bonus et verus doctor*).[83] Além dos seus deveres regulares de pregação, a situação dos caídos e a questão do rebatismo de hereges provocaram uma completa e cuidadosa resposta doutrinária de Cipriano. Esta frequentemente vinha na forma de livros e de cartas dirigidas ao clero. Em acréscimo, a realização de concílios da igreja

---

[79] Ver ibid., 84.
[80] Ver SEAGRAVES, *Pascentes*, 273.
[81] Ver WALKER, *Churchmanship of Cyprian*, 44.
[82] *Carta* 4.3.3; também SEAGRAVES, *Pascentes*, 69.
[83] *Carta* 77.2.1; também SEAGRAVES, *Pascentes*, 267.

lhe permitiam influenciar os clérigos e envolvê-los no processo de promover sã doutrina. A importância que Cipriano dava à sã doutrina refletiu-se, talvez, mais fortemente na alta posição que ele alcançou perante a reconhecida hierarquia da igreja, particularmente em sua oposição ao bispo Estêvão de Roma, sobre a questão do rebatismo de hereges. Cipriano reforçou este valor em uma carta previamente citada, na qual concitou o clero a "manter-se firme na fé e na verdade da igreja católica", que era preciso ensinar "por meio de todos os mandamentos dos Evangelhos e dos apóstolos".[84]

Moldagem e envolvimento no ministério. Embora considerado um bispo tipo procônsul romano, possuindo autoridade e um certo poder na igreja, seria uma falácia pensar que Cipriano assumiu todas as responsabilidades pessoalmente — algo já evidente no breve exame das funções dos clérigos. Além disso, eu afirmo que ele agia no sentido de envolver o seu clero em ministérios nos quais a responsabilidade e a autoridade eram delegadas e nas quais o líder tinha oportunidade de crescer e de se desenvolver como líder.

Como Cipriano envolvia o seu clero no ministério? Primeiro, praticamente todos os membros do clero, presbíteros inclusive, estavam envolvidos na tarefa de distribuir cartas a serviço de Cipriano.[85] Embora essa tarefa administrativa não pareça ter tremenda importância, Cipriano acreditava que tinha. O ministro não era simplesmente um carteiro, mas alguém incumbido de documentos eclesiásticos oficiais; e alguém que precisava garantir que a verdadeira e acurada mensagem do bispo chegara ou chegaria a seu destino. Esse ministério era tão importante para Cipriano que ele exigia que os seus mensageiros fossem homens de caráter irrepreensível.[86] Além disso, muitas vezes ele enviava a sua correspondência com um grupo de clérigos viajando juntos, o que talvez propiciasse algum tipo de responsabilidade.

---

[84] *Carta* 73.20.2.

[85] *Cartas* 29.1.1; 34.4.1; 44.2.2; 45.4,3; 47.1.2; 49.3.1; também SEAGRAVES, *Pascentes*, 19.

[86] *Cartas* 9.2.2; 49.3.1; 59.9.4; 20.1.1; também SEAGRAVES, *Pascentes*, 115, 140.

O que parece muito significativo é que Cipriano costumava confiar tão importante ministério a membros subalternos do clero.

Segundo, os diáconos, juntamente com os presbíteros, eram incumbidos de prover ajuda financeira aos confessantes encarcerados, celebrar a eucaristia com eles e cuidar de suas necessidades em geral.[87] Ele tinha que depositar grande confiança nesses diáconos para poder gerenciar finanças dispersas, mas as responsabilidades deles estendiam-se para além da mera administração, abrangendo cuidado pastoral e serviço no altar.

Terceiro, Cipriano envolvia presbíteros e diáconos no ministério buscando seu conselho. Ele procurava sua contribuição sobre como proceder na questão dos caídos e dava boa acolhida a suas opiniões quando lhe cabia separar homens para o ministério.[88] Como já foi observado, ele dava boa acolhida à presença deles na tomada de decisão, envolvendo-os nos concílios da igreja africana.[89] Por conseguinte, fica evidente que Cipriano não empregava esses homens meramente como conselheiros, mas solicitava seriamente sua contribuição para a condução da igreja. Como resultado, eles recebiam um treinamento, na tomada de decisões na vida real, que contribuía para o seu desenvolvimento como líderes espirituais.

Quarto, Cipriano delegava significativa responsabilidade a seus presbíteros. Embora mantendo sua autoridade de bispo, ele dava muita responsabilidade aos presbíteros, particularmente durante o tempo que passou oculto e no exílio. De fato, as principais funções do bispo — dirigir o culto, ouvir confissão e restaurar os caídos, pregação e ensino, e participação nos concílios — até certo ponto eram realizadas pelos presbíteros.

O tempo que Cipriano passou oculto e no exílio acelerou o envolvimento dos clérigos no ministério e na delegação de responsabilidade? A julgar pelo conteúdo de sua correspondência durante esse

---

[87] *Cartas* 5.1.2; 13.7; 5.2.2; 12.1.1; 5.2.1; também BURNS, *Cyprian the Bishop*, 19.

[88] *Cartas* 17.3.2; 19.2.2; 26.1,2; 38.1.1; também SEAGRAVES, *Pascentes*, 107,8.

[89] *Cartas* 14.4; 19.1; 19.2.2; 26.1.2; 43.3.2; também SEAGRAVES, *Pascentes*, 118.

LIÇÕES DE LIDERANÇA DE AGOSTINHO

período, Cipriano parece ter incentivado o clero a fazer mais do que teria feito se ele estivesse presente.[90] Na *Carta* 5, ele forneceu uma lista específica de deveres a serem cumpridos em sua ausência; na *Carta* 14, ele orientou o clero a fazer o seu trabalho episcopal de cuidar dos pobres e de ministrar aos confessantes que se encontravam na prisão.[91] Finalmente, a saída de um forte líder que, não obstante, dava orientação e encorajamento para a continuidade do seu ministério em sua ausência, certamente desafiaria alguns líderes em desenvolvimento a colocarem em ação o seu potencial.[92] Ainda que as circunstâncias que prevaleceram no tempo que Cipriano passou oculto e no exílio pareçam ter acelerado o envolvimento do seu clero no ministério e lhe ter aumentando a responsabilidade, isso não ocorreu contra a vontade do bispo. Antes, como sua correspondência indica, ele incentivou esse desenvolvimento com o altruísta coração de um pastor que anelava ver o seu rebanho bem cuidado, estivesse ele presente ou não.

Cipriano comunicou bem o seu desejo de envolver os clérigos no ministério na *Carta* 41: "Quero ser informado sobre todos eles e propiciar progresso a todo aquele que for apto, humilde e manso para o cumprimento dos deveres do ofício eclesiástico".[93] Embora Cipriano fizesse cuidadoso exame para a nomeação de clérigos, mesmo das ordens inferiores, aparentemente estava disposto a arriscar-se na seleção de líderes que deveriam ser promovidos para a obra da igreja.[94] É evidente que Cipriano via os níveis inferiores do clero como razoáveis pontos de entrada no ministério, depois da promoção de clérigos

---

[90] *Cartas* 5-7 e 14 foram escritas enquanto ele estava oculto, em 250, e *Cartas* 76 e 81 foram escritas no exílio, em 257,58.

[91] *Cartas* 5.1.1; 14.2.1,2.

[92] Naturalmente, a ausência de Cipriano teve o efeito oposto sobre alguns clérigos que tomaram em suas mãos a questão dos que tinham fraquejado e começaram a restaurar prematuramente os caídos. Esse escândalo constitui o assunto das *Cartas* 16 e 18. Burns (*Cyprian the Bishop*, 21, 80) argumenta no sentido de que esses eram os clérigos que tinham sido desfavoráveis à eleição de um bispo novo cristão. Também *Cartas* 5.2; 16.4.2; 34.1; 59.12.1,2; Pôncio, *Life of Cyprian*, 5.

[93] *Carta* 41.1.2; tradução inglesa extraída de SEAGRAVES, *Pascentes*, 101.

[94] *Carta* 29.1.2; também SEAGRAVES, *Pascentes*, 93.

fiéis a ofícios mais elevados e de maior responsabilidade. Isso ficou patente nas nomeações de Celerino e de Aurélio ao ofício de leitor, antes de receberem promoção ao presbiterato.[95] Embora o próprio Cipriano tenha sido eleito diretamente para o ofício de bispo, ele elogiou Cornélio de Roma, por ter passado por todas as ordens do clero, o que o tornara mais qualificado para servir como bispo.[96]

Recursos. Embora Cipriano tenha delegado praticamente todo o ministério a seus clérigos durante o tempo que passou oculto e no exílio, ele os armou com cartas de instrução, incentivo, exortação e até de disciplina. Também, como foi observado, ele enviava cartas com muitos recursos a clérigos de fora de Cartago, enquanto que seus livros propiciavam alguma clareza nas questões doutrinárias e práticas da igreja. Temos até evidência de que ele pode ter oferecido recursos a alguns clérigos de fora de Cartago por meio de suas visitas pessoais.[97]

PACÔMIO

Pacômio nasceu quase meio século após a morte de Cipriano. Era de uma família pagã do Alto Egito. Enquanto servia no exército romano em sua juventude, foi profundamente impactado pela bondade de um cristão que cuidou dele durante um período de dificuldade.[98] Tendo recebido baixa do exército, Pacômio voltou para o Alto Egito, se converteu ao cristianismo, e passou a fazer parte da igreja. Posteriormente ele procurou o eremita Palamon e passou sete anos seguindo um estilo de vida ascético em sua companhia.[99] Enquanto recebia instrução de Palamon, consta que ele ouviu uma voz que o chamava para dar

---

[95] *Cartas* 38,39.

[96] *Carta* 55.8.2; também SEAGRAVES, *Pascentes*, 57.

[97] *Cartas* 48.2.2; 58.1.1.

[98] Ver McGUCKIN, J.,, "Pachomius, St.", em William M. Johnston, editor, *Encyclopedia of Monasticism*, Chicago e Londres: Fitzroy Dearborn, 2000, p. 985,86.

[99] *Life of Pachomius*, 6-11; também PHILLIP ROUSSEAU, *Pachomius: The Making of a Community in Fourth-Century Egypt*, Berkeley: University of California Press, 1985, p. 59.

início a um mosteiro na despovoada vila de Tabennesi. Porque a visão de Pacômio diferia do monasticismo de Palamon, foi necessário que ele deixasse seu mentor, se bem que os dois combinaram permanecer em contato.[100] Pacômio é geralmente reconhecido como o pai do monasticismo (de comunidade) cenobita, ao passo que Antônio (251-356) é reconhecido como pioneiro da vida eremítica.[101] Embora a história dos dois movimentos não se tenha desdobrado muito bem, ainda assim vale a pena considerar a obra de Pacômio como inovador e como representante do monasticismo cenobítico egípcio.

Iniciando em Tabennesi, Pacômio atraiu discípulos que vieram a abandonar o mundo.[102] Com o tempo, a comunidade expandiu-se, vindo a incluir outras colônias descendo o Nilo, no Alto Egito. Segundo o historiador Palladius (Paládio), o movimento de Pacômio cresceu, chegando a três mil monges durante sua vida, enquanto que outros conjeturam que o seu número chegou a cinco mil.[103]

À medida que as comunidades monásticas se desenvolviam no Egito, surgiam conflitos entre os mosteiros e a igreja organizada, porque, em algumas áreas, as comunidades monásticas competiam com o propósito da igreja. Por exemplo, os deveres dos monges, que incluíam ministrar às necessidades físicas, realizar funções litúrgicas e ministrar ensino, tendiam a refletir os do clero.[104] Enquanto que os líderes podiam sentir-se ameaçados pelos mosteiros, os superiores

---

[100] Ver McGUCKIN, "Pachomius, St.", *Encyclopedia of Monasticism*, 985,86; e William HARMLESS, *Desert Christians: an introduction to the literature of early monasticism*, Oxford: Oxford University Press, 2004, p.119.

[101] O vocábulo inglês "coenobite" [português: cenobita] é derivado do latim *coenobium*, que é uma transliteração do grego *konobiam*, que salienta o fato de que os monges mantinham as coisas em comum e, por conseguinte, agiam como comunidade. Por outro lado, o que os monges eremitas mais buscavam era uma experiência isolada. Ver HARMLESS, *Desert Christians*, 115.

[102] *Life of Pachomius*, 23; também Rousseau, *Pachomius*, 61.

[103] Ver McGUCKIN, *Pachomius, St.*, Encyclopedia of Monasticism, 985; e Harmless, *Desert Christians*, 124.

[104] Ver ANDREA STERK, *Renouncing the World yet Leading the Church: The Monk-Bishop in Late Antiquity* Harvard University Press, 2004), 15, 19,20.

A MATRIZ DA FUNÇÃO DE MENTOR

monásticos (grego: *abba*, "pai") também temiam que a igreja recrutasse seus monges para introduzi-los nas fileiras do clero. Se bem que Pacômio recusou a ordenação de si próprio, a ordenação de monges aumentou durante a vida dele. Dois bispos egípcios, em particular, tinham começado como monges, com Pacômio.[105]

A despeito do conflito em potencial de igreja e mosteiro, Pacômio desfrutava boas relações com a igreja organizada e, particularmente, com Atanásio de Alexandria (296-373). Atanásio, que escreveu *Vida de Antão*, tinha em alta consideração o movimento monástico e fazia visitas pessoais para fortalecer os laços com cada um dos *abba*.[106] Ele liderou um movimento de clérigos interessados em incorporar aspectos do monasticismo na vida e obra do clero, o que culminou na noção de monge-bispo — um estilo de vida que mais tarde seria observado amplamente, chegando até à Capadócia e a Hipona.[107] Ao mesmo tempo, ele se opunha ao recrutamento de clérigos dentre os monges, pois ele considerava o mosteiro um excelente centro de capacitação para ministros.[108]

Como Pacômio mentoreava?

Embora Pacômio não tenha mentoreado homens no contexto do ministério da igreja, seus valores monásticos certamente começaram a cativar e a influenciar o treinamento dos clérigos. Contudo, consideremos por um momento as formas de mentoreado de Pacômio no contexto do mosteiro. Três formas chaves incluem: o mosteiro propriamente dito, o diálogo entre mestre e discípulo, e seus escritos.

O mosteiro. O movimento monástico, sob Pacômio, era organizado por meio de casas, mosteiros, e por uma *koinonia* global, que consistia de uma rede de mosteiros em diferentes localidades. Cada

---

[105] Ver ibid., 18-20; e PHILLIP ROUSSEAU, *The Spiritual Authority of a 'Monk-Bishop'*, JTS 23 (1971): 398.

[106] Ver HARMLESS, *Desert Christians*, 34.

[107] Ver ROUSSEAU, *Pachomius*, 153.

[108] Ver STERK, *Renouncing the World*, 16,17, 34.

monge vivia em uma casa que era dirigida "por um chefe da casa (*oikiakos*) assistido por um "segundo" (*deuteros*)".[109] O chefe da casa tinha a responsabilidade de ensinar os monges e de lhes atribuir tarefas de trabalho manual; geralmente era responsável pelos atos dos seus monges. Harmless escreve: "Quanto ao monge mediano, o chefe da casa era, ao mesmo tempo, supervisor, superior, mestre e pai espiritual".[110] Viviam na casa cerca de quarenta monges, e cada um tinha sua cela, onde orava e dormia.

Provavelmente, a localização do mosteiro clerical de Agostinho, no interior da casa do bispo, próxima da Basílica da Paz.

Um mosteiro individual consistia de trinta ou quarenta casas e era liderado por um superior conhecido como "mordomo" ou "ecônomo" (*oikonomos*), que também era assistido por um "segundo". Pacômio referia-se à rede de mosteiros situados em vários locais ao longo do

---

[109] Ver HARMLESS, *Desert Christians*, 126.
[110] Ibid.

A MATRIZ DA FUNÇÃO DE MENTOR

Nilo como *koinonia*. A rede se desenvolveu e se expandiu devido ao arrolamento de monges, como também pela adesão de mosteiros previamente existentes, que começaram a afiliar-se à rede de Pacômio. Pacômio servia como *abba* ou pai e exercia autoridade sobre toda a *koinonia*. Embora vivesse pessoalmente no mosteiro de Pboou (Faw Qibli, sobre o Nilo, no Egito), ele viajava regularmente para visitar e oferecer recursos aos mordomos dos mosteiros individuais.[111]

Em que consistia a rotina diária no mosteiro? Depois de se levantarem de manhã, os monges iam a uma assembleia recitando alguma passagem bíblica enquanto caminhavam. Durante a assembleia os monges oravam e ouviam leituras da Escritura, enquanto teciam cestas. Depois da reunião, voltavam para suas casas e esperavam que o chefe da casa lhes atribuísse algum trabalho manual para o dia. O trabalho, que incluía serviço nos campos, artesanato, preparo de alimento, era feito em silêncio. Os monges comiam duas refeições por dia, em silêncio, mas jejuavam nas quartas e nas sextas-feiras.[112] Após a refeição da tarde, eles iam para suas casas para as orações vespertinas. Nos dias de jejum, o chefe da casa ministrava ensino vespertino, seguido de discussão. Nos fins de semana Pacômio ou um mordomo de um mosteiro particular, também ensinava, e a eucaristia era celebrada nos sábados e nos domingos. Finalmente, os monges se retiravam, à noite, e se sentavam em suas celas, onde mantinham vigília ou dormiam só um pouco.[113]

A estrutura hierárquica indicava que o *abba* mentoreava os mordomos, os mordomos mentoreavam os chefes das casas, e estes mentoreavam os monges. Os monges eram discipulados de um modo que incorporava as disciplinas físicas de trabalho manual, jejum, vigília, bem como disciplinas espirituais como memorização da Escritura, ensino e diálogo. O contexto monástico assegurava que esse labor mentorial acontecesse em uma comunidade.

---

[111] Ver ibid, 122, 125.

[112] Ver ibid., 128; e Rousseau, *Pachomius*, 84.

[113] Ver ROUSSEAU, *Pachomius*, p. 85; e HARMLESS, *Desert Christians*, p. 129.

Diálogo. Dentro do mosteiro Pacômio empregava uma interessante forma de mentoreado — o diálogo. Se bem que grande parte do dia, no trabalho e nas refeições inclusive, passava-se em silêncio, os momentos de diálogo posteriores ao ensino davam aos monges oportunidade para falarem. Embora muitas das disciplinas físicas e espirituais fossem dirigidas de maneira bastante autoritária, as sessões de diálogo com o seu chefe da casa permitiam aos monges expressar opiniões e até discordar do seu mestre.[114] Pacômio comentou a importância desse período dizendo: "Sobre tudo o que lhes é ensinado na assembleia dos irmãos, eles devem falar exaustivamente entre eles, principalmente nos dias de jejum, quando recebem instruções de seus mestres".[115] No diálogo, Pacômio ou um chefe de casa, podia se abrir sobre a sua vida espiritual ou sobre o seu entendimento e comunicá-lo ao discípulo, mesmo quando o monge fizesse considerações e discutisse a instrução espiritual.

O diálogo como ferramenta mentorial ganhou mais importância no movimento monástico subsequente a Pacômio. *Conferências* de João Cassiano (360-435), constituíam sumários do monasticismo egípcio. Segundo Steward, "A forma [era] geralmente a do diálogo clássico ou do *erotapokriseis* (sessão de perguntas e respostas)".[116] O'Loughlin acrescenta: "Uma das convenções preferidas na teologia monástica primitiva é a do diálogo mestre-aluno. O discípulo questiona e mostra seu desejo de obter conhecimento, e o mestre responde e o atende. Os textos de pergunta e resposta cobrem as artes liberais, a teologia, a exegese bíblica, o treinamento monástico [...] e até a história do mosteiro".[117]

Escritos. Apesar de Pacômio não ter sido um escritor prolífico, escreveu sua *Regra* e algumas cartas, cujo propósito era servirem de recursos

---

[114] *Life of Pachomius*, p. 61, 88 e 125; também ROUSSEAU, *Pachomius*, p. 81.

[115] *Praecepta*, 138, em HARMLESS, *Desert Christians*, p. 129.

[116] Ver STEWARD, Columba, *Cassian the Monk* (Oxford: Oxford University Press, 1998), p. 30.

[117] Ver O'LOUGHLIN, Thomas, *Master and Pupil: Christian Perspectives, Encyclopedia of Monasticism*, p. 836.

para mordomos e chefes da casa. Harmless comenta: "Pacômio não somente ditava "ordenanças" e "falas", mas também enviava cartas crípticas aos chefes dos diversos mosteiros".[118] É verdade, algumas das cartas foram escritas em código de letras gregas e ainda precisam ser decifradas. Mesmo assim, em um trecho de uma carta escrita, em quase sua totalidade, cripticamente, Pacômio comunicou sua intenção mentorial: "Escrevi para vocês com imagens e parábolas para que vocês as examinem com sabedoria, seguindo as pegadas dos santos".[119]

Pacômio foi realmente um inovador, no sentido de que desenvolveu o primeiro regulamento monástico, que ele encheu de recursos para o líder monástico.[120] Sua obra consiste de quatro livros: dois dedicados aos líderes espirituais, um aos chefes da casa, e um explicando como se deve tratar os monges pouco confiáveis.[121]

Pacômio: seu pensamento sobre mentoreado

Através da nossa breve análise da vida e dos escritos de Pacômio também fica evidente que o mentoreado espiritual era um importante componente da sua teologia monástica. Pode-se identificar ao menos sete princípios, que seguem o modelo neotestamentário de mentoreado.

O contexto de grupo. O fator comunidade distinguiu sua obra da do seu mentor Palamon e da de Antônio. Em seu mosteiro os homens viviam, comiam, trabalhavam e cumpriam disciplinas espirituais juntos, sob a direção de um chefe da casa, de um mordomo e de um *abba*. Os líderes eram responsáveis pelos monges, mas os monges também tinham responsabilidade uns pelos outros, o que contribuía para a avaliação ou prestação de contas e dava suporte à sua meta

---

[118] Ver HARMLESS, *Desert Christians*, p. 131.

[119] Pacômio, *Carta* 4.6, em HARMLESS, *Desert Christians*, p. 131.

[120] Ver HARMLESS, *Desert Christians*, p. 124; e ROUSSEAU, *The Spiritual Authority of a 'Monk-Bishop'*, p. 403.

[121] Ver HARMLESS, *Desert Christians*, p. 124.

LIÇÕES DE LIDERANÇA DE AGOSTINHO

ascética.[122] Segundo Rousseau, os monges da linha de Pacômio reconheciam "fraquezas humanas e necessidades individuais, e sentiam que o crescimento era necessário e possível. Essas eram as convicções que governavam a vida comunitária acima de tudo".[123] Pacômio dizia a seus monges: "É melhor que vocês vivam com mil, com toda a humildade, do que sozinhos e com orgulho na cova de uma hiena", e os instigava a "se juntarem a outrem que esteja vivendo de acordo com o Evangelho de Cristo, e que façam progresso junto com ele".[124]

O mentor como discípulo. Pacômio, como já foi observado, procurou o eremita Palamon e o teve como mentor sobre a vida ascética, e permaneceu com ele sete anos. Depois de sua partida, Pacômio evidentemente manteve contato com Palamon até à morte deste, que ocorreu pouco tempo depois.[125] Embora passando a seus discípulos uma convicção quanto à oração, como também a tendência de manter o hábito de vigilância, que aprendera de Palamon, ele adotou uma posição mais moderada com relação ao regime alimentar e acatou a ideia de crescimento espiritual no contexto de uma comunidade de monges.[126]

Apesar de Pacômio ter passado sete anos com um mestre e, ter recebido apoio de Palamon por provavelmente ainda mais tempo, continuou a demonstrar o coração de um discípulo. Talvez o mais claro exemplo disto seja que, apesar de servir como o *abba* sobre toda a *koinōnia*, Pacômio ainda morava em uma casa e "permanecia sujeito à autoridade do chefe da casa quanto às suas necessidades diárias".[127]

O fato de Pacômio manter-se ainda como um discípulo em crescimento proveu um modelo para os mordomos, os chefes da casa e os monges imitarem. Rousseau escreve:

---

[122] Ver ROUSSEAU, *Pachomius*, p. 66, p. 98.

[123] Ver ibid., p. 100.

[124] *Instruction*, 1.17, em HARMLESS, *Desert Christians*, p. 130.

[125] Ver HARMLESS, *Desert Christians*, p. 119.

[126] *Life of Pachomius*, p. 14, p. 60; também ROUSSEAU, *Pachomius*, p. 68; e HARMLESS, *Desert Christians*, p. 128-129.

[127] *Life of Pachomius*, p.110; também HARMLESS, *Desert Christians*, p.126.

A MATRIZ DA FUNÇÃO DE MENTOR

> Pacômio era, pessoalmente, a "regra" no sentido mais completo da palavra. O exemplo pessoal do seu serviço, o fruto de sua própria experiência, e, acima de tudo, o seu discernimento da Escritura, transmitidos em frequente catequese: essas foram as chaves da sua duradoura influência. [...] A qualidade formativa do seu caráter estava na raiz dos seus experimentos ascéticos e persistiu em seu efeito através de toda a sua vida, moldando também a conduta de sucessores e subordinados em todas as comunidades da federação.[128]

Vê-se, pois, que Pacômio mentoreou pelo exemplo pessoal e passou essa prática a Teodoro, seu sucessor, ensinando-lhe que o líder deve ser o primeiro a cumprir as normas (as regras) e, assim, liderar e discipular pelo exemplo.[129] Posteriormente, Teodoro, impactado pelo modelo de Pacômio, referia-se a seu mentor como "um imitador dos santos", e encorajava os monges a "segui-lo, pois ele segue os santos. [...] Morramos com este homem, e também viveremos com ele, pois ele nos guia direto para Deus".[130] Após a morte de Pacômio, Teodoro continuou a referir-se ao exemplo de Pacômio concitando os monges a imitarem esse pai espiritual, o que veio a ser uma ferramenta mentorial. Naturalmente, isso levou Teodoro a escrever a sua *A vida da Pacômio*, que atendeu a um propósito mimético para a geração de Pacômio e para sucessivas gerações, conforme surgiam versões em cóptico, grego, latim e árabe.[131]

Seleção. Uma tendência claramente observada no movimento monástico é que o monge em potencial tomava boa parte da iniciativa de procurar um homem santo como mentor ou para ligar-se a um mosteiro. Esse foi o caso de Pacômio, quando procurou Palamon. Essa prática caracterizou também o mosteiro de Pacômio, visto que os seus novos recrutas geralmente eram os que tomavam a iniciativa

---

[128] Ver ROUSSEAU, *Pachomius*, p.106.
[129] Ver ibid., p. 118.
[130] *Life of Pachomius*, p. 36; 35, em ROUSSEAU, *Pachomius*, p.118.
[131] Ver HARMLESS, *Desert Christians*, p. 117, p. 140.

de ir ter com ele. À luz dessa tendência, Pacômio empregou um porteiro, que inicialmente recebia os que vinham candidatar-se a monge.

Devido à sua experiência com monges relaxados, Pacômio não aceitava automaticamente todos os que apareciam a sua porta. Em vez disso, o porteiro entrevistava cada monge em potencial para verificar suas motivações para juntar-se ao mosteiro, e induzia o candidato a memorizar a Oração do Senhor e alguns salmos.[132] Porque a leitura era crucial para a aprendizagem no contexto monástico, parte do treinamento incluía ensinar candidatos analfabetos a ler.[133] Assim que passava no exame de admissão, o candidato era instado a renunciar família e posses, e lhe ensinavam as regras do mosteiro.[134] O único sinal formal de admissão era a troca de roupa, passando o admitido a usar o hábito monástico, para distingui-lo dos que viviam no mundo.[135]

Relação mentor-discípulo. Pacômio era amplamente considerado o pai da *koinōnia*. De fato, o seu título, o cóptico *apa* ou o grego *abba*, significava "pai". Quando o monasticismo cenobítico se desenvolveu, o superior monástico passou a ter o título transliterado de "abbot" (abade). O papel paterno desempenhado por Pacômio implicava sua autoridade e sua liderança organizacional sobre a *koinōnia*, estando incluídos mordomos, chefes da casa e monges.[136]

Sua autoridade paternal era também evidente em um nível interpessoal, sendo que ele esperava obediência dos monges. Enquanto interagia com eles, Pacômio os admoestava e instilava neles um sentimento de santo temor. Em alguns casos extremos, ele invocava a disciplina, passando ao monge uma repreensão verbal ou separando o disciplinando temporariamente da comunidade. Essas medidas eram

---

[132] Ver ibid., p. 126; e ROUSSEAU, *Pachomius*, p. 70.

[133] *Praecepta*, p. 139; também HARMLESS, *Desert Christians*, p.127.

[134] *Life of Pachomius*, p. 35; também ROUSSEAU, *Pachomius*, p. 70.

[135] Ver HARMLESS, *Desert Christians*, p. 126- 127.

[136] Ver ibid., p. 120, p. 125; DERWICH, Marek, "Abbot: Christian", *Encyclopedia of Monasticism*, p. 6; e ROUSSEAU, *Pachomius*, p. 67.

A MATRIZ DA FUNÇÃO DE MENTOR

tomadas com a esperança de que o monge disciplinado se corrigisse e fosse restaurado à comunidade. Pacômio justificava a sua posição de autoridade apontando para a autoridade de Elias sobre Eliseu.[137]

Seu papel como *abba* também implicava cuidado paternal. Embora às vezes precisasse disciplinar os monges, também ficava ansioso para ouvir suas confissões de pecados e para restaurá-los.[138] A obra *A vida de Pacômio* indica que ele dedicava muito do seu tempo pessoal aos monges, "abordando cada um por vez e colocando o coração no trabalho, segundo sua capacidade".[139] Esse período de interação provavelmente incluía diálogo, como também aconselhamento pastoral.

Infere-se, então, que a natureza do papel de Pacômio como *abba*, e igualmente a dos mordomos e dos chefes da casa, para com os monges, apresentava uma clara hierarquia na relação mentor--discípulo. O'Loughlin resume: "O mosteiro é uma escola de santidade, um lugar de discípulos/disciplinas, onde alguém mais velho acolhe os que procuram aprender e os ensina compartilhando sua vida com eles". Por conseguinte, "a relação de mestre e aluno era necessariamente desigual".[140]

A experiência inicial, fracassada, de Pacômio com monges relaxados ensinou-lhe a importância de ser um líder forte. Todavia, ele conquistou o respeito e a lealdade dos monges que vieram depois, servindo-os serenamente. Em *A vida de Pacômio* consta que Pacômio dizia aos homens: "Quanto a mim, é servindo a Deus e a vocês, de acordo com os mandamentos de Deus, que eu encontro descanso".[141] Sua liderança como servo refletia-se também em uma atitude ensinável e humilde. Lemos também sobre um encontro com um jovem, no qual Pacômio deixou que o monge lhe mostrasse um jeito

---

[137] *Life of Pachomius*, p. 84; p. 86; p. 118; p. 69; p. 89; também ROUSSEAU, *Pachomius*, p. 90-101; *Instruction*, 1.17; e HARMLESS, *Desert Christians*, p. 130.

[138] Ver McGUIRE, *Friendship and Community*, p. 22.

[139] Ver ROUSSEAU, *Pachomius*, p. 90.

[140] Ver O'LOUGHLIN, "Master and Pupil: Christian Perspectives", *Encyclopedia of Monasticism*, p. 836-837.

[141] *Life of Pachomius*, p. 24, em HARMLESS, *Desert Christians*, p. 120.

mais eficiente de tecer cestas.[142] Sua humildade também se refletia na maneira pela qual ele se submetia a seu chefe da casa, muito embora ele fosse, ao mesmo tempo, superior a ele. Rousseau assevera que Pacômio "às vezes parece estar no topo da escada, e outras vezes, virtualmente bem embaixo".[143] Isto é, ele liderava as comunidades com o cuidado e a autoridade de pai, bem como com a postura de servo.

Sã doutrina. Pacômio e Atanásio eram aliados na causa da ortodoxia.[144] Uma das razões pelas quais Atanásio desejava que monges fossem ordenados [para o ministério da igreja] era seu treinamento completo nas Escrituras.[145] O programa diário do mosteiro de Pacômio consistia de muita memorização e muito ensino da Escritura, como também da oportunidade de diálogo acerca do ensino. Em acréscimo a esse programa diário rigoroso, Pacômio fazia rondas de visitas aos diversos mosteiros da *koinōnia* para prover ensino adicional.[146]

Pacômio insistia em que os seus monges fossem alfabetizados para poderem estudar e memorizar a Escritura. Contudo, também sabemos que ele usava outros livros no treinamento dos seus monges, embora não tenhamos ideia precisa do conteúdo deles.[147] Esses livros eram provavelmente de consulta exegética, tendo em vista o esquema global de estudo da Escritura e diálogo sobre o mesmo. Eram considerados propriedade do mosteiro e só eram emprestados pelo chefe da casa. Pacômio advertia contra o perigo do leitor deixar-se arrastar pela beleza externa deste ou daquele livro, pois ele não queria que seus monges fossem desviados do propósito do estudo — progresso na vida ascética.[148]

---

[142] *Life of Pachomius*, p. 86; também ROUSSEAU, *Pachomius*, p.112.

[143] ROUSSEAU, *Pachomius*, p.118.

[144] Ibid., p. 26 e 27.

[145] Ver STERK, *Renouncing the World*, p. 16-18; e DERWICH, *Monk-bishops, Encyclopedia of Monasticism*, p. 878.

[146] Posteriormente, os discípulos de Pacômio, Teodoro e Horsiésio, também fizeram visitas parecidas; ver HARMLESS, *Desert Christians*, p. 130.

[147] Ver ROUSSEAU, *Pachomius*, p. 81.

[148] *Life of Pachomius*, p. 63; também ROUSSEAU, *Pachomius*, p. 81.

Pacômio fazia do ensino e da memorização da Escritura uma parte vital do programa monástico diário, e incentivava os seus monges a lerem enquanto seguiam uma *Regra* (norma) que tinha a Escritura como sua base. Isso mostra o valor que Pacômio dava ao seus monges serem fundamentados em consonância com a sã doutrina.

Promoção. Do que foi apresentado sobre a estrutura organizacional da *koinōnia*, de mosteiros e casas, fica evidente que Pacômio favorecia a seleção de líderes par mentorearem os monges. Muitos desses mordomos e chefes da casa foram até listados nominalmente em *A vida de Pacômio*.[149]

O relato mais pessoal sobre um líder em processo de seleção foi o caso de Teodoro. Ao que parece, Pacômio colocou-o a seu lado na liderança, confiando-lhe várias tarefas que incluíam o trato de questões pessoais entre os monges e da reunião com filósofos visitantes. Posteriormente, Teodoro foi incumbido de ensinar todo o mosteiro de Tabenessi, função que anteriormente só Pacômio tinha exercido. Finalmente, ele substituiu Pacômio como mordomo do mosteiro de Tabenessi, função que anteriormente só Pacômio tinha exercido. Essa situação ocorreu quando Pacômio se mudou de lá para dar início ao mosteiro de Pboou.[150]

É evidente que Pacômio estava decidido a separar líderes que viriam a substituí-lo. No caso de Teodoro, Pacômio confiou-lhe tarefas de crescente responsabilidade, até quando, essencialmente, Teodoro o substituísse. O'Loughlin descreve esse processo de seleção de líderes: "Tendo compartilhado a vida de cada um dos pais e tendo-os ouvido falar, o jovem se tornava apto para suceder a eles". O resultado era que o discípulo "se torna mestre em lugar do seu professor".[151] Segundo a obra *A vida de Pacômio*, Teodoro e outro monge visitaram

---

[149] *Life of Pachomius*, p. 123; também ROUSSEAU, *Pachomius*, p. 185.

[150] *Life of Pachomius*, p. 77; também ROUSSEAU, *Pachomius*, p. 180; e HARMLESS, *Desert Christians*, p. 132.

[151] O'LOUGHLIN, "Master and Pupil: Christian Perspectives", *Encyclopedia of Monasticism*, p. 836.

Antônio depois da morte de Pacômio para partilharem a tristeza que sentiam pelo passamento do seu mestre. Antônio ilustrou a importância monástica da promoção de líderes respondendo: "Não chorem. Todos vocês se tornaram *Abba* Pacômio".[152]

Recursos. Conforme Pacômio selecionava líderes, continuava a supri-los de recursos. Consta, por exemplo, que Teodoro caminhava dois quilômetros todo dia para ouvir o ensino de Pacômio; depois voltava a Tabenessi e passava esse ensino a seus monges.[153] Pacômio também viajava a diferentes mosteiros e ensinava. Além disso, Pacômio supria de recursos os mordomos e os chefes da casa com sua *Regra* monástica, com suas cartas crípticas e com ensino que tinha sido transcrito com o propósito de circulação.

BASÍLIO DE CESAREIA

Basílio, juntamente com seu irmão Gregório de Nissa (335-394) e com seu amigo próximo Gregório de Nazianzo (329-389), formou o famoso trio conhecido como os pais capadócios. Eles vieram da igreja da Capadócia, na Ásia Menor, a moderna Turquia central e oriental, e a essa mesma igreja serviram. Os capadócios são talvez mais conhecidos por suas obras sobre a Trindade e por manterem o legado de Atanásio de Alexandria e da ortodoxia nicena.[154] Também foram influenciados por Atanásio em que seguiam um estilo de vida monástico cenobítico enquanto, ao mesmo tempo, serviam como clérigos ordenados, favorecendo a noção de monge-bispo brevemente mencionada na seção anterior. Apesar da obra de Basílio como mentor ser o foco primordial desta seção, por ser ele o mais influente dos capadócios nesta área, também iremos estudar o pensamento de Gregório de Nazianzo e o de Gregório de Nissa em vários pontos.

---

[152] *Life of Pachomius*, p. 120, em HARMLESS, *Desert Christians*, p. 135.

[153] *Life of Pachomius*, p. 88; também ROUSSEAU, *Pachomius*, p. 181; e HARMLESS, *Desert Christians*, p. 133.

[154] Ver ROUSSEAU, Phillip, *Basil of Caesarea* (Berkeley: University of California Press, 1994), p. 2; e AYRES, Lewis, "The Cappadocians", ATTA, 122.

A MATRIZ DA FUNÇÃO DE MENTOR

Basílio (326-379) nasceu no seio de uma família da classe alta conhecida por sua piedade cristã. Sua avó Macrina tinha um estilo de vida ascético e foi influenciada pelo bispo Gregório Taumaturgo, de Neocesareia (c. 213-275), que tinha chegado à fé por meio do ensino de Orígenes.[155] Com Gregório de Nazianzo, Basílio estudou retórica e filosofia na Capadócia, em Constantinopla e em Atenas. Depois de uma abreviada carreia ensinando retórica, Basílio foi para o oriente em 356, para o Egito, para a Palestina e para a Síria, em busca do renomado bispo ascético Eustácio (Eustathius) de Sebaste [antiga Samaria].[156] Em 357 ele foi batizado e se retirou para uma propriedade da família no Ponto, onde Gregório de Nazianzo e um grupo de outros cristãos juntaram-se a ele para formarem um tipo de mosteiro. Tendo sido influenciado pelos bispos ascéticos Eustácio e Gregório Taumaturgo, Basílio não rejeitou a ordenação para o ministério e foi nomeado leitor pelo bispo Diânio (Dianius) de Cesareia (na Ásia Menor), em 360. Foi promovido a presbítero em 364, e finalmente foi ordenado bispo de Cesareia em 370.[157]

Basílio ministrou durante o andamento da controvérsia cristológica na Ásia Menor. Como bispo metropolitano responsável por uns cinquenta bispos e ainda mais clérigos, ele foi forçado a entrar nas desordenadas batalhas políticas e teológicas da igreja. Apesar de manter contato regular com aliados e inimigos, como também com líderes seculares que frequentemente se envolviam, Basílio parecia equilibrar os seus papéis de monge de residência urbana e bispo metropolitano.[158]

Basílio também ministrou em meio a uma crise da liderança da igreja. Como Sterk assinala, havia "falta de candidatos aptos ao

---

[155] Ver AYRES, Lewis "The Cappadocians", ATTA, p. 121; STERK, *Renouncing the World*, p. 35; e LECLERCQ, H., "St. Gregory of Neocaesarea", www.newadvent.org/cathen/07015a.htm

[156] Ver ROUSSEAU, *Basil*, p. 27; AYRES, "The Capadocians", ATTA, p. 121; e STERK, *Renouncing the World*, p. 39-40.

[157] Basílio, *Cartas* 207.2; 223.5; Gregório, de Nazianzo, *Carta* 6.37; também ROUSSEAU, *Basil*, 2; 68,69; 84,85; e STERK, *Renouncing the World*, 43.

[158] Ver STERK, *Renouncing the World*, p. 44-46, p. 73.

episcopado", o que dificultava a seleção de líderes.[159] Um problema quiçá maior era a falta de clérigos aptos já ocupando posições de liderança. Alguns líderes eclesiásticos tinham sido corrompidos pela imoralidade e pela gula ou pela avareza, e alguns tinham de fato pago por sua ordenação.[160] Assim, os ideais monásticos de Basílio — refletidos em suas escritas, em suas cartas e em sua influência — iam de encontro direto com essas tendências atuais. Sua influência na seleção de líderes demonstraria ainda mais a sua determinação de purificar a liderança da igreja.

Basílio, o bispo, e seu clero

Comparado com Cipriano, é muito mais difícil descrever o papel de Basílio como bispo, listar os clérigos que havia ao redor dele em Cesareia, ou apresentar muitos detalhes sobre as suas funções. Porque Basílio, ao que parece, não gostava da estrutura hierárquica do clero então existente, ele era "impreciso em seu vocabulário quanto às posições de autoridade na igreja".[161] Sua falta de atenção a ofícios e papéis específicos parecia fluir da influência monástica sobre as suas ideias a respeito do ministério ordenado.

Como bispo de Cesareia, Basílio envolveu-se, primeiro, com a pregação. Empregando uma hermenêutica mais literal, segundo a escola antioquiana de interpretação, a obra preservada de Basílio inclui homilias sobre os livros de Moisés e de Salmos, como também discursos morais e doutrinários.[162] Em segundo lugar, Basílio era responsável por convocar e dirigir concílios da igreja. Terceiro, ele acreditava fortemente que o bispo devia cuidar das necessidades físicas dos pobres da sua cidade. Seguindo o exemplo do seu mentor Eustácio de Sebaste,

---

[159] Ver ibid., p. 47.
[160] Basílio, *Cartas* 53,54; também STERK, *Renouncing the World*, p. 47.
[161] STERK, *Renouncing the World*, p. 48.
[162] Ver McSORLEY, Joseph,, "St. Basil the Great", www.newadvent.org/cathen/02330b. htm.

A MATRIZ DA FUNÇÃO DE MENTOR

Basílio fundou o *Basilêiados*, um asilo para pobres localizado nas imediações de Cesareia. Quarto, como monge-bispo, ele supervisionava os mosteiros da sua província.[163] Quinto, Basílio presidia à assembleia do culto, celebrando a eucaristia e ministrando batismo. Finalmente, ele servia como mentor dos clérigos que serviam com ele em Cesareia e dos cinquenta bispos e seus respectivos clérigos em sua província.

Provavelmente, os presbíteros de Basílio o assistiam pregando, presidindo à eucaristia, e no ministério pastoral, que teria incluído a obra do asilo.[164] Muitos presbíteros do quarto século também presidiam à assembleia litúrgica na ausência do bispo. A correspondência de Basílio revela que ao menos um presbítero, Santíssimo (Sanctissimus), estava envolvido na entrega de suas cartas.[165]

Os diáconos de Basílio provavelmente o assistiam em seus deveres de bispo, que incluíam envolvimento em alguma pregação e ministração do batismo.[166] As cartas de Basílio também mostram que um diácono chamado Doroteu, que mais tarde se tornou presbítero, era responsável pela entrega de parte da correspondência de Basílio.[167] Os clérigos restantes que serviam com Basílio provavelmente incluíam subdiáconos, que assistiam os diáconos em seu trabalho, e os leitores, que naturalmente liam as Escrituras no culto.

Como Basílio mentoreava?

Basílio reagiu à crise da liderança da igreja na Ásia Menor mentoreando homens para o ministério. Sua correspondência e seus escritos morais e doutrinários, como também algumas das Orações (*Orations*) de Gregório de Nazianzo, sustentam a alegação de que ele estava mentoreando clérigos na Ásia Menor, e, às vezes, além dessa província.

---

[163] Ver STERK, *Renouncing the World*, p. 70, p. 74.

[164] *Cartas* 150; 176; também SCHAFF, Phillip, *History of the Christian Church*, vol. 3. (Peabody, MA: Hendrickson, 1996), p. 258.

[165] *Cartas* 120; 132; 221; 225; 253,254.

[166] Ver SCHAFF, *History*, 3.259.

[167] *Cartas*, 47; 50; 52; 61,62; 243; 273.

LIÇÕES DE LIDERANÇA DE AGOSTINHO

Suas principais estratégias incluíam vida monástica, livros e outros escritos, cartas e concílios da igreja.

Vida monástica. Antes da sua ordenação, Basílio tinha ido ao oriente para seguir vida ascética, e posteriormente convidou outros para se juntarem a ele em um retiro monástico (*aprogmon*) na propriedade de sua família no Ponto. Contudo, mesmo após sua ordenação ao ministério e, finalmente, ao ofício de bispo, ele continuou a viver como monge — um estilo de vida que incluía periódicos retiros na propriedade do Ponto.[168] Sterk escreve: "Basílio via cada vez mais necessidade de manter a vida monástica e a autoridade eclesiástica, caminhando juntas".[169]

Como Basílio mentoreava líderes espirituais por meio do mosteiro? Essencialmente, o mosteiro servia como um centro de treinamento indireto para os monges que eventualmente seriam ordenados. Tendo em vista o fraco estado espiritual do clero, que Basílio e Gregório de Nazianzo deploravam, o programa de Basílio era um sólido alicerce espiritual para clérigos futuros e incluía cântico diário de Salmos e leitura da Escritura, leitura nas horas de refeição, memorização de passagens bíblicas, instrução contra heresia, e disciplina ascética. Alguns monges acabavam sendo selecionados para servirem como professores de outros monges. Seu regulamento monástico — tanto as *Regras breves* como as *Regras extensas* — davam orientação para a vida comum, principalmente sobre como os monges e os superiores deveriam relacionar-se mutuamente.

Apesar da afirmação de que o mosteiro de Basílio era um centro de treinamento indireto para os clérigos, seria difícil argumentar no sentido de comprovar que era isso que ele se propunha. Contudo, considerando os padrões e as qualificações requeridos dos clérigos, principalmente as qualificações citadas nas *Orations* de Gregório de

---

[168] A palavra grega *aprogmon* é traduzida por *otium* em latim, significando "lazer" — noção que sempre será significativa em nosso estudo de Agostinho; ver ROUSSEAU, *Basil*, p. 71, p. 85; STERK, *Renouncing the World*, p. 43, e *Carta* 43.

[169] Ver STERK, *Renouncing the World*, p.43.

Nazianzo, fica claro que essas qualidades também eram importantes para os monges. Por isso, considerando a grande necessidade que a igreja tinha de líderes santos e bem treinados, e tendo em vista o centro estratégico de recrutamento que o mosteiro representava, Basílio, Gregório de Nazianzo, Gregório de Nissa e João Crisóstomo seguiram o exemplo de Atanásio e decidiram ordenar monges para o clero.[170]

Finalmente, há evidência de que os clérigos vinham a Cesareia com o propósito de viver e servir no asilo. Se bem que o foco primordial dessa instituição era cuidar dos pobres, também veio a ser uma comunidade na qual monges e clérigos podiam crescer juntos em uma existência comum na qual serviam e viviam os preceitos de sua fé.[171]

Livros e outros escritos. Basílio foi um escritor prolífico, que usava livros para falar a seus colegas do clero sobre as questões chaves do seu tempo, a crise doutrinária e a falta de liderança santa na igreja. Em 375 ele escreveu *Sobre o Espírito Santo*, em que tratou das duas questões. Embora dirigido a seu discípulo Anfilóquio (Amphilochius), Basílio o escreveu para um campo muito maior de destinatários do clero, pois ele atacou os bispos ortodoxos por gastarem mais energia lutando entre si e trapaceando por posição de poder, do que tratando do conflito ariano.[172] Depois de apoiar Anfilóquio quanto a seu desejo da verdade acima de mera especulação, e de convidá-lo para uma investigação em profundidade das Escrituras, Basílio fez uma clara defesa da divindade do Espírito Santo em resposta às acusações de heresia que tinham sido feitas contra ele.[173]

Entre suas obras de teor ascético, Basílio escreveu *Regras morais*, um tratado sobre liderança espiritual para os que exercem liderança na igreja. Embora os seus leitores ou ouvintes incluíssem supervisores

---

[170] Gregório de Nazianzo, *Orations* 2.49; 43.60-66; também STERK, *Renouncing the World*, p. 136, p. 147-50.

[171] *Cartas* 150; 176; também STERK, *Renouncing the World*, p. 27; e ROUSSEAU, *Basil*, p. 142.

[172] *On the Holy Spirit*, p. 30.p. 76-79; também STERK, *Renouncing the World*, p. 46; e McSORLEY, "St. Basil the Great", www.newadvent.org/fathers/cathen/02330b.htm

[173] *On the Holy Spirit*, 1; também ROUSSEAU, *Basil*, p. 122, p. 265.

monásticos, os seus primeiros leitores eram os clérigos. Na introdução ele escreveu sobre o seu desejo de passar adiante o que aprendera das Escrituras a "recipientes que cumprissem a palavra do apóstolo: 'O que ouviste de mim diante de muitas testemunhas, transmite a homens fiéis e aptos para também ensinar os outros'". Também indicou que escrevera para "aqueles que presidem o ensino da palavra de Deus".[174]

O principal objetivo dessa obra era inculcar nos líderes o caráter santo requerido dos ministros de Deus, como também o valor da disciplina ascética. Com a santidade como seu tema chave, ele tratou de numerosos temas de apoio, tais como arrependimento, boas obras, a atenção que se deve dar à vocação e obra do ministério, pureza, temor de Deus, o dever dos cristãos serem testemunhas da fé cristã, confiança em Deus, constância como discípulos, crer e obedecer à Palavra de Deus, manter a sã doutrina, cada um procurar beneficiar--se da influência de uma comunidade piedosa, imitação de Deus e dos santos da Escritura, ser exemplo de piedade, servir a Deus, mostrar hospitalidade, perseverar firme na fé e exercitar as disciplinas espirituais, como a oração e a ação de graças. Recomendou também um caráter santo, evitando mentira, briga, escândalo, mostrando humildade, generosidade e simplicidade, como também operosidade, perdão e mortificação da carne.

No capítulo 70 do livro *Regras morais*, Basílio continuou a discutir sobre o caráter dos líderes espirituais, dando, ao mesmo tempo, alguma instrução sobre suas respectivas funções. Primeiro, incentivou que os líderes fossem selecionados cuidadosamente, e proveu um conjunto de qualificações para bispos, presbíteros e diáconos semelhantes às das epístolas pastorais. Segundo, um líder não deve negar seu chamado para o ministério. Terceiro, o líder deve praticar o que prega, jamais pedindo dos seus discípulos mais do que ele próprio faz. Quarto, o líder deve encorajar o seu rebanho pela pregação e também pela visitação domiciliar. Quinto, ele deve demonstrar misericórdia e

---

[174] Introdução da obra *Morals*, em STERK, *Renouncing the World*, p.53.

cuidado pelas necessidades físicas dos que pertencem à igreja. Sexto, o líder deve evitar se envolver com assuntos do mundo e deve buscar simplicidade. Finalmente, Basílio deu alguma orientação sobre o ato de pregar propriamente dito. Ele insistiu nestes pontos: (1) a mensagem do Evangelho não deve ser comprometida, nem os ouvidos devem ser impulsionados a ter comichão, pela pregação; (2) o pregador deve priorizar o seu ensino de acordo com as necessidades mais importantes da igreja; (3) ele deve demonstrar humildade; (4) o estilo não deve tomar o lugar do conteúdo da mensagem; (5) a meta do ensino deve ser a santificação; (6) o pregador deve confrontar gentilmente os ouvintes; e (7) os que continuam sem nenhuma resposta ou reação ao ensino, finalmente devem ser deixados de lado.[175]

Embora o livro *Sobre o Espírito Santo* contenha alguma exortação pastoral, é, em grande parte, um tratado sobre a doutrina do Espírito Santo. Embora *Regras morais* inclua algum incentivo para a manutenção da sã doutrina, é primariamente um manual para a conduta santa na vida pessoal e no ministério do líder espiritual.

Cartas. Basílio fez extenso uso de cartas, considerando que ao menos dois terços das suas 366 cartas preservadas foram escritos enquanto ele era bispo de Cesareia, e um quarto delas foi destinado a colegas do clero.[176] Sterk afirma: "O grande número de cartas existentes, enviadas a bispos de todo o Império Romano, sugere que ele tentava, consistentemente, influenciar ideias e decisões, tanto dentro como fora das fronteiras da sua diocese".[177] Muito embora Basílio tenha de fato escrito cartas para influenciar a liderança eclesiástica da Ásia Menor, esta influência não deve ser interpretada meramente como política ou manipulativa; antes, ele usava as cartas para mentorear clérigos. A correspondência clerical de Basílio pode

---

[175] *Morals*, 1.1-4; 13.1,2; 2.1; 30.1; 11; 6.1; 8; 9; 12.2; 17.1; 18.1-6; 26.1,2; 28; 41; 44; 16.1; 48.5; 52.1; 27; 72.1; 34.1; 37.1; 38,39; 55,56; 24.1; 25.1,2; 54.1,2; 33.1-4; 45; 48; 57; 59; 47; 48.3, 6; 49.2; 53; 69; 70.1,2; 71.1.2; 70.3; 70.8,9; 70.11, 17; 70.19,20; 70.27,28; 70.12, 22, 29; 70.21; 70.23; 70.25; 70.30; 70.31,32, 34.

[176] Ver McSORLEY, "St. Basil the Great", www.newadvent.org/cathen/02330b.htm.

[177] Ver STERK, *Renouncing the World*, p. 91.

ser, em grande parte, classificada como cartas nas quais o próprio Basílio estava sendo mentoreado, sendo elas as que envolviam mentoreado de seus pares, convite ou seleção para a obra de mentor, encorajamento, exortação, disciplina, consultoria ou recursos teológicos, influência doutrinária, instrução ministerial prática, e deveres eclesiásticos.

Basílio como discípulo. Em quatro cartas o próprio Basílio assumiu a postura de discípulo e procurou a ajuda de mentores. Duas delas foram dirigidas a Eustácio de Sebaste, que fora o mentor pessoal de Basílio no início da sua jornada ascética. Na primeira carta Basílio compartilhou com Eustácio algumas das suas lutas na condução da igreja, e na segunda ele narrou humildemente sua jornada espiritual e sua contínua necessidade de oração.[178] Basílio também escreveu cartas a Atanásio, com quem ele nunca se encontrou pessoalmente. Na primeira carta ele lhe confidenciou a dificuldade de liderar a igreja e pediu oração e sabedoria. Na segunda ele solicitou a Atanásio que preparasse uma carta circular para os bispos da Ásia Menor oferecendo sabedoria para os seus ministérios.[179]

Mentoreando seus colegas. Em dezoito cartas Basílio trocou correspondência amigável com oito clérigos diferentes, correspondência que revela mentoreado de colegas. Enquanto ainda presbítero, ele escreveu cartas para Gregório de Nazianzo descrevendo onde vivia e também comunicando o valor da amizade.[180] Similarmente, Basílio alegrava-se com a amizade e o companheirismo experimentados por correspondência com clérigos como Arcádio, Inocente, Teodoro, Pedro e Peônio (Paeonius).[181] Por exemplo, ele escreveu a Peônio: "Estou sempre ansioso por receber notícias de sua Perfeição, mas, quando tomei sua carta em minhas mãos e a li, não me agradou mais

---

[178] *Cartas* 79; 119. A menos que seja feita outra indicação, todas as traduções das cartas de Basílio são da edição inglesa FC (*Fathers of the Church*).

[179] *Cartas* 80, 82.

[180] *Cartas* 14, 19.

[181] *Cartas* 49,50, 124, 133,34.

A MATRIZ DA FUNÇÃO DE MENTOR

o que você me escreveu do que me entristeceu considerar quão grande perda me sobreveio durante o seu período de silêncio.[182]

Em duas cartas a Ascólio (Ascholius) de Tessalônica havia um breve diálogo acerca do estado da igreja, e Basílio admitiu que era "nutrido por frequentes cartas" de Ascólio.[183]A chave da relação mentorial de colegas de Basílio, ao que parece, estava com o bispo Eusébio de Samosata, visto que ele enviou a Eusébio nove cartas. Basílio não hesitou em abrir seu coração para Eusébio, compartilhando suas enfermidades, a morte de sua mãe, os desafios do ministério da igreja, a ameaça de heresia inclusive, e a necessidade de oração que ele sentia. Acresce que Basílio referendou a obra e o ministério de Eusébio e procurou seu conselho sobre a ordenação de clérigos de fora da sua diocese. Finalmente, como mostram outras cartas de mentoreado de colegas, Basílio expressou um profundo sentimento de amizade e o seu anseio por ver Eusébio. Embora uma visita pessoal fosse preferível, não obstante Basílio reconhecia que as "cartas não são coisas insignificantes" e que eram valiosos meios de mútuo encorajamento e mentoreado.[184]

Quatro cartas de Basílio o revelam iniciando uma relação mentorial. Em duas cartas Basílio convidou Anfilóquio de Icônio, a juntar-se a ele na obra do asilo de Cesareia.[185] Noutra carta ele convidou Teódoto a dialogar em uma relação de encorajamento mútuo.[186] Em uma carta final ele reagiu positivamente à iniciativa de Ascólio em relação ao mentoreado de Basílio, e lhe comunicou que esperava poder manter uma relação mediante correspondência.[187]

Vinte cartas mostram Basílio mentoreando mediante encorajamento ou conforto. Duas dessas cartas foram enviadas a clérigos que tinham experimentado morte em suas famílias, outras cinco foram escritas

---

[182] *Carta* 134.
[183] *Cartas* 164,65.
[184] *Cartas* 30; 136; 141; 152; 31; 138; 239; 241; 145.
[185] *Cartas* 150; 176.
[186] *Carta* 185.
[187] *Carta* 154.

para os que tinham experimentado perseguição, enquanto que oito cartas foram dirigidas a líderes espirituais que tinham sido exilados.[188] Basílio escreveu duas cartas referendando líderes por sua ortodoxia, uma delas foi escrita para os presbíteros de Nicópolis, que estavam servindo sob um bispo doutrinariamente errôneo.[189] Finalmente, Basílio escreveu cartas incentivando Diodoro de Antioquia a exercer seu dom de escritor e referendando Anfilóquio de Icônio, e Ambrósio, de Milão por ocasião da ordenação deles.[190] Quanto a Anfilóquio, Basílio se pôs à disposição do jovem bispo e o exortou dizendo: "Seja homem... e seja forte, e vá adiante das pessoas que o Altíssimo confiou à sua destra".[191]

Exortação foi o tema de seis cartas de Basílio. Ele exortou Abrâmio de Batnae, à fé, ao amor e à comunhão, e desafiou o recém-nomeado bispo Pedro de Alexandria, a levar adiante o legado de Atanásio, seu predecessor.[192] Em algo mais do que uma repreensão, Basílio confrontou o jovem bispo Artábio de Neocesareia, por trabalhar isoladamente, e o exortou a trabalhar com outros líderes eclesiásticos da região.[193] Similarmente, Basílio fez um apelo em favor da unidade dos bispos do Ponto, e exortou Evágrio de Antioquia, a impedir cisma na igreja.[194] Finalmente, Basílio confrontou os bispos de Neocesareia por difamá-lo, e também os exortou à unidade.[195]

Disciplina foi o tema de sete cartas. Três delas foram dirigidas ao corpo de bispos encarregados da ordenação de novos clérigos. Basílio os condenou por aceitarem dinheiro em troca da ordenação; por ordenarem amigos, familiares e clérigos sem as qualificações necessárias; e por misturarem interesses mundanos com a vocação para

---

[188] *Cartas* 5; 206; 184; 219; 246,47; 256; 57; 89; 168; 182; 198; 264; 267,68.
[189] *Cartas* 172; 240.
[190] *Cartas* 135; 161; 197.
[191] *Carta* 161.
[192] *Cartas* 132,33.
[193] *Carta* 65. Artábio era também um parente distante de Basílio.
[194] *Cartas* 203; 156.
[195] *Carta* 204.

o ministério.[196] Duas cartas foram enviadas para repreender clérigos imorais, entre eles um sacerdote chamado Paregório, que estava vivendo com uma mulher.[197] Noutra carta Basílio confrontou um bispo por resistir ao conselho de bispos e o convidou a um encontro pessoal.[198] Finalmente, Basílio não hesitou em escrever a seu próprio irmão, Gregório de Nissa, e de condená-lo por enviar uma carta forjada em nome do tio deles![199] A correspondência disciplinar de Basílio nos dá uma ideia de alguns dos excessos e das imoralidades presentes entre líderes da igreja, como também da sua necessidade de mentorear, às vezes, por meio de repreensão e disciplina.

Nove cartas de Basílio serviram como recurso teológico (material de consulta) para outros clérigos. Em uma carta, dirigida a um destinatário desconhecido, ele expôs a sua teologia da vida monástica.[200] Ele escreveu outra carta a Gregório de Nissa, em meio ao conflito ariano, explicando a diferença entre a substância (*ousia*) e a pessoa (*hipostasis*) de Cristo. Basílio escreveu uma terceira carta a um certo Ciríaco passando-lhe um ensino corretivo sobre a pessoa do Espírito Santo.[201] Em uma quarta carta, supostamente de Diodoro de Antioquia, deu respostas a questões teológicas sobre casamento.[202] Basílio escreveu outra carta a Ótimo (Optimus) da Pisídia, provendo ajuda exegética sobre o sentido de Gênesis 4:15.[203] Finalmente, Basílio forneceu recursos a Anfilóquio com cinco cartas teológicas tratando de temas tais como instrução sobre heresia, animais que constam na Escritura, interpretação de passagens da Escritura, a natureza da mente, a substância de Deus, a relação entre fé e conhecimento, e a relação entre o Pai e o Filho.[204]

---

[196] *Cartas* 53,54; 291.
[197] *Cartas* 55; 170.
[198] *Carta* 282.
[199] *Carta* 58.
[200] *Carta* 22.
[201] *Carta* 114.
[202] *Carta* 160. Alguns têm alegado que a carta de Diodoro era espúria.
[203] *Carta* 260.
[204] *Cartas* 188; 233-36.

LIÇÕES DE LIDERANÇA DE AGOSTINHO

Basílio fez uso de dezoito cartas para exercer influência sobre os seus colegas do clero. Em duas delas ele se defendeu contra heresia e escreveu outra para limpar o nome de outros dois clérigos que tinham sofrido acusação semelhante.[205] Basílio escreveu três cartas incentivando o clero a manter a ortodoxia.[206] Cinco cartas mostram Basílio exercendo uma influência doutrinária dando colaboração a seus aliados teológicos. Em três dessas cartas ele discutiu especificamente a ortodoxia de três bispos que estavam prestes a ser ordenados, enquanto que nas outras duas ele enfatizou a importância dos clérigos se separarem dos hereges e de manterem a sã doutrina nas igrejas.[207]

Em outras duas cartas Basílio confrontou clérigos que tinham abandonado a sã doutrina e os incentivou a se arrependerem.[208] Em cinco cartas finais sobre influência doutrinária relacionada com Eustácio de Sebaste, ex-mentor de Basílio, que evidentemente aderira à heresia. Em uma delas Basílio traçou uma declaração de fé coerente com o concílio de Niceia e pediu a Eustácio que a subscrevesse. Em uma carta subsequente Basílio escreveu para condenar Eustácio que, pelo visto, recusara subscrever a carta inicial.[209] Nas outras três cartas Basílio escreveu aos clérigos falando sobre a doutrina errônea de Eustácio e sobre suas razões para romper a comunhão com ele.[210] Disso resultou que Basílio usou o exemplo negativo de Eustácio para advertir os seus colegas do clero contra a heresia.

Basílio escreveu quatro cartas para dar *instrução prática* sobre assuntos da igreja. Todas as quatro foram dirigidas a Anfilóquio de Icônio, e também são conhecidas como "epístolas canônicas".[211] Muito embora dando instrução sobre itens que vão do aborto à poligamia, Basílio também aconselhou sobre as questões de delegação de responsabilidade

---

[205] *Cartas* 25; 224; 266.
[206] *Cartas* 113; 129; 245.
[207] *Cartas* 27; 227; 238; 128; 258.
[208] *Cartas* 126; 207.
[209] *Cartas* 125; 223.
[210] *Cartas* 130; 244; 250.
[211] *Cartas* 188; 190; 199; 217.

A MATRIZ DA FUNÇÃO DE MENTOR

e de seleção de líderes para uma igreja próxima.[212] Como no caso da sua correspondência teológica com Anfilóquio, as cartas canônicas visavam oferecer recursos a um maior número de clérigos.

Três cartas finais são dedicadas às *atividades da igreja*. Elas revelam Basílio no papel de mentor buscando a contribuição de outros líderes da igreja e procurando envolvê-los nas decisões da igreja. Por exemplo, em duas cartas a Gregório de Nazianzo, Basílio incluiu Gregório na discussão sobre como proceder com o diácono imoral Glicério, que por fim Basílio disciplinou.[213] Finalmente, Basílio procurou a ajuda de Poemênio de Sátala, sobre a ordenação de um certo bispo Ântimo (Anthimus), que não fora ordenado segundo os cânones da igreja.[214]

Concílios da igreja. Segundo sua correspondência, Basílio convocava um concílio anual em Cesareia, todo mês de setembro.[215] À semelhança de Cipriano, ele usava essa forma de interação com os líderes da igreja e, por sua vez, exercia uma influência mentorial.

Como fazia com seus escritos, Basílio usava os concílios da igreja para falar sobre as questões chaves que confrontavam a igreja. Sterk afirma que uma importante meta dos concílios era "esclarecimento teológico".[216] Em seu famoso apelo dirigido aos bispos ocidentais no apogeu da crise ariana na Ásia Menor, a principal solicitação de Basílio foi que eles enviassem uma delegação para fortalecer a causa ortodoxa em uma iminente confrontação que provavelmente tomaria a forma de um concílio.[217] Basílio também usava concílios para tratar da crise de liderança da igreja. Sterk explica: "Mediante tais reuniões episcopais, Basílio podia influenciar uma ampla gama de decisões que afetavam a vida da igreja, não menos do que o faziam a seleção e a disciplina de líderes eclesiásticos".[218]

---

[212] *Carta* 190.
[213] *Cartas* 169; 171.
[214] *Carta* 122.
[215] *Carta* 100; também Sterk, *Renouncing the World*, p. 74.
[216] STERK, *Renouncing the World*, p. 74; *Cartas* 92; 98; 204,5.
[217] *Carta* 92.
[218] STERK, *Renouncing the World*, p. 74.

LIÇÕES DE LIDERANÇA DE AGOSTINHO

Como bispo metropolitano e responsável pela convocação de concílios em Cesareia, a influência de Basílio era maior do que a dos seus colegas bispos, e ele não hesitava em exercer essa influência. Todavia, como Cipriano, Basílio havia se comprometido com o colegiado de bispos e com o trabalho de envolver outros clérigos nas tomadas de decisão. Quando convidou o bispo mais jovem, Anfilóquio, para participar de um concílio, acolheu bem sua participação no diálogo e em compartilhar seus "dons espirituais".[219] Conclui-se, então, que, como mentor, Basílio usava concílios para influenciar o clero com vistas à sã doutrina, a restaurar a santidade clerical e a permitir que clérigos participassem na tomada de decisões.

O Pensamento de Basílio sobre o trabalho de mentor

Como um monge-bispo liderando a igreja em Cesareia, Basílio assumiu o compromisso de mentorear líderes espirituais, principalmente quando a igreja da Ásia Menor teve que tratar dos problemas de heresia e de clérigos imorais. Sete aspectos do mentoreado, relacionados com o modelo neotestamentário, tornaram-se evidentes nas relações de Basílio com os clérigos.

O grupo. Diferente dos outros três líderes estudados neste capítulo, Basílio foi mentoreado desde a sua infância em uma comunidade ascética. Por isso, não nos surpreende que, quando adulto, ele também iniciou um retiro monástico na propriedade da família no Ponto. Depois de se tornar bispo de Cesareia, ele continuou a valorizar o grupo como um meio de crescimento espiritual, supervisionando mosteiros e estabelecendo um asilo, um ministério no qual monges e clérigos, igualmente, podiam servir os pobres e viver em comunidade. Como resultado, os mosteiros e, provavelmente, o asilo, serviram como centros de treinamento indireto para aqueles que depois seriam ordenados. Finalmente, Basílio, como Cipriano,

---

[219] *Carta* 176.

A MATRIZ DA FUNÇÃO DE MENTOR

valorizava a reunião de bispos, realizada ao menos uma vez por ano, com a finalidade de fortalecer a unidade da igreja, selecionar líderes e lidar com a heresia. O concílio dava a Basílio oportunidade para influenciar e encorajar os bispos, fazendo dele uma forma de mentoreado em um contexto de grupo.

Os escritos de Basílio também refletem o valor que ele dava ao mentoreado em comunidade. Em *Regras* ele estabeleceu artigos sobre como a comunidade monástica deveria funcionar.[220] Em *Regras morais* ele encorajou líderes espirituais a se beneficiarem da influência piedosa de uma comunidade, a considerarem as necessidades da comunidade, e a confrontarem os pecados uns dos outros.[221] McGuire conclui que nos escritos de Basílio "a comunidade é exaltada como desejável em si mesma" e que "Basílio é o primeiro escritor monástico do Oriente a ter plena convicção de que uma vida comum [em comunidade] propiciava o melhor meio de levar pessoas a Deus".[222]

O mentor é discípulo. Gregório de Nazianzo, aludindo à educação ascética e à influência de Gregório Taumaturgo, concluiu que Basílio tinha sido "exercitado na piedade".[223] Quando Basílio foi para o Oriente, em 356, para conhecer mais da vida ascética, também estava em busca de um mentor em Eustácio de Sebaste. Rousseau comenta:

> Já a sua busca de modelos e mentores, no período imediatamente seguinte à sua saída de Atenas, mostra que ele não se contentava em meramente aceitar, muito menos prover, as formas existentes de vida ascética. Sua inclinação mais característica era entrelaçar os aspectos morais com os aspectos sociais e práticos do cristianismo.[224]

---

[220] Ver LADNER, G. B., *The Idea of Reform: Its Impact on Christian Thought and Action in the Age of the Fathers* (New York: Harper & Row, 1967), p. 341-342.

[221] *Morals* 16.1; 48.5; 5.2.1; 27; 30,31; 33,34; 37,38; 42-46; 60; 70.

[222] McGUIRE, *Friendship and Community*, p. 25; p. 31.

[223] Gregório de Nazianzo, *Orations*, 43.12; tradução inglesa de Rousseau, *Basil*, p. 5; também *Cartas* 204.6; 223.3; também Rousseau, *Basil*, p. 3-6; p. 10; p. 12; e Sterk, *Renouncing the World*, p. 36.

[224] ROUSSEAU, *Basil*, p. 5.

LIÇÕES DE LIDERANÇA DE AGOSTINHO

Uma vez ordenado ao ministério como leitor, sabe-se que Basílio foi mentoreado pelo bispo Diânio, que serviu de modelo de caráter santo, de simplicidade no viver, e de habilidades ministeriais práticas. Embora a relação deles, às, vezes, tenha sido assinalada por algum conflito, Basílio continuou a valorizar a contribuição e o exemplo de Diânio.[225]

Quando Basílio se tornou bispo de Cesareia e responsável por outros líderes espirituais, continuou a aprender e a se desenvolver como discípulo. Mantendo um estilo de vida ascético de simplicidade em comunidade, era visível a sua humildade, e ele expunha a sua necessidade de crescimento. Como já foi observado, Basílio se correspondia com Eustácio e com Atanásio, buscando a contribuição mentorial deles.[226] Similarmente, Rousseau cita a consideração de Basílio por Atanásio de Ancyra, e por Musônio de Neocesareia, como mentores e modelos nos primeiros tempos do seu ministério.[227] Finalmente, em correspondência com outros pares, Basílio foi igualmente vulnerável acerca da sua necessidade de crescimento e repetidamente pedia as orações dos seus colegas.[228]

Os escritos de Basílio também revelam sua convicção de que o líder espiritual deve continuar a ser discípulo. Em *Regras morais*, ele comunicou isso ao pé da letra.[229] Em *Regras breves* ele citou a postura de aprendiz como uma qualidade importante para os superiores do mosteiro: "Concluo que alguém incumbido da liderança e do cuidado do corpo comunitário maior deve saber e aprender de cor tudo aquilo que acaso ensine a todos os homens o que Deus quer, mostrando a cada um o seu dever".[230] Também, considerando sua pressão sobre os supervisores monásticos, Basílio os encorajava a procurar outros

---

[225] *Carta* 51.1; também ROUSSEAU, *Basil*, p. 154.

[226] *Cartas* 79,80; 82; 119.

[227] *Cartas* 28,29; também ROUSSEAU, *Basil*, p. 154-155.

[228] *Cartas* 2.1; 98.1; 99.1; 119; 136.2; 204.4; 223.2; 248; 258.2; também Sterk, *Renouncing the* World, p. 97.

[229] *Morals*, p. 9.

[230] *Short Rules*, p. 235; tradução inglesa de Sterk, *Renouncing the World*, p. 50.

A MATRIZ DA FUNÇÃO DE MENTOR

supervisores mais experientes como mentores, enquanto também tomava tempo para discutir as questões principais que estava enfrentando com seus colegas.[231]

Como Pacômio, o progressivo compromisso de Basílio com o crescimento espiritual fez dele um exemplo digno de ser imitado. No discurso elegíaco feito por ocasião dos funerais de Basílio, Gregório de Nazianzo exaltou Basílio como o padrão para todo bispo digno e íntegro, comparando sua vida e seu ministério com Abraão, José, Moisés e Elias.[232] Basílio tinha incentivado os líderes espirituais a observarem o exemplo dos santos da Escritura para que, por sua vez, se tornassem exemplos semelhantes para os seus rebanhos.[233] Finalmente, Basílio resumiu o valor de imitação do mentor escrevendo que o líder espiritual "deve tornar sua vida um claro exemplo de todos os mandamentos do Senhor, de modo a não deixar aos que estão sendo ensinados nenhuma chance de pensar que é impossível guardar os mandamentos do Senhor, ou que estes podem ser desprezados".[234]

Seleção. Antes de sua consagração como bispo de Cesareia, Basílio convidou Gregório de Nazianzo para juntar-se a seu retiro no Ponto. Embora inicialmente recusando a iniciativa de Basílio, a correspondência de ambos revela que Gregório finalmente aceitou o convite e mais tarde escreveria sobre o impacto espiritual que Basílio teve sobre sua vida.[235]

Como bispo, Basílio continuou a ir em busca de potenciais discípulos. Já anotamos a sua iniciativa com vistas a Anfilóquio, que ele convidou em duas ocasiões a juntar-se a ele no asilo, a fim de crescer com

---

[231] *Short Rules*, p. 104; *Long Rules*, p. 48; também Sterk, *Renouncing the World*, p. 51.

[232] Gregório de Nazianzo, *Orations*, 43.2; 35-37; 71-76; também Sterk, *Renouncing the World*, p. 131-132.

[233] *Cartas* 2.3; 150.4; também Sterk, *Renouncing the World*, p. 64; e ROUSSEAU, *Basil*, p.81.

[234] *Long Rules*, p. 43; tradução inglesa de Sterk, *Renouncing the World*, p. 52; também *Morals*, 70.8,9.

[235] *Cartas* 2; 4; 19; Gregório de Nazianzo, *Cartas* 4-6; 16.4; 58.4; *Orations*, 43; também *Morals*, 70.8,9.

ele como discípulo.[236] Ele descreveu o mentor como "um homem que tem muito conhecimento aprendido da experiência de outros, como também da sua própria sabedoria, e que pode comunicar o que sabe aos que o buscam".[237] Finalmente, já observamos que Basílio abordou Teodoto para diálogo e mútuo encorajamento, e que ele respondeu favoravelmente ao pedido que Ascólio lhe fez de que o mentoreasse.[238] Ascólio estava seguindo o exemplo de Pacômio, de Basílio e de outros que tinham iniciado uma relação com um mentor.

Relação mentor-discípulo. Rousseau indica que, para Basílio, o aspecto mais importante do mentoreado era a relação entre mentor e discípulo.[239] Em toda parte em seus escritos, Basílio descreve o cuidado do mentor pelo discípulo com figuras de ternura e de educação paternas. Em uma homilia sobre o Salmo 33, disse ele que o discipulado era "formado por [um mentor] e trazido à existência justamente como uma criança é formada dentro de uma mulher grávida".[240] Dentro do mosteiro, o supervisor, trabalhando como mentor, oferecia a seus discípulos nutrição (*trophos*) abrindo as Escrituras e sua alma para eles.[241] A relação de Basílio com Anfilóquio também era bastante paternal. Basílio escreveu duas cartas a Anfilóquio como um "pai a um filho", e em diversas outras cartas seu tom expressa afeto paterno.[242] Finalmente, Basílio exibiu singular cuidado paternal em suas cartas de incentivo aos clérigos que estavam sofrendo perseguição e exílio.

Basílio acreditava igualmente que havia uma clara hierarquia de autoridade espiritual na relação mentor-discípulo. Ele demonstrou essa autoridade em sua correspondência com outros clérigos de maneira persuasiva, exortatória e disciplinar. Sua autoridade também era clara na convocação e presidência dos concílios da igreja em

---

[236] *Cartas* 150; 176.

[237] *Carta* 150.4. Tradução inglesa de ROUSSEAU, *Basil*, p. 118.

[238] *Cartas* 185; 154.

[239] Ver ROUSSEAU, *Basil*, p. 213.

[240] *Homily on Psalm 33:8*; tradução inglesa de Sterk, *Renouncing the World*, p. 59.

[241] Ver ROUSSEAU, *Basil*, p. 213.

[242] *Cartas* 161.2; 176; 200; 202; 231; 248; também ROUSSEAU, *Basil*, p. 260.

Cesareia. No mosteiro Basílio acreditava que os monges precisavam da autoridade de um superior para ajudá-los a vencer as fraquezas da carne.[243] Basílio afirmava que o supervisor deveria ser obedecido e só deveria ser censurado por seus colegas. Às vezes, o superior tinha que disciplinar seus monges, embora sempre com brandura e paciência.[244]

Enquanto a relação mentor-discípulo constituísse um equilíbrio entre ternura paterna e autoridade espiritual, Basílio também valorizava o que um discípulo podia aprender dos seus colegas. Suas dezoito cartas sobre mentoreado de colegas o revelam vulnerável em relação ao seu estado espiritual e buscando auxílio ministerial prático dos seus colegas. Como foi demonstrado, a sua mais significativa relação mentorial com seus colegas foi com Eusébio de Samosata.[245]

Sã doutrina. Com a morte de Atanásio em 373, o partido ortodoxo esperava que Basílio o liderasse na luta contra o arianismo no Oriente. De acordo com Gregório de Nazianzo, a luta pela ortodoxia tirou Basílio e Gregório do seu retiro ascético no Ponto e os moveu a aceitar ordenação na igreja.[246] As cartas de Basílio aos líderes da igreja ocidental propiciam alguma percepção da extensão das batalhas com os arianos, como também da oposição que o partido ortodoxo enfrentava do estado.[247]

Como Basílio mentoreava os clérigos no sentido de manterem a sã doutrina? Primeiro, como foi observado, ele fazia uso regular de concílios da igreja para influenciar os seus colegas clérigos em prol da ortodoxia. Segundo, ele escreveu dezoito cartas para influenciar os clérigos com vistas à sã doutrina, em alguma medida. Gregório de Nazianzo descreveu a campanha que estava em andamento em prol da ortodoxia entre os clérigos, dizendo:

---

[243] Ver ROUSSEAU, *Basil*, p. 215.

[244] *Short Rules*, p. 235; *Long Rules*, p. 25; p. 27; p. 31; p. 35; também Sterk, *Renouncing the World*, p. 49-50; p.52; e ROUSSEAU, *Basil*, p. 217.

[245] *Cartas* 27; 30,31; 34; 127,28; 136; 138; 141; 145; 162; 198; 239; 241; 268.

[246] Gregório de Nazianzo, *Orations*, 43.30,31; *Carta* 8; também ROUSSEAU, *Basil*, p. 88.

[247] *Cartas* 90-92; 242,43; também Sterk, *Renouncing the World*, p. 44-45.

LIÇÕES DE LIDERANÇA DE AGOSTINHO

Ele traçou um esboço de doutrina piedosa, e, combatendo e atacando a oposição deles, repeliu e derrotou os atrevidos ataques dos hereges. [...] Também, como uma ação irracional e um raciocínio não prático são igualmente ineficazes, ele acrescentou a seu raciocínio o subsídio que vem da ação; ele fazia visitas, enviava mensagens, dava entrevistas, instruía, censurava, repreendia, ameaçava, acusava.[248]

As observações de Gregório sobre Basílio ter traçado "um esboço de doutrina piedosa" certamente refere-se à sua famosa confrontação com Eustácio.[249] Contudo, em seguida à recusa aparente de Eustácio de seguir à ortodoxia, Basílio o condenou por carta e se correspondeu com três outros clérigos, fazendo de Eustácio, efetivamente, um exemplo, para que outros líderes não fossem levados a extraviar-se.[250] O fato de Basílio ter denunciado publicamente o seu próprio mentor espiritual mostra seu compromisso com a sã doutrina.[251] Finalmente, nós mostramos que Basílio ajudava os clérigos a manter a sã doutrina escrevendo cartas e livros que serviam como recursos teológicos. Em especial o tratado de Basílio intitulado *Sobre o Espírito Santo*, e também cinco cartas completas dirigidas a Anfilóquio, propiciaram uma fonte de recursos para Anfilóquio e para outros clérigos.

A base da ortodoxia de Basílio era seu alto conceito das Escrituras. Na obra *Regras morais*, ele enfatiza o primado das Escrituras para crescimento espiritual e para o ministério. As Escrituras deveriam ser cridas, seguidas, obedecidas, e ensinadas fielmente.[252] Em *Regras extensas*, Basílio afirma que a Escritura deveria ser a base da educação monástica e que a ocupação chave do supervisor deveria

---

[248] Gregório de Nazianzo, *Orations*, 43.43; tradução inglesa do www.newadvent.org/fathers/3102.htm.

[249] *Carta* 125.

[250] *Cartas* 130; 223; 244; 250.

[251] Ver ROUSSEAU, *Basil*, p.101; p.242.

[252] *Morals*, 8; 12.2; 17.1; 18; 26.1,2; 41; 44; 70.12.

ser ensinar as Escrituras.[253] A ênfase de Basílio às Escrituras revela, sem deixar dúvida, que ele as considerava mais valiosas que as artes liberais. Tendo experimentado a educação sacra em casa e a secular em Atenas, está claro que Basílio preferiu a primeira para si e para os seus discípulos.

Promoção. Uma das funções de Basílio como bispo metropolitano era influenciar o processo de seleção de líderes para serem ordenados como clérigos. Em termos gerais, Basílio, Gregório de Nazianzo e Gregório de Nissa hesitavam quanto à ordenação de novos líderes, tendo em vista a falta de homens adequadamente qualificados.[254] Basílio examinava candidatos exaustivamente por meio de concílios reunidos ou escrevendo a outros líderes, pedindo sua contribuição opinando sobre a dignidade do candidato.[255]

Que qualidades Basílio procurava em um líder espiritual? Seus padrões talvez tenham sido mais claramente expressos em uma carta a Anfilóquio, na qual ele exigiu que o jovem líder se entregasse a uma vida ascética, servisse à comunidade e ensinasse sã doutrina. Sterk acrescenta que o líder espiritual deveria ter também experiência no ministério e estar moralmente acima de censura.[256]

Como foi observado, tendo em vista a falta de candidatos moralmente íntegros e doutrinariamente firmes, Basílio, às vezes, pendia para o mosteiro e ordenava monges para preencher as posições ministeriais necessárias na igreja.[257] Parece que Basílio recorreu também a seus amigos uma ou duas vezes, quando se envolveu na ordenação na verdade forçosa de Gregório de Nazianzo e quando não se opôs

---

[253] *Long Rules*, p. 15; p. 41; p. 47; também ROUSSEAU, *Basil*, p. 326; e STERK, *Renouncing the World*, p. 51.

[254] *Morals*, 70.1; NAZIANZO, Gregório de, *Orations*, 2.8, 49, 71; NISSA, Gregório de, *Carta* 17; também STERK, *Renouncing the World*, p. 54; p. 113; p. 123-124; e ROUSSEAU, *Basil*, p.87.

[255] *Cartas* 120-22; 190; também STERK, *Renouncing the World*, p. 77-78.

[256] *Cartas* 150; 222; também STERK, *Renouncing the World*, p. 60; p. 85; p. 90.

[257] NAZIANZO, Gregório de, *Carta* 63.6; também STERK, *Renouncing the World*, p. 80.

ao mesmo acontecimento com Gregório de Nissa.[258] Finalmente, apesar de Basílio ser, no geral, comprometido com os cânones de Niceia, que ditavam o processo de ordenação de clérigos, ele não se importava em passar por cima deles quando encontrava uma adequada escolha para o clero. Aconteceu isso quando Basílio ordenou Poemênio em Sátala, um clérigo moralmente íntegro e ortodoxo que o servira em Cesareia.[259]

Recursos. Embora promovendo e separando líderes espirituais para os seus respectivos ministérios, Basílio servia ativamente como uma fonte de consultas ou de recursos para os clérigos na Ásia Menor. Como já demonstrado, Basílio ajudou Anfilóquio e outros líderes escrevendo cartas que tratavam de questões teológicas e práticas. Somado a isso, mediante obras como *Sobre o Espírito Santo* e *Regras morais*, Basílio dava recursos aos clérigos sobre pontos de doutrina, liderança espiritual e ministério prático. Gregório de Nazianzo deu indicação de que, às vezes, Basílio até lhe fornecia material para a pregação.[260] Finalmente, Basílio servia como fonte de recursos, pondo-se pessoalmente disponível. Voltando ao caso de Anfilóquio, Basílio não somente prometeu estar disponível ao jovem bispo, mas também tornou isso mais que uma realidade, ordenando Anfilóquio na diocese próxima a ele.

AMBRÓSIO DE MILÃO

O ministério foi uma mudança de carreira para Ambrósio, como o foi para alguns outros pais latinos. Natural da cidade de Tréveris (na Alemanha moderna), Ambrósio era filho de um prefeito e recebeu educação em artes liberais em Roma, especializando-se em direito. Depois de escalar a carreira do serviço ao governo, foi nomeado governador de Emília-Ligúria, no norte da Itália, em 370. Referindo-se à

---

[258] Ver STERK, *Renouncing the World*, p. 83.
[259] *Cartas* 102.3; também STERK, *Renouncing the World*, p. 87.
[260] NAZIANZO, Gregório de, *Orations*, 43.1.

mudança de carreira de Ambrósio, McLynn escreve: "Como governador, ele interferiu em uma disputada eleição episcopal em Milão e, inesperadamente, foi nomeado bispo (374).[261] Até então não batizado, Ambrósio recebeu esse rito só oito dias antes da sua consagração como bispo, e sua nova carreira foi avante.[262] Ele serviu como bispo de Milão até sua morte, ocorrida em 397.

Ambrósio exerceu o ofício de bispo em grande parte como um governante respeitado — com autoridade benévola.[263] Como bispo metropolitano, sua influência foi sentida, não só em Milão, mas também em toda a Itália. Ambrósio não foi alheio à controvérsia, nem mesmo em seus procedimentos com relação aos oficiais do governo e ao imperador. Finalmente, como ele tinha sucedido a um bispo ariano em uma região agudamente dividida pela controvérsia ariana, ele dedicou grande parte da sua carreira em Milão à defesa da ortodoxia nicena.[264]

Ambrósio, o bispo

Os deveres de Ambrósio eram semelhantes aos de Cipriano e Basílio, com algumas exceções. Seu primeiro e mais importante papel foi a pregação. Na primeira linha da obra *Dos deveres dos ministros*, um manual para o clero, ele escreveu: "O ofício especial do bispo é ensinar".[265] Uma segunda responsabilidade era presidir ao culto,

---

[261] Ver McLYNN Neil, "Ambrose of Milan", ATTA, 17.

[262] Ver PAULINUS, *Life of Ambrose*, 9; e RAMSEY, Boniface, *Ambrose* (Londres: Routledge, 1997), p. 20-21.

[263] Ver LAMIRANDE, Emilien, *Paulin de Milan et* La Vita Ambrosi: *Aspects de la Religion Sous le Bas Empire* (Paris: Desclée, 1983), p. 76.

[264] *Cartas* 20; 41.27,28; também McLYNN, "Ambrose of Milan", ATTA, 17; CHADWICK, Henry, "The Role of the Christian Bishop in Ancient Society", em *The Role of the Christian Bishop in Ancient Society*, editores E. C. Hobbs e W. Wuellner (Berkeley: Center for Hermeneutical Studies in Hellenistic and Modern Culture, 1979), p. 11; e RAMSEY, *Ambrose*, p. 6-7.

[265] *On the Duties of Ministers*, 1.1; as traduções inglesas desta obra são oriundas de http://www.ewadvent.org/fathers/3401.htm também LAMIRANDE, *Paulin de Milan*, p. 80.

LIÇÕES DE LIDERANÇA DE AGOSTINHO

principalmente a eucaristia e o batismo. Seu terceiro papel era preparar os catecúmenos para o batismo, dando-lhes instrução sobre o Credo. Quarto, em cooperação com alguns clérigos, Ambrósio exorcizava catecúmenos e cristãos batizados que estivessem passando por opressão demoníaca. Em quinto lugar, combatia ativamente a heresia, particularmente o arianismo, enquanto lutava também contra a influência do paganismo.[266] Sexto, Ambrósio se envolvia em prover às necessidades dos pobres. Em sétimo lugar, ele emitia vereditos em causas civis, pois, como bispo, recebeu poderes de estado para servir como juiz. Finalmente, Ambrósio era responsável por supervisionar o clero ligado à sua igreja em Milão; essa função constituirá o foco da nossa investigação nesta seção.[267]

O clero de Ambrósio em Milão

Além do bispo, havia seis ordens de clérigos em Milão. Estas incluíam três ordens superiores — presbíteros, diáconos e subdiáconos — que funcionavam primariamente ao redor do altar, ao passo que as três ordens menores — exorcistas, leitores e porteiros — realizavam serviços não sacramentais.

Os presbíteros serviam o bispo, informando-o e assistindo-o na condução da igreja. Ambrósio os envolvia em aspectos da assembleia do culto — particularmente no batismo, na Eucaristia e, ocasionalmente, na pregação. Às vezes, o presbítero era enviado no lugar do bispo para ministrar noutras igrejas dentro da diocese.[268]

---

[266] Ver LAMIRANDE, *Paulin de Milan*, p. 80-82; também YARNOLD, Edward, *The awe Inspiring rites of Initiation: The Origens of the R. C. I. A.* (Edimburgo: T&T Clark, 1994), p. 98-149; HARMLESS, William, *Augustine and the Catechumenate* (Collegeville, MN: Liturgical, 1995), p. 94-98; e *Carta* 20.4.

[267] Ver PAREDI, Angelo, *Saint Ambrose: His Life and Times*, tradução de Joseph M. Costelloe (Notre Dame, IN: University of Notre Dame Press, 1964), 132-36; e CHADWICK, "Role of the christian bishop", p. 6.

[268] *On the Mysteries*, 6; *On the Duties of Ministers*, 1.152; 2.69; *Carta* 20.22; ver HOLMES-DUDDEN,F., *The Life and Times of St. Ambrose*, Vol. I-II (Oxford: Clarendon, 1935),p. 131-132.

A MATRIZ DA FUNÇÃO DE MENTOR

Os diáconos ajudavam o bispo ao redor do altar, lendo o Evangelho durante o culto e servindo o cálice durante a eucaristia. Também assistiam os presbíteros com batismos. Junto a isso, eles se envolviam no atendimento às necessidades físicas dos pobres da igreja e da comunidade. Os subdiáconos serviam o bispo ao redor do altar e realizavam algumas funções administrativas.[269]

Aos que entravam no ministério ainda jovens, mais frequentemente era atribuído o ofício de leitor. Eles liam as Escrituras na assembleia do culto e dirigiam o cântico de Salmos — prática que Ambrósio popularizou. Seus escritos revelam que alguns jovens leitores se destacavam entre os clérigos e eram encaminhados à ordenação para ordens superiores.[270]

Os porteiros compunham o último grupo das ordens inferiores em Milão. Ficamos sabendo algo sobre eles pela obra *Confissões*, de Agostinho, na parte em que se diz que Mônica teve um encontro com o porteiro da Igreja de Milão.[271] Em geral eles mantinham a igreja limpa e proibiam a entrada de visitantes não autorizados na igreja durante a eucaristia.[272]

Como Ambrósio mentoreava?

As cartas de Ambrósio, suas obras, *Dos deveres dos ministros* e *Sobre os mistérios*, bem como a de Paulinus, *A vida de Ambrósio*, revelam uma importante qualidade da obra mentorial de Ambrósio. À semelhança de Cipriano e de Basílio, Ambrósio apoiava o trabalho de mentorear outros líderes espirituais na participação em concílios da igreja e na produção de livros e cartas.

---

[269] *On the Duties of Ministers*, 1.204; 252; 255; 248; 2.140; *On the Mysteries*, 6.8; *On the Sacraments*, 1.4; também HOLMES-DUDDEN, *Life and Times of St. Ambrose*, p.130-131.

[270] *Cartas* 1.13; 70.25; também HOLMES-DUDDEN, *Life and Times of St. Ambrose*, p. 129.

[271] Agostinho, *Confissões*, 6.2; também HOLMES-DUDDEN, *Life and Times of St. Ambrose*, p. 129.

[272] HOLMES-DUDDEN, *Life and Times of St. Ambrose*, p. 129.

Concílios da igreja

Como já foi observado, Ambrósio exerceu o seu ministério no norte da Itália, área agudamente dividida pela controvérsia ariana. Embora às vezes parecendo frio e distante, Ambrósio estava plenamente engajado na luta pela ortodoxia e pela sã doutrina dentro das suas esferas de influência. Isso se evidenciou no seu envolvimento em ao menos seis concílios da igreja durante o tempo que exerceu a função de bispo em Milão.[273]

O primeiro concílio reuniu-se em Sirmium em alguma data entre 375 e 380. Ramsey escreve: "Muito embora Ambrósio tivesse sido eleito bispo recentemente, ele foi o líder natural da reunião, tanto pela importância de Milão, como pelas ligações pessoais de Ambrósio com os mais altos círculos de Sirmium.[274] Ramsey continua: "O resultado do sínodo... foi o fortalecimento da posição cristã ortodoxa pela deposição de diversos clérigos arianos".[275] Um segundo concílio, provavelmente reunido no ano seguinte no norte da Itália, também viu um bispo de tendências arianas removido de sua posição. Finalmente, no concílio de Aquileia, em 381, Ambrósio influenciou os bispos reunidos, movendo-os a denunciar os arianos Paládio e Secundiano. Os frutos de cada concílio mostram que Ambrósio teve bom êxito em usar sua posição para eliminar completamente as influências heréticas da igreja.[276]

A fim de considerarmos mais precisamente como Ambrósio mentoreava o clero por meio de concílios da igreja, examinemos mais de perto o papel que ele desempenhou no concílio de Aquileia. As leis do concílio mostram que Ambrósio foi o primeiro e o mais frequente orador.[277] Contudo, o ambiente era tal que os outros bispos

---

[273] *Cartas* 13,14; 21.17,18; 42; 51.6; também RAMSEY, *Ambrose*, p. 40; e HOLMES--DUDDEN, Life *and Times of St. Ambrose*, p. 126.
[274] RAMSEY, Ambrose, p. 40.
[275] Ibid.
[276] Ibid.
[277] *Acts of the Council of Aquileia*, p. 2.

A MATRIZ DA FUNÇÃO DE MENTOR

contribuíram livremente, e a certa altura, Ambrósio pediu especificamente a participação dos delegados africanos.[278] Quando Ambrósio questionou Paládio, falou com clareza que a questão em foco era a divindade de Cristo, e se recusou a alterar esse foco, apesar das repetidas tentativas de Paládio em obscurecer o tema.[279] Apesar de Ambrósio sempre ser diligente, também demonstrava justiça para com os acusados. Em certo momento ele disse a Paládio e aos membros do concílio: "Para que não pareça que ele foi tratado injustamente, deixem que ele exponha sua opinião".[280] Finalmente, Ambrósio apelou aos membros do concílio, àqueles que eram responsáveis por uma fiel interpretação da Escritura, que condenassem Paládio como herege. Paredi afirma que "Ambrósio sabia fazer as coisas atingirem o objetivo".[281]

Ambrósio demonstrou ao clero presente no concílio um zelo pela ortodoxia baseado em uma correta interpretação da Escritura, o que ele comunicou em uma carta ao imperador Teodósio depois do concílio:

> Foi por isso que pedimos um concílio de bispos: para que a ninguém fosse permitido fazer declaração falsa contra uma pessoa em sua ausência, e que a verdade pudesse ser demonstrada claramente mediante discussão no concílio. É então certo que não devemos incorrer em nenhuma suspeita, quer de zelo excessivo, quer de excessiva indulgência, visto que fizemos todas as nossas observações na presença das diferentes partes.[282]

À medida que investigava a fundo, Ambrósio demonstrou a seus colegas clérigos uma capacidade de permanecer focado no assunto em questão, se manter fora de qualquer briga, ser justo para com os

---

[278] Ibid., p. 16.

[279] Ibid., p. 5; p.9; p. 12; p. 18; p. 20-22; p. 25; p. 33; p. 39.

[280] Ibid., p. 71; as traduções inglesas das cartas de Ambrósio (a obra *Acts of the Council of Aquileia* inclusive) provêm de: http:/www.tertullian.org/fathers/ambrose_letters_00_ intro.htm.

[281] *Acts of the council of Aquileia*, p. 53; ver PAREDI, *St. Ambrose*, p. 194.

[282] *Carta* 14.5.

LIÇÕES DE LIDERANÇA DE AGOSTINHO

acusados e envolver membros menos influentes na discussão. Também serviu os bispos após o concílio, escrevendo um resumo conciso para o imperador do que havia ocorrido, o que serviu indiretamente como registro e memorando para os clérigos.[283] Em suma, concílio da igreja era uma das ferramentas mais importantes de Ambrósio para mentorear o clero.

Cartas. Uma segunda maneira pela qual Ambrósio mentoreava líderes espirituais era na redação de cartas. Em seu tempo era uma prática comum o bispo recém-nomeado escrever aos bispos existentes, anunciando a sua ordenação e, ao mesmo tempo, fazendo uma declaração da ortodoxia. Em geral, os bispos respondiam com palavras de confirmação e de encorajamento, como fez Basílio em sua carta a Ambrósio.[284] Das 91 cartas de Ambrósio preservadas, ao menos 43 foram escritas para o clero. McLynn afirma: "De Milão, cartas de instrução, exortação e conselho irradiavam-se para as igrejas de Trento, Verona, Claterna, Piacenza e Vercelli".[285]

A intenção da correspondência de Ambrósio era mentorear? Na *Carta* 47, escrita para o bispo Sabino de Placentia, Ambrósio comparou o seu escrito com o de Paulo e comunicou um propósito mentorial:

> E haveria, porventura, necessidade de apresentar o exemplo dos nossos ancestrais que, por meio de suas cartas, instilavam fé nas mentes das pessoas, e eles escreveram para nações inteiras de uma vez, e se mostravam presentes, embora escrevendo de longe, em consonância com as palavras do apóstolo, com as quais declarou que estava ausente no corpo, mas presente em espírito, não somente escrevendo, mas também julgando.[286]

---

[283] *On the Duties of Ministers*, 1.99.
[284] BASÍLIO, *Carta* 197; também PAREDI, *St. Ambrose*, p. 126-127.
[285] Ver McLYNN, Neil, *Ambrose of Milan: Church and Court in a Christian Capital* (Berkeley: University of California Press, 1994), p. 282.
[286] *Carta* 47.6,7.

A MATRIZ DA FUNÇÃO DE MENTOR

Ambrósio acreditava que as cartas a seus colegas clérigos eram um meio de fazer sua presença conhecida, embora estando pessoalmente distante. Ele fazia uso de cartas para mentorear os clérigos, visando ao menos três aspectos: instruí-los sobre questões práticas da igreja, responder perguntas teológicas e exegéticas e animá-los e exortá-los quanto à obra do ministério.

Seis cartas foram dedicadas a questões práticas relacionadas com a condução da igreja. A *Carta* 19 Ambrósio escreveu para incentivar o bispo Vigílio de Trento, por ocasião da sua ordenação, em 385.[287] Na carta, Ambrósio também advertiu contra os perigos do casamento misto, entre cristãos e pagãos, e contra fraude e usura na igreja, e incentivou os membros da igreja a serem hospitaleiros.[288] A *Carta* 23 ele escreveu aos bispos da região de Emília respondendo à pergunta deles sobre a data correta da Páscoa. Na *Carta* 5 ele aconselhou Syágrio de Verona, sobre como gerenciar um certo caso trazido perante ele para juízo.[289] As *Cartas* 59 e 87 Ambrósio escreveu para os bispos recomendando alguns crentes recentemente chegados a seu meio.

Das trinta cartas mentoriais de Ambrósio, a maior parte foi dedicada a questões teológicas. Nas *Cartas* 7 e 8, escritas para Justo (Justus) de Lyon, Ambrósio trabalhou questões relacionadas com a interpretação da Escritura, também sobre como as Escrituras foram concretamente escritas. Onze cartas foram dirigidas a um certo Irineu, que provavelmente tinha sido treinado como clérigo em Milão.[290] Incluíam respostas a questões exegéticas e à pergunta por que foi dada a lei, e uma exposição sobre Efésios.[291] Similarmente, Ambrósio supriu Honorôncio de recursos com oito cartas que tratavam de

---

[287] *Carta* 19.1.

[288] *Carta* 19.2-4, 6, 8-33; também HOLMES-DUDDEN, *Life and Times of St. Ambrose*, p. 127.

[289] A *Carta* 6 também foi escrita para Syágrio; ver RAMSEY, *Ambrose*, p. 38.

[290] *Cartas* 27; também HOLMES-DUDDEN, *Life and Times of St. Ambrose*, p. 126.

[291] *Cartas* 27; 32,33; 64; 69; 73,74; 76; também *Cartas* 28-31.

assuntos como a natureza da alma, a morte de Paulo e a criação.[292] Ambrósio também escreveu uma carta dirigida a Sabino quanto aos dias da criação e a uma refutação de um herege ariano de Milão.[293] Ele ofereceu recursos até para o seu professor de teologia, Simpliciano, com quatro cartas com respostas a questões exegéticas.[294] Finalmente, ele escreveu *Carta* 72 para Constâncio falando sobre o significado da circuncisão para os cristãos.

Sete cartas finais focavam simples encorajamento e, por vezes, exortação ao ministério. Em 393 Ambrósio dirigiu *Carta* 81 a seus clérigos de Milão que ali permaneceram depois que ele saiu da cidade, após ter excomungado o imperador Eugênio por ter reaberto templos pagãos. Procurou animá-los em meio à difícil influência pagã na cidade, e os exortou a levarem adiante a obra do ministério.[295] A *Carta* 2 Ambrósio escreveu a Constâncio, quando de sua ordenação, exortando-o a ministrar e dando a ele alguma instrução específica sobre a pregação. Ambrósio o animou a cuidar da congregação de uma cidade vizinha que não tinha bispo.[296]

As duas cartas de Ambrósio enviadas a Félix de Como, testificavam a amizade que havia entre os dois bispos.[297] Enquanto Ambrósio oferecia encorajamento e exortação a "combater o bom combate da fé", o tom das cartas sugere maior presença de uma relação mentorial de colegas, considerando que Ambrósio pediu a Félix que orasse por ele.[298] O mesmo fato caracteriza parte de sua correspondência com Sabino. Na *Carta* 48 Ambrósio pediu a Sabino a sua opinião sobre livros que ele tinha escrito, colocando Sabino em uma espécie de função editorial. Na *Carta* 49 ele acrescentou que gostava de escrever a Sabino, particularmente quando estava sozinho, porque isso o fazia

---

[292] *Cartas* 34-36; 43,44; 70,71; 77,78.

[293] *Cartas* 45-47.

[294] *Cartas* 37,38; 65; 67.

[295] Ver PAREDI, *Saint Ambrose*, p. 360; p. 433.

[296] *Carta* 2.4-8, 27; também *Carta* 19.

[297] *Carta* 3 é também uma carta de agradecimentos, com algum humor.

[298] *Carta* 4.3-6.

sentir-se perto do seu amigo. Finalmente, na *Carta* 58 ele levantou a questão sobre a decisão de Paulino de Nola de renunciar ao mundo, convidando Sabino para uma discussão sobre esse assunto.

Também há evidência de que Ambrósio mentoreou Paulino de Nola por carta.[299] Paulino, na *Carta* 3, escreveu: "Ainda considero o venerável Ambrósio como meu pai espiritual. Foi Ambrósio que me instruiu nos mistérios da fé, e ainda é ele que me dá os conselhos de que necessito para cumprir dignamente meus deveres ministeriais".[300] Esta carta merece atenção porque, embora tenha passado algum tempo com Ambrósio em Milão, Paulino passou a maior parte da sua carreira no ministério em outros lugares. O aconselhamento continuo de Ambrósio pode ter ocorrido através de cartas perdidas ou, talvez, mediante interação pessoal durante a realização de concílios italianos.

O fato de Ambrósio ter escrito 43 de suas 91 cartas a outros clérigos é significativo, pois ele considerava importante estar em contato com outros clérigos, principalmente os do norte da Itália. O conteúdo de suas cartas — conselhos sobre assuntos práticos da igreja, questões teológicas, e incentivo e exortação ao ministério — dá apoio à alegação de que Ambrósio usava cartas como um meio para mentorear o clero.

Livros. Paulino escreveu que, embora Ambrósio tenha empregado um estenógrafo, escreveu de próprio punho muitos de seus livros.[301] Ramsey acrescenta que muitos dos livros de Ambrósio eram inicialmente sermões que ele pregava na igreja.[302] Embora dirigidos a um destinatário ou a um grupo específico, provavelmente visavam maior abrangência, o clero inclusive. Em 378, quando Ambrósio respondeu

---

[299] Ver PAREDI, *Saint Ambrose*, p. 372.

[300] Paulino de Nola, *Carta* 3.4. Tradução inglesa de *Paredi, Saint Ambrose*, p. 372; também a carta de Paulino a Alípio, que aparece na correspondência de Agostinho (*Carta* 24).

[301] Ibid., p. 38.

[302] Ver RAMSEY, *Ambrose*, p. 55.

ao pedido que lhe fez o imperador Graciano de uma exposição sobre ortodoxia com seu livro *Sobre a fé*, provavelmente o clero também se beneficiou, pois a obra era, em grande parte, um resumo da discussão ocorrida no concílio de Sirmium.[303] Semelhantemente, *Sobre os mistérios* era um livro de doutrina sobre o batismo e a eucaristia. Apesar de ser dirigido a catecúmenos, ao menos cinco vezes faz referência aos clérigos e às funções deles nos sacramentos.[304] Conquanto, certamente cônscio do seu ministério, talvez os clérigos fossem movidos a lembrar-se da importância do seu papel ao redor do altar, como também do significado teológico dos mistérios. A *Carta* 47 Ambrósio escreveu a Sabino que enviara um livro com sua carta a fim de assessorar o bispo.[305] Já que não há registro de nenhum livro de Ambrósio destinado a Sabino, parece valer o argumento segundo o qual esse bispo se beneficiava como membro de um grupo de destinatários.

Holmes-Dudden escreve: "A solicitude de Ambrósio por seus clérigos é demonstrada pelo afã com que se dedicava à instrução deles. Para benefício deles, Ambrósio tinha composto a importante série de mensagens que depois reuniu naquele famoso tratado *Dos deveres dos ministros*".[306] "Solicitude" e "afã" são descrições apropriadas da docência de Ambrósio, pois ele tinha herdado um quadro de pessoal clerical em grande parte ariano do seu antecessor Auxêncio — um grupo de homens em clamorosa necessidade de doutrina ortodoxa.[307] Só mais tarde essas preleções tomaram a forma de livro, com a intenção de alcançar maior abrangência de beneficiários.

Estruturados com preceitos fortemente calcados em exegese bíblica e em princípios hauridos dos santos da Escritura, a intenção expressa do livro era "ensinar vocês, meus filhos".[308] Como o tema principal de Ambrósio era a necessidade do ministro buscar

---

[303] Ver PAREDI, *Saint Ambrose*, p. 180.

[304] *On the Mysteries*, 2.6; 3.8, 14; 5.27; 6.29.

[305] *Carta* 47.1.

[306] Ver HOLMES-DUDDEN, *Life and Times of St. Ambrose*, p. 125- 126.

[307] Ver PAREDI, *Saint Ambrose*, p. 127-128.

[308] *On the Duties of Ministers*, 1.24.

A MATRIZ DA FUNÇÃO DE MENTOR

santidade, pode-se dividir o livro em três amplas categorias: atributos que o ministro deve adotar, coisas que ele deve evitar, e instrução prática em geral.

Primeiro, Ambrósio instava com os clérigos a serem homens de santo caráter e de conduta santa, segundo os modelos dos santos da Escritura. Exortava-os a "serem humildes, gentis, brandos, sérios [e] pacientes", e a demonstrar as virtudes da prudência, da justiça, da vitalidade e da temperança. Ele os concitava a mostrar amor, misericórdia, amabilidade, boa vontade e a fazer doação generosamente por motivos puros. Também insistia em que fossem sexualmente puros e a cuidar para ter bom testemunho diante das autoridades seculares. Também os aconselhava a demonstrar modéstia no falar, no tom de voz, na oração, e até no andar. Em suma, o ministro de Ambrósio devia viver para agradar unicamente a Deus.[309]

Segundo, Ambrósio aconselhava os homens a repudiar ou a evitar as coisas que poderiam distraí-los e desviá-los da santidade pessoal. Deveriam declinar os convites para banquetes, para resistir à tentação de fazer concessão indulgente nas questões de comida, mexericos ou bebidas. Os clérigos mais jovens não tinham permissão para visitar uma virgem ou uma viúva, a não ser acompanhados por um ministro mais velho ou pelo bispo. Os clérigos deviam evitar o amor ao dinheiro, não praticando comércio ou processos judiciais ou a busca de heranças. Não lhes era permitido casar-se pela segunda vez, depois de divorciados; deviam evitar ira e cobiça, fazendo a razão prevalecer sobre as paixões; e deviam abster-se de brigar. Finalmente, o ministro não devia ficar com inveja quando outro era elogiado, nem assumir postura de modo superior a seu bispo.[310]

Finalmente, Ambrósio oferecia ao clero alguma instrução prática. Deviam acolher com hospitalidade os visitantes. Deviam estabelecer equilíbrio entre lassidão e severidade em sua autoridade clerical.

---

[309] Ibid., 1.11; 1.89; 1.115; 2.39; 1.38, 143, 147, 160-62; 1.265; 1.207; 1.67, 76, 235; 1.84; 1.70; 1.71-75; 2.2,3.

[310] Ibid., 1.76. 86, 256; 1.87; 1.184; 3.58; 1.257,58; 1.237,38, 340; 1.99; 2.122,23.

Ambrósio os encorajava a aconselhar os fiéis com prudência e justiça.[311] Também oferecia alguma instrução sobre como pregar:

> Também o trato de assuntos tais como o ensino da fé, a instrução sobre a continência pessoal, a discussão sobre a justiça, a exortação à atividade, não devem ser assumidos todos de uma vez e ao mesmo tempo, mas devem ser levados adiante quando oportuno for e quando o conteúdo da passagem em foco o permitir. Nosso discurso não deve ser nem longo demais, nem curto demais, para não suceder que o longo resulte em aversão, e o curto produza relaxamento e negligência. A mensagem deve ser objetiva e simples, clara e evidente, repassada de dignidade e de relevância; a linguagem não deve ser estudada ou muito refinada, e, contudo, por outro lado, não deve ser em um estilo rude e desagradável.[312]

Ambrósio pedia a seus pregadores que fossem equilibrados em sua apresentação para que o ouvinte pudesse entender plenamente o que o pregador dissesse. Ele queria que eles falassem simples e claramente, e os desestimulava de dizerem gracejos ou anedotas.[313]

A obra *Dos deveres dos ministros* era um importante manual para os líderes espirituais do tempo de Ambrósio. Focando a santidade pessoal e a conduta, ilustradas pelas vidas dos santos da Escritura, também continha alguma instrução prática. Só a evidência dessa obra já indica que Ambrósio a considerava um importante instrumento para mentorear os clérigos — particularmente os que não estavam presentes em Milão e não podiam ouvir seu ensino. Conquanto *Dos deveres dos ministros* tenha visado precisamente os clérigos, livros como *Sobre a fé* e *Sobre os mistérios* também devem ser levados em conta por sua influência sobre líderes espirituais.

---

[311] Ibid., 2.21, 103; 2.120; 2.41.
[312] Ibid., 1.101.
[313] Ibid., 1.102, 104.

O pensamento de Ambrósio sobre o trabalho mentorial

As evidências sugerem que Ambrósio estava em ação mentoreando líderes espirituais em um nível pessoal em Milão, mediante sua influência nos concílios da igreja e por meio de suas cartas. Ambrósio demonstra também sete aspectos do mentoreado que se relacionam com o modelo neotestamentário apresentado no capítulo 1.

O mentor é discípulo. Ambrósio era um discípulo que continuava a crescer espiritualmente, e como ministro, através de toda a sua carreira como bispo. Simpliciano, que Ambrósio chamava seu amigo e seu pai, ensinou teologia a Ambrósio, mas também parece ter exercido impacto sobre o seu caráter.[314] Certamente Simpliciano modelou a aprendizagem humilde e de uma vida toda, quando posteriormente escreveu cartas levantando questões teológica a seus ex-alunos, Ambrósio e Agostinho.[315]

Em *Dos deveres dos ministros*, Ambrósio comunicou seu desejo de aprender continuamente: "O ofício especial do bispo é ensinar; contudo, ele deve aprender para poder ensinar", e, "os homens aprendem antes de ensinar, e recebem de [Deus] o que podem passar a outros".[316] Na *Carta* 18 ele acrescentou: "É, por certo, verdade que nenhuma idade é demasiado tardia para aprender".[317] Ele demonstrou ainda mais essa convicção na *Carta* 48, na qual enviou a Sabino um livro e lhe pediu retorno e avaliação antes de publicá-lo.[318] Assim, conforme Ambrósio foi adiante mentoreando outros clérigos, parece que ele havia se beneficiado do exemplo de Simpliciano e continuou sendo um aprendiz toda a sua vida.

À semelhança de Cipriano, Pacômio e Basílio, a jornada contínua de Ambrósio como discípulo fez dele um exemplo a ser imitado

---

[314] *Carta* 37.2; ver RAMSEY, *Ambrose*, p. 43.
[315] Ver AMBRÓSIO, *Cartas* 37,38; 65; 67; e AGOSTINHO, *Carta* 37 e *A Simpliciano*.
[316] *On the Duties of Ministers*, 1.1, 3 (tradução atualizada pelo autor).
[317] *Carta* 18.7; ver PAREDI, *Saint Ambrose*, p. 130.
[318] *Carta* 48.1.

LIÇÕES DE LIDERANÇA DE AGOSTINHO

por outros líderes. Paulino, em sua *A vida de Ambrósio*, referiu-se a Ambrósio como santo (*sanctus*) em nove ocasiões.[319] Ambrósio, escrevendo para a igreja de Vercelli em 396, em meio à luta dessa igreja para encontrar um bispo adequado, expressou sua convicção acerca da santidade que se requer dos líderes espirituais: "A vida do ministro deve ser preeminente, como também suas graças, porquanto aquele que obriga outros por seus preceitos também deve observar os preceitos da lei".[320]

Como Ambrósio mentoreava por seu exemplo? Primeiro, a sua inicial recusa do ofício de bispo de Milão, antes de aceitá-lo relutantemente, certamente contradizia agudamente qualquer busca impura dessa posição.[321] Segundo, Paulino registrou que, após sua ordenação como bispo, Ambrósio renunciou à sua propriedade pessoal o que o distinguiu de outros que procuravam a ordenação em busca de ganho material.[322] Terceiro, Ambrósio não somente elogiava a virgindade, mas ele próprio manteve o estilo de vida celibatário. Quarto, Paulino acrescentou que Ambrósio era conhecido por seu compromisso com as disciplinas da oração e do jejum. Finalmente, Paulino chamou a atenção para o santo exemplo de Ambrósio, que mantinha em segredo tudo o que os penitentes compartilhavam com ele.[323]

Enquanto que Ambrósio se tornou um exemplo para ser imitado, ele também fez significativo uso dos exemplos dos santos da Escritura em seu ensino. Em *Dos deveres dos ministros*, obra repleta de referências aos santos, ele resumiu sua prática escrevendo:

---

[319] Paulino refere-se a ele como "santo Ambrósio", *sanctus Ambrosius* (16.3; 18.4; 52.1), "santo homem", *sanctus vir* (12.1; 30.2; "santo sacerdote", *sanctus sacerdos* (33.1; 40.1; 45.2); "santo sacerdote de Deus", *sanctus Domini sacerdos* (51.1); também Lamirande, *Paulin de Milan*, p. 77.

[320] *Cartas* 63.64.

[321] *Cartas* 63.65; ver RAMSEY, *Ambrose*, p. 42.

[322] PAULINO, *Life of Ambrose*, p. 38; também HOLMES-DUDDEN, *Life and Times of St. Ambrose*, p. 107; e PAREDI, *Saint Ambrose*, p. 124-125.

[323] PAULINO, *Life of Ambrose*, p. 38-39; ver RAMSEY, *Ambrose*, p. 18.

A MATRIZ DA FUNÇÃO DE MENTOR

Essas coisas eu deixo com vocês, meus filhos, para que as guardem em suas mentes — vocês mesmos verificarão se são de algum proveito. Nesse meio tempo, elas lhes oferecem um grande número de exemplos, pois quase todos os exemplos derivados dos nossos antepassados, e também muitas palavras dos seus herdeiros, estão incluídos nestes três livros; sendo assim, embora a linguagem possa não ser bela, uma sucessão de antigos exemplos lavrados em um espaço tão curto, pode oferecer muita instrução.[324]

Seleção. Embora faltem evidências que mostrem como Ambrósio escolhia homens para o ministério, muitos líderes em desenvolvimento se juntaram a ele em Milão. Sabemos que ele convidou Paulino de Nola para servir com ele, e também estava entre os seus clérigos um africano. E mais, quando Ambrósio voltou para Milão em 394, depois do seu conflito com Eugênio, levou com ele Paulino, que se tornou um dos seus clérigos e que mais tarde escreveu sua *A vida de Ambrósio*.[325] Como aconteceu com Cipriano, alguns leitores vieram servir com ele ainda jovens, e mais tarde foram promovidos às ordens superiores.[326] McLynn resume: "A posição de Milão, abrindo-se como uma avenida de promoção, deve ter ajudado o recrutamento de clérigos ali".[327]

Alguns deles, tendo ouvido falar da reputação de Ambrósio, podem ter tomado a iniciativa de ir ter com ele para tê-lo como seu mentor. Em *Dos deveres dos ministros*, vê-se que ele incentivou a iniciativa de discípulos procurarem um mentor, atitude similar à tendência monástica do discípulo procurar um homem santo, que observamos em Pacômio e em Basílio. Ambrósio escreveu:

---

[324] *On the Duties of Ministers*, 3.138; 2.98-100; também *On the Mysteries*, 1.1; e *Cartas* 63.97; 103; 111.

[325] PAULINO DE NOLA, *Carta* 3.4; PAULINO, *Life of Ambrose*, 54.1; ver McLYNN, *Ambrose of Milan*, p. 284-285; e PAREDI, *Saint Ambrose*, p. 361.

[326] *Cartas*, 1.13; 70.25; PAULINO, *Life of Ambrose*, p. 46; ver RAMSEY, *Ambrose*, p. 215.

[327] Ver McLYNN, *Ambrose of Milan*, p. 284-285.

É coisa muito boa alguém unir-se a um bom homem. Também é muito útil o jovem seguir a orientação dada por grandes e sábios homens. Pois quem vive na companhia de homens sábios é sábio; mas, quem se liga a tolos é visto como tolo também. Esta amizade com os sábios é uma grande ajuda no ensino a nós ministrado, e também o é no sentido de que dá prova da nossa integridade. Os jovens logo mostram que imitam aqueles a quem se ligam. E essa ideia ganha terreno pelo fato de que, em sua vida diária, eles crescem e vão se tornando semelhantes àqueles com quem mantiveram intercâmbio ao máximo.[328]

Relação mentor-discípulo. A melhor forma de descrever a relação de Ambrósio com os clérigos é uma relação paterna ou paternal — um delicado equilíbrio de autoridade e disciplina, como também de bondade ou graça. Holmes-Dudden escreve: "A relação do bispo com esses ministros era a de um pai com seus filhos. Por conseguinte, ele se via obrigado a mantê-los sob boa disciplina, tendo o cuidado de evitar os extremos de frouxidão e dureza".[329]

A gentil postura de Ambrósio era patente em sua correspondência com Irineu. Na conclusão da *Carta* 27, ele escreveu: "Até mais, meu filho; não se acanhe de fazer perguntas a seu pai".[330] Ambrósio empregou linguagem parecida em ao menos cinco outros casos em sua correspondência.[331] Em *Dos deveres dos ministros* ele também se dirigiu aos clérigos de maneira gentil e paternal, afirmando que o bispo deve servir a seus clérigos: "O bispo deve tratar seus clérigos e seus assistentes, que na verdade são seus filhos, como membros integrantes do seu ser".[332]

A prescrição de Ambrósio para a santidade, em *Dos deveres dos ministros*, revela outro aspecto da sua postura paterna — sua maneira

---

[328] *On the Duties of Ministers*, 2.97.
[329] Ver HOLMES-DUDDEN, *Life and Times of St. Ambrose*, p. 122.
[330] *Carta* 27.17.
[331] *Cartas* 28.8; 29.24; 30.16; 32.9; 34.11.
[332] *On the Duties of Ministers*, 1.24; 2.155; 2.134.

A MATRIZ DA FUNÇÃO DE MENTOR

disciplinar e autoritária. Embora alguns argumentem que a autoridade de Ambrósio brotava dos seus antecedentes políticos, e que ele era bispo de Milão, uma cidade importante, Ambrósio fundamentou o seu entendimento da hierarquia entre mentor e discípulos em diversos exemplos da Escritura. Ele citou as relações entre Moisés e Josué; Elias e Eliseu; Barnabé e Marcos; e Paulo e seus discípulos Timóteo e Tito. Essencialmente, a idade do mentor, sua experiência da vida e sua santidade pessoal o qualificavam para ter autoridade sobre seus discípulos mais jovens.[333]

Também há evidência de que Ambrósio demonstrava e incentivava o mentoreado de colegas. Sua amigável interação com Félix de Como, e com Sabino era visível em suas cartas a esses líderes.[334] Apesar de desaprovar que o ministro contasse anedotas durante o sermão, Ambrósio não deixava de ter humor em sua interação com Félix.[335] Como já foi observado, Ambrósio contou a Sabino que escrever cartas o fazia sentir-se perto do seu amigo, e que essa prática combatia a solidão.[336] Sua correspondência também revela uma fraternal relação de inquirição intelectual, quando Ambrósio enviou um livro a Sabino e lhe pediu retorno e avaliação. Na *Carta* 47, Ambrósio aludiu tanto ao aspecto afetivo como ao aspecto educacional da amizade deles:

> Enquanto o seu juízo sobre o meu livro ainda estiver em suspenso, vamos regalar-nos mutuamente com cartas; a vantagem disso é que, apesar de separados um do outro pela distância no espaço, podemos estar unidos pelo afeto; pois por este meio cada um de nós, ausente, tem a imagem da presença do outro refletida nelas, e a conversa pela página escrita une os separados. Também por este meio temos

---

[333] Ibid., 2.98,99; 2.100,1.

[334] *Cartas* 3,4; 47-49.

[335] *On the Duties of Ministers*, 1.102, 104; *Carta* 3.

[336] *Cartas* 48,49. Ambrósio expressou pensamentos parecidos sobre amizade em *On the Holy Spirit*, 2.19.101-12.2; também Joseph T. Lienhard, "Friendship in Paulinus of Nola and Augustine", *Augustiniana* 1 (1990): 283.

LIÇÕES DE LIDERANÇA DE AGOSTINHO

intercâmbio de pensamentos com nosso amigo, e transpomos a nossa mente à sua.[337]

À luz dessa correspondência amigável, é importante lembrar que Ambrósio era considerado mentor nessas relações. Sua postura mostrava que ele não era somente um mentor pessoalmente ligado e acessível; igualmente mostrava que ele também se beneficiava da interação. Finalmente, ele aludiu ao mentoreado de colegas em *Dos deveres dos ministros* quando citou a relação que havia entre Pedro e João, "que eram semelhantes na virtude, mas diferentes na idade" [e] "grandemente se regozijavam em sua união".[338]

Ambrósio não somente demonstrava mentoreado de pares, mas também o prescrevia para os líderes espirituais. Em *Dos deveres dos ministros* ele incentivou os clérigos a se relacionarem uns com os outros como uma comunidade. Especificamente, ele incentivou os homens a abrir o coração uns aos outros, a levar as cargas uns dos outros, e a exercitar a correção fraternal quando necessário. Todavia, como já foi observado, Ambrósio defendia um equilíbrio entre os extremos de dureza e adulação.[339]

Ambrósio era como um pai para seu clero, demonstrando graça e disciplina. Contudo, da evidência apresentada conclui-se que ele também demonstrava mentoreado fraternal, especialmente em relação a Félix e Sabino. Finalmente, ele prescrevia correção fraternal e mentoreado entre os clérigos na comunidade cristã.

Sã doutrina. Se ser bispo de Milão fosse simplesmente mais uma nomeação política na investidura eclesiástica para Ambrósio, ele certamente não se arriscaria a opor-se a Valentiniano na questão da Basílica Ponciana (Pontian).[340] Antes, a razão pela qual Ambrósio

---

[337] *Carta* 47.4; também *Cartas* 48,49; *On the Holy Spirit*, 2.19.101-2.2; e LIENHARD, "Friendship", 283.
[338] *On the Duties of Ministers*, 2.101.
[339] Ibid., 2.135; 3.128,29; 3.127, 134.
[340] *Carta* 20; ver RAMSEY, *Ambrose*, 25-29.

A MATRIZ DA FUNÇÃO DE MENTOR

resistiu ao imperador em 385-386 e combateu com tanta veemência o arianismo por meio dos concílios da igreja, foi seu compromisso com a sã doutrina. Como já argumentamos, o seu envolvimento nessas controvérsias serviu como base do treinamento para mentorear os clérigos para que fossem firmes na doutrina.

Para Ambrósio, a base da sã doutrina eram as Escrituras. Em *Dos deveres dos ministros*, ele escreveu: "As Escrituras divinas são o banquete da sabedoria, e os livros que as compõem são seus variados pratos".[341] No decorrer de toda a sua obra ele argumentou em favor da supremacia das Escrituras sobre a filosofia.[342] As Escrituras não existiam só para serem reverenciadas, também era preciso interpretá-las corretamente. Ele encorajou seus colegas bispos presentes no concílio de Aquileia a condenarem o ariano Paládio baseado no critério de julgamento deles como "intérpretes das Escrituras".[343] Ele enviou a Sabino um livro que tinha escrito e lhe pediu que lhe desse retorno com sua avaliação, não com referência à linguagem, mas quanto à sua exatidão doutrinária e ao uso próprio da Escritura.[344]

Seu compromisso com a sã doutrina o impulsionava a ser um diligente estudioso das Escrituras e a exigir isso do seu clero também. Muito embora tendo recebido boa educação nas artes liberais, treinamento que fortalecia sua defesa do cristianismo contra pagãos e hereges, Ambrósio não se fiava nesse antecedente, mas permaneceu um contínuo estudante e leitor, como Agostinho e Mônica testemunharam.[345] Ele também incentivava uma comunidade estudiosa de clérigos a seu redor e os animava a evitar a ociosidade e a usar seu tempo livre para leitura.[346] Como foi observado, o clero de Milão

---

[341] *On the Duties of Ministers*, 1.165.

[342] Ibid., 1.30-32; 42-44; 47-50 são apenas alguns exemplos.

[343] *Acts of the Council of Aquileia*, p. 53.

[344] *Carta* 48.3.

[345] Ver TRAPÉ, Agostino, *Saint Augustine: l'homme, le pasteur, le mystique* (Paris: Fayard, 1988), 69; também PAULINO, *Life of Ambrose*, p. 7; ver RAMSEY, *Ambrose*, p. 20; e Agostinho, *Confissões*, 6.3.3.

[346] *On the Duties of Ministers*, 1.87,88; ver TRAPÉ, Agostino, *Saint Augustine*, p. 70.

LIÇÕES DE LIDERANÇA DE AGOSTINHO

tinha sido educado no arianismo e tinha necessidade de um rigoroso programa teológico, programa que ele oferecia como fonte de recursos através de sermões que posteriormente se tornavam livros, como também a versão em forma de seminário de *Dos deveres dos ministros*.

Moldando e se envolvendo no ministério. Ambrósio envolvia ativamente os seus clérigos nos ministérios da igreja, confiando-lhes vários níveis de responsabilidade. Apesar de sua reputação de adepto de exorcismos, ele delegou grande parte desse trabalho aos exorcistas.[347] A significativa responsabilidade dada aos presbíteros, que às vezes eram chamados para pregar e ministrar noutros locais em atenção ao bispo, também já foi observada.[348] Finalmente, como foi anotado anteriormente, alguns jovens entravam nas fileiras inferiores e mais tarde eram promovidos.

Ambrósio estava comprometido a desenvolver e a fazer progredir o seu clero. Em *Dos deveres dos ministros* ele ofereceu seus pensamentos sobre promover e colocar homens em ofícios de liderança espiritual. O clérigo podia ser promovido a uma posição mais alta por mérito ou por sua qualidade de sênior. Segue-se, pois, que tempo e serviço fiel eram essenciais para a mudança ao próximo degrau, sendo que os clérigos negligentes não seriam promovidos. Antes, havia a probabilidade de serem removidos do ministério.[349] Cada clérigo deveria ser colocado em uma atribuição ministerial que correspondesse a seu temperamento e a suas habilidades naturais, "visto que o dever que se ajusta ao homem, e que se alinha a sua inclinação natural, é sempre desempenhado com maior graça".[350]

A igreja de Milão operava como um laboratório para treinamento de clérigos, e Ambrósio era o modelo e instrutor chave. De acordo

---

[347] Ver PAULINO, *Life of Ambrose*, 21; 43; e HOLMES-DUDDEN, *Life and Times of St. Ambrose*, p. 130.

[348] *Carta* 20.22; também HOLMES-DUDDEN, *Life and Times of St. Ambrose*, p. 132.

[349] *On the Duties of Ministers*, 2.121; 2.22,23; ver HOLMES-DUDDEN, *Life and Times of St. Ambrose*, p. 124.

[350] *On the Duties of Ministers*, 1.215. Tradução inglesa de HOLMES-DUDDEN, *Life and Times of* St. Ambrose, p. 124.

A MATRIZ DA FUNÇÃO DE MENTOR

com McLynn, "Estes homens se haviam abeberado dos ensinos do bispo em primeira mão, e tinham aprendido por observação os padrões de comportamento que vinham em bloco, para maior circulação, em *Dos deveres dos ministros*".[351]

Liberação e promoção. Assim que os clérigos passavam pelo laboratório do ministério de Ambrósio em Milão, onde lhes eram confiadas atribuições com crescente responsabilidade, eles eram liberados e promovidos para ocuparem os seus próprios ministérios. Paulino fala de dois clérigos que tinham sido treinados na companhia de Ambrósio e depois foram servir como bispos em outras cidades — Félix, um diácono de Milão que veio a ser o bispo de Bolonha, e Teódolo, que foi nomeado bispo de .[352] Como bispo de Milão, Ambrósio também ordenou esses líderes para o ministério. Ele participou da consagração de ao menos três bispos — Anêmio de Sirmium, por volta de 379; um bispo de Pávia, cujo nome não é dado, em 397; e Gaudêncio de Bréscia, em 397.[353]

Ambrósio tinha altos padrões para os ministros ordenados, e o que transparece é que a qualidade mais importante era a santidade pessoal, como foi observado em *Dos deveres dos ministros* e na *Carta* 63. Certa ocasião ele lamentou muito a morte de um ministro, em grande parte porque achava difícil achar substituto que se pudesse considerar digno do sumo sacerdócio".[354] Ele resumiu seus altos padrões para o sacerdócio em uma carta a Irineu: "Nada vulgar, nada popular, nada que seja em comum com as ambições, costumes e modos da rude multidão se espera dos sacerdotes. A dignidade do sacerdócio exige uma sóbria e elevada calma, uma vida séria, uma especial gravidade".[355]

---

[351] Ver McLYNN, *Ambrose of Milan*, p. 284.

[352] PAULINO, *Life of Ambrose*, 35.1; 46.1; ver McLYNN, *Ambrose of Milan*, p.284.

[353] PAULINO, *Life of Ambrose*, p. 11; ver RAMSEY, *Ambrose*, p. 39-40.

[354] PAULINO, *Life of Ambrose*, p. 40; tradução inglesa de RAMSEY, *Ambrose*, p. 212.

[355] *Carta* 28.2; tradução inglesa de HOLMES-DUDDEN, *Life and Times of St. Ambrose,*p. 108.

Recursos. Ambrósio estava comprometido a liberar homens qualificados para lugares de liderança na igreja, vê-se que ele igualmente estava interessado em suprir de recursos ou de material de consulta os clérigos, particularmente no norte da Itália. Como já foi observado, suas cartas davam respostas a consultas teológicas, bem como ajuda prática para a condução da igreja. Ele também supria de recursos os líderes espirituais com livros — mais notavelmente a obra *Dos deveres dos ministros*, cujo conteúdo exortava os homens à santidade e, ao mesmo tempo, lhes fornecia instrução prática para o ministério.

MENTOREADO NOS SÉCULOS TERCEIRO E QUARTO

Este capítulo considerou as abordagens e os pensamentos chaves sobre mentoreado espiritual nos ministérios de Cipriano, Pacômio, Basílio e Ambrósio. Apesar de seus contextos culturais, das suas questões teológicas e das suas lutas espirituais serem diferentes, cada um deles investiu tempo e energia no treinamento de outros líderes para o ministério. Falando em termos gerais, esses líderes aderiram ao modelo neotestamentário de mentoreado apresentado no primeiro capítulo.

Que abordagens de mentoreado prevaleceram nesse período? Talvez, surpreendentemente, a comunicação escrita tenha sido altamente importante. Quase todas as cartas de Cipriano, metade das cartas de Ambrósio e um quarto das de Basílio foram escritas para líderes espirituais com algum nível de ênfase mentorial. Mesmo as cartas crípticas de Pacômio tinham a intenção de operar como recursos para os líderes dos mosteiros. Os propósitos principais da correspondência dos bispos eram encorajamento, exortação, disciplina, responder a perguntas teológicas e exegéticas, e propiciar instrução prática relativa a questões da igreja — muito parecidos com os propósitos das epístolas pastorais do apóstolo Paulo. Gamble comenta: "A persistência da epistolografia nos cinco primeiros séculos atesta a utilidade desse gênero para a igreja antiga, pois era muito apropriado

A MATRIZ DA FUNÇÃO DE MENTOR

para a comunicação entre congregações amplamente espalhadas e foi um instrumento valioso para o ensino".[356]

Cada líder supervisionava e também mentoreava escrevendo livros e tratados relacionados com questões práticas da igreja, liderança espiritual e pontos doutrinários. Quanto a Pacômio e Basílio, cada um deles desenvolveu uma *Regra* para orientar como a comunidade monástica deveria funcionar. Como a pregação era uma importante função para cada bispo, provavelmente seus livros foram primeiro pregados como sermões ou discursos — como no caso da obra de Cipriano, *Os lapsos*, e na de Ambrósio, *Dos deveres dos ministros* — antes de serem publicados para atingir maior número de beneficiários.[357] Os líderes espirituais que emergiram nesse período, assim como os discípulos de Paulo ou de Jesus, precisavam ler livros e cartas, mas acima de tudo as Escrituras.[358] Uma vez que o movimento cristão depende de um livro, os clérigos precisavam ter acesso às Escrituras, para si e para as suas congregações. Para garantir esse acesso, Pacômio incluiu um programa de alfabetização como parte do seu treinamento monástico inicial.

Uma segunda abordagem chave para o mentoreado desse período, particularmente nos ministérios de Cipriano, Basílio e Ambrósio, eram os concílios da igreja. Embora a convocação de concílios fosse um dos seus esperados papéis como bispos metropolitanos, cada um dos três levou a sério os concílios e os valorizou como um meio de lidar com a heresia e com outras questões com que a igreja se defrontava. Se bem que todos os três usaram os concílios para influenciar

---

[356] Ver GAMBLE, *Books and Readers*, p. 37.

[357] Alguns proveitosos estudos sobre a publicação de livros na era anterior à imprensa incluem os de William Tabbernee, "Noiseless Books and Pilfered Manuscripts: Early Christian 'Desk-Top' Publishing in Carthage", *Devotion and Dissent: The Practice of Christianity in Roman Africa*, http://ccat.sas.upenn.edu/jod/augustine.html; Gamble, *Books and Readers*, p. 140; e Paul Achtemeier, "*Omne Verbum Sonat*: The New Testament and the Oral Environment of Late Western Antiquity", JBL, 109/1 (1990): 12-14.

[358] Ver GAMBLE, *Books and Readers*, 9,10; e Achtemeier, "*Omne Verbum Sonat*", 15-17.

LIÇÕES DE LIDERANÇA DE AGOSTINHO

os clérigos com vistas à sã doutrina, também valorizaram a reunião (*collegium*) de bispos que envolviam outros líderes em um processo coletivo de tomar decisão. Principalmente Cipriano e Ambrósio acreditavam que era importante articular em escrito as decisões dos concílios que serviriam como ponto de referência escrito para as igrejas.

As convicções e as forças dos quatro líderes apresentados neste capítulo são tão diversas como suas personalidades e seus dons, e como os contextos nos quais eles serviram. Devido às ameaças heréticas enfrentadas por Cipriano, Basílio e Ambrósio, não surpreende que a sã doutrina fosse um componente chave do seu mentoreado. Contudo, como Basílio e Pacômio buscavam um estilo monástico de vida, os aspectos da relação de grupo e de mentor-discípulo eram muito importantes para eles. De novo, apesar da diversidade deles, cada um estava comprometido com o trabalho de mentorear líderes espirituais, e eles nos suprem de um excelente pano de fundo para o estudo do ministério mentorial de Agostinho.

CAPÍTULO **3**

QUEM FOI MENTOR DE AGOSTINHO?

Viajantes modernos, visitando os museus da Tunísia, de imediato são tocados pela mais singular forma de arte da África romana — o mosaico.[1] Construídos com pequenas peças de azulejo colorido combinando para formar um belo retrato ou algum objeto, os mosaicos sobreviveram às guerras, às conquistas e à queda de diversas civilizações para contarem a história da vida diária desse período. Ao juntar as peças em um mosaico da vida de Agostinho, devemos reconhecer que os azulejos individuais, como também as pessoas que os fixaram, contribuíram para o retrato completo da sua vida e do seu ministério. Antes de considerarmos como Agostinho mentoreava líderes do seu tempo, devemos fazer uma pergunta importante: Quem mentoreou Agostinho? Como veremos, várias pessoas, de antecedentes diversos e de personalidades diferentes, o influenciaram em diversos períodos de sua vida. Neste capítulo vamos considerar o impacto feito por sua mãe, Mônica, por alguns amigos próximos

---

[1] Com muito gosto, credito a William Harmless esta analogia; ver HARMLESS, *Augustine and the Catechumenate*, p. 39.

LIÇÕES DE LIDERANÇA DE AGOSTINHO

e por Ambrósio, Simpliciano e Valério, e, ao mesmo tempo, vamos mostrar que essas influências se tornaram aparentes no mentoreado exercido pelo próprio Agostinho.

MÔNICA

Mônica ocupa um venerado lugar como uma das mães mais famosas da história cristã. Sua presença foi bem registrada por Agostinho em *Confissões*, como também nos diálogos escritos em Cassicíaco, onde está claro que ele a considerava um modelo e um guia para a vida cristã. À semelhança de Basílio de Cesareia e de Gregório de Nissa, Agostinho se beneficiou de uma educação piedosa e da influência de sua mãe. Ele escreveu: "Minha mãe fez tudo o que pôde para ver que tu, meu Deus, fosses mais verdadeiramente meu Pai do que o foi [Patrício]".[2] Tendo examinado os textos que mostram a influência de Mônica sobre seu filho, opino que ela o mentoreou de ao menos quatro maneiras, a maior parte no período anterior à sua conversão, ocorrida em 386: por meio do seu santo exemplo, de sua fé prática, de seu compromisso com a sã doutrina e prática, e da primeira educação cristã que lhe deu no lar.

Santo exemplo

Mônica foi muitas vezes caracterizada em *Confissões* como uma mulher de oração e de lágrimas, e o foco das suas súplicas era a felicidade espiritual do seu filho desobediente.[3] Frequentemente, Agostinho relatava que sua mãe tinha sonhos e visões que confirmavam que suas orações seriam atendidas.[4] Também exaltava o seu caráter

---

[2] *Confissões*, 1.11.17; todas as traduções de *Confissões* da versão inglesa *Confessions*, feita por Maria Boulding, na obra editada por John E. Rotelle, *Works of Saint Augustine: A Translation for the 21st Century* (Hyde Park, NY: New City, 2001).

[3] *Confissões*, 1.11.17; 3.4.8; 3.11.19; 3.12.21; 5.7.13; 5.9.15.17; 6.1.1; 6.2.2; 9.13.36; também MANDOUZE, André, *Prosopographie Chrétienne du Bas-empire, Vol. I, Afrique (303-533),* (Paris: Éditions du CNRS, 1982), p.759.

[4] *Confissões*, 3.11.19; 3.12.21; 8.12.30; ver O'FERRALL, Margaret, "Monica, the mother of Augustine: A Reconsideration", *Recherches Augustiniennes* 10 (1975): 40,41.

íntegro. Entre pessoas amigas e conhecidas, ela evitava mexericos e decididamente era uma ouvinte atenta e pacificadora.[5] Apesar do endurecido começo de convivência com sua sogra, Mônica conquistou o seu afeto graças a seu caráter.[6] Ela foi fiel e mostrava respeito ao marido não crente, de temperamento esquentado e frequentemente infiel; e isso finalmente redundou na conversão de Patrício, perto do fim da sua vida.[7] Como fruto de sua atitude para com o marido, Mônica foi um modelo e uma mentora para outras mulheres que enfrentavam lutas em casamentos difíceis.

Embora Agostinho fizesse consistentemente observações sobre a vida santa de sua mãe, certamente não fazia dela uma "santa".[8] Na verdade, ele a apresentava de forma realista, como uma pecadora em recuperação, não imune a lutas ou fraquezas. Quando era uma mulher jovem, Mônica teve que lutar contra o vinho.[9] Ele a criticava também por não conseguir um casamento para ele — um jovem que lutava contra a luxúria — porque ela e Patrício pareciam preocupar-se mais com seu sucesso acadêmico do que com sua pureza moral.[10] Finalmente, ele admitia que sua mãe podia ser muito controladora.[11] Assim, pelo exemplo de Mônica, Agostinho aprendeu que a piedade cristã não exclui necessariamente uma luta contínua contra o pecado.

O impacto do exemplo de Mônica, santa embora imperfeita, viria a ser evidente no ministério posterior de Agostinho como líder e mentor espiritual. Possídio, que escreveu *A vida de Agostinho* "baseado no que viu dele e ouviu sobre ele", mencionou um pio exemplo como o instrumento mais significativo de Agostinho para influenciar outros.[12]

---

[5] *Confissões*, 9.9.21.

[6] *Confissões*, 9.9.20; ver O'MEARA, John, *The Young Augustine* (Londres: Longmans, 1954), p. 17.

[7] *Confissões*, 9.19.22.

[8] O'FERRALL, Margaret, "Monica", p. 29-30.

[9] *Confissões*, 9.8.18.

[10] *Confissões*, 2.8.

[11] *Confissões*, 5.8.15.

[12] POSSÍDIO, *Vida de Agostinho*, prefácio.

LIÇÕES DE LIDERANÇA DE AGOSTINHO

O exemplo de Agostinho, que Possídio desfraldava para imitação, era equilibrado pelo exemplo transparente de alguém que continuava lutando contra o pecado. Isso ficou bastante evidente em *Confissões* de Agostinho, onde ele fala de seu passado pecaminoso, mas, mais significativamente, sobre "o que sou agora".[13] O bispo de Hipona compartilhou francamente sua luta contra pensamentos luxuriosos e contra a gula; contra o seu fascínio por sons, formas e cores; e contra a sua concupiscência dos olhos, seu orgulho e sua cobiça do louvor dos homens.[14] Como fez sua mãe, também Agostinho mentoreou outros mediante um exemplo pessoal, até certo ponto, não maculado por uma contínua luta contra o pecado.

Fé prática

O exemplo de Mônica instilou em seu filho a forte noção da importância de uma fé prática, vivida no mundo real. Ela se preocupava com oração, perseverança e promoção da paz em suas relações mais significativas.[15] Embora em sua jornada espiritual Agostinho tenha se interessado pela filosofia e pela especulação intelectual, não escapou da influência da fé prática de Mônica.

O mais agudo exemplo da convergência do mundo intelectual de Agostinho com o mundo prático de Mônica foi o retiro em Cassicíaco. Agostinho manifestou sua alegria com a presença de sua mãe nessa comunidade um tanto quanto filosófica.[16] Esse era o mesmo Agostinho que, apenas poucos anos antes, tinha deixado, enganosamente, sua mãe para trás, em Cartago, para dar prosseguimento a uma carreira acadêmica na Itália.[17] Segundo os diálogos de Cassicíaco, Mônica não esteve presente simplesmente para cozinhar e cuidar da casa, mas

---

[13] *Confissões*, 1.5.6; 1.10.16; 1.13.21,2; 1.19.30; 2.2.2; 3.1.1; 2.4.9; 10.4.6.

[14] *Confissões*, 10.30.42; 10.31.43.45.47; 10.33.49,50; 10.34.51; 10.35.54-57; 10.36.59; 10.37.61.

[15] Ver O'MEARA, *Young Augustine*, p. 18.

[16] *On Order*, 2.1.1.

[17] *Confissões*, 5.8.15.

também participou das discussões.[18] Agostinho escreveu: "Dei-me conta do poder da sua mente e compreendi que não podia ser mais apta para o verdadeiro filosofar. [...] Por isso decidi que, em suas horas de lazer, ela deveria estar presente em nossas conversações".[19] De fato, ela conquistou a reputação de ser capaz de dominar uma conversa especulativa com poucos e simples pensamentos. Brown escreve que Mônica podia "descartar toda uma escola filosófica com uma única palavra vulgar".[20]

A participação de Mônica em Cassicíaco leva-nos a três conclusões. Primeira: O mundo intelectual de Agostinho foi aberto para sua mãe quando ele a acolheu nessa comunidade. A insinuação de que esse aspecto da fé e vida de Agostinho estava fora dos limites de sua mãe, deixa de tomar em consideração a sua presença em Cassicíaco.[21] Segunda: Contrariamente às conclusões de alguns eruditos, Mônica teve a capacidade de participar de discussões filosóficas. Embora não tivesse lido Platão e Virgílio, o fato de ela ter contribuído para uma conversa e de até terminá-la esmagadoramente significa que ela era dotada de capacidade intelectual para entender o que ali se dizia. A falta de educação formal não a impedia de raciocinar e de articular as ideias.[22] Terceira: Sua decisão de contribuir para os diálogos partindo de uma perspectiva prática de uma fé singela em oposição a adotar a retórica filosófica, mostra que ela dava mais valor ao prático[23]. Esse valor foi comunicado com mais propriedade em sua conclusão do

---

[18] *On the Happy Life*, 1.6; 2.16; 3.17; 4.23; *Against the Skeptics*, 1.11.31; 2.5.13; 2.6.14; ver MANDOUZE, *Prosopographie*, 761; e DI BERARDINO, Angela, "Monnica", em ATTA, 570.

[19] *On Order*, 2.1.1; tradução inglesa de Di Berardino, Angela, "Monnica", em ATTRA, 570.

[20] *On the Happy Life*, 3.16.20; ver BROWN, Peter, *Augustine of Hippo: A Biography* (Berkeley: University of California Press, 2000), p. 111 [edição em português: *Santo Agostinho, uma biografia*. Rio de Janeiro: Record, 2006 edição revista].

[21] O'MEARA, *Young Augustine*, p. 16.

[22] Ver MANDOUZE, *Prosopographie*, p. 762; *On the Happy Life*, 2.10; *On Order*, 2.17.45.

[23] *On the Happy Life*, 2.8; 3.21; MANDOUZE, *Prosopographie*, 761,62.

LIÇÕES DE LIDERANÇA DE AGOSTINHO

diálogo *Sobre a vida feliz*: "Trindade Santa, ouve nossas orações. Aqui sem dúvida está a vida feliz, que é também uma vida perfeita, que inclui uma fé firme, uma viva esperança e uma ardente graça que guia os nossos passos".[24]

A jornada espiritual de Agostinho levou-o do especulativo ao prático. Seus escritos anteriores a 391, redigidos em momentos de lazer em Cassicíaco ou em Tagaste, tratavam em grande parte de questões filosóficas. Todavia, muitos dos seus livros, cartas e sermões posteriores à sua ordenação em 391 eram exegéticos ou pastorais, destinados a atender às necessidades da igreja, embora também tenha escrito obras polêmicas para refutar os maniqueus, os donatistas e os pelagianos. Como presbítero e bispo, Agostinho não teve o luxo de ser um erudito profissional, e muitos dos seus escritos foram compostos de noite, depois de um dia de enfrentamento dos desafios da obra da igreja. Sua carta a um jovem filósofo, em 410, ilustra até de forma um tanto rude os seus pensamentos sobre a especulação filosófica: "Eu gostaria de soltar você das suas excitantes investigações e tocá-lo para o tipo de cuidados e preocupações que tenho que enfrentar".[25] Conforme Agostinho foi assumindo os cuidados do ministério, seu foco foi passando da especulação filosófica para o viver cristão prático.

Talvez possamos também atribuir a Mônica a prática da comunicação com ouvintes menos instruídos de maneira simples e fácil de entender. Apesar da afirmação de Frend de que as ideias de Agostinho eram demasiado altas para os donatistas rurais entenderem, o seu famoso *Salmo contra os donatistas* foi uma completa e acurada obra de apologética na forma de rimas singelas.[26] Agostinho enchia os seus sermões de

---

[24] *On the Happy Life*, 4.35; tradução de Gustave Bardy, *Saint Augustin: L'homme e l'œuvre* (7ème éd., Paris: Bibliothèque Augustinienne, 1948), p. 117.

[25] *Carta* 118.1.1; tradução inglesa de Brown, *Augustine*, p. 297.

[26] Os donatistas eram um grupo cismático que procurou estabelecer sua própria igreja na África. Ver FREND, W. H. C., *The Donatist Church* (Oxford: Clarendon, 1952), 238; e Frederick van der Meer, *Augustine the Bishop*, tradução de B. Battershaw e G. R. Lamb (Londres: Sheed & Ward, 1961), P.258.

ilustrações relacionadas com a vida local de Hipona.[27] De acordo com van der Meer: "No púlpito ele nunca usava linguagem que estivesse acima das mentes dos seus ouvintes, mas sempre escolhia as palavras de modo que todos entendessem".[28] Os sermões de Agostinho tratavam de questões e pecados que os seus ouvintes estavam enfrentando.[29]

Sã doutrina

Uma terceira maneira pela qual Mônica mentoreava seu filho era por seu compromisso com a sã doutrina. Embora simples e sem instrução acadêmica, seu compromisso com a ortodoxia é registrado em ao menos três ocasiões em *Confissões*. Primeiro, quando soube que Agostinho se tornara maniqueu, ela o expulsou de sua casa.[30] Não disposta a tolerar heresia em seu filho, somente o consolo que recebeu de um sonho que lhe revelou que ele voltaria à fé verdadeira a moveu a permitir que ele voltasse para casa. Segundo, o interesse de Mônica pela sã doutrina ficou claro em sua prontidão em repudiar o costume africano de levar oferendas aos túmulos dos mártires quando ela veio para Milão. Ela foi motivada a obedecer a Ambrósio, que tinha proibido essa prática, porque o respeitava como "um pregador ilustre e um exemplo de piedade", um pregador que dava instrução prática, calcada em uma sólida interpretação das Escrituras.[31] Terceiro, Agostinho fez observação sobre a posição que Mônica assumiu junto com Ambrósio e com crentes milaneses que encheram a Basílica Porciana em protesto contra Justina, viúva do imperador Valenciano, que procurava dar a igreja aos arianos.[32]

---

[27] Ver MOHRMANN, Christine, "Saint Augustin Écrivain", *Recherches Augustiniennes* 1 (1958), p. 59-62.

[28] Ver VAN DER MEER, Frederick, *Augustine the Bishop*, p. 258.

[29] BACCHI, Lee, *The Theology of the Ordained Ministry in the Letters of Augustine of Hippo* (San Francisco: International Scholars, 1998), p.12-13.

[30] *Confissões*, 3.11.19.

[31] *Confissões*, 6.2.2.

[32] *Confissões*, 9.7.15; ver MANDOUZE, *Prosopographie*, p. 760.

Nós já consideramos o valor da sã doutrina em pregadores e exegetas como Paulo, Cipriano, Basílio e Ambrósio. No caso de Mônica, vemos nela alguém que demonstrava compromisso com a sã doutrina, não por meio de exegese, mas sim por meio de aplicação prática.

Como vamos mostrar nos próximos capítulos, Agostinho se comprometeu com a sã doutrina baseada nas Escrituras interpretadas corretamente. Ele escreveu cartas, sermões e tratados combatendo as heresias dos maniqueus, dos donatistas, dos pelagianos e dos arianos, enquanto gastava significativa energia nos concílios da igreja defendendo a ortodoxia. Agostinho era firme com os hereges, mas assim como sua mãe, que permitiu que ele voltasse para casa depois de um sonho, ele estendia graça e bondade a seus oponentes teológicos.[33]

Educação cristã

Na seção de um artigo intitulada "antes da sua conversão", Madec argumenta que "Agostinho sempre foi cristão".[34] Se Agostinho sempre foi cristão, em que se tornou depois de sua conversão? O próprio entendimento de Agostinho era que ele abraçara a fé cristã quando adulto, em uma vila próxima de Milão, e que esta era, em grande parte, a fé que sua mãe lhe tinha ensinado e que modelara para ele durante a maior parte da sua vida, e que ele conseguira evitar. A verdade é que Mônica tinha instruído seu filho no caminho em que ele deveria andar, e ele não se apartou dele quando envelheceu.[35]

Assim, um quarto meio pelo qual Mônica mentoreou seu filho foi provendo para ele uma educação cristã em casa.[36] Embora Agostinho entendesse que Patrício não se opunha a que Mônica criasse seu filho como cristão, o exemplo contrário de Patrício não parece

---

[33] Ver *Carta* 146, a Pelágio.

[34] MADEC, Goulven, "Christian Influences on Augustine", tradução de Allen Fitzgerald, ATTA, 151.

[35] Provérbios 22.6.

[36] MANDOUZE, André, *L'Aventure de la Raison et la Grace* (Paris: Études Augustiniennes, 1968), p. 84-86.

QUEM FOI MENTOR DE AGOSTINHO?

ter dificultado a educação cristã de Agostinho. Fora sua iniciativa de inscrevê-lo como catecúmeno, o programa de educação realizado por Mônica era informal.[37] Como foi observado, ela mentoreava seu filho por seu exemplo de virtude, de oração e de dedicação à igreja, e também o advertia sobre o pecado, particularmente contra a imoralidade sexual.[38] Como Brown coloca, ela era "a voz de Deus na parte inicial da vida cristã de seu filho".[39]

Em seguida à conversão de Agostinho, Mônica continuou em seu papel de mentora, encorajando-o e firmando-o em sua fé. Durante o período que passaram juntos em Óstia, perto de Roma, pouco antes da morte de Mônica, testemunhamos não somente mãe e filho conversando sobre assuntos espirituais, mas também vemos ali dois forasteiros espirituais desfrutando companheirismo e oferecendo mútuo encorajamento na fé.[40]

O programa de instrução seguido por Mônica era informal e em grande parte realizado por um exemplo que Agostinho poderia imitar. Contudo, é óbvio que foi eficaz, pois Agostinho abraçou a fé que sua mãe professava e continuou a viver como cristão pelo resto de sua vida, a serviço da igreja.

Vê-se que o legado de Mônica também teve impacto na filosofia que Agostinho seguiu na instrução de novos crentes, particularmente em seu manual *A instrução dos catecúmenos*. Primeiro, Agostinho disse a Deogratias, um diácono de Cartago, que o mestre deve experimentar a fé, a esperança e o amor de Cristo, e que essas qualidades devem contagiar o aluno.[41] Agostinho parecia menos interessado em

---

[37] *Confissões*, 1.11.17; 3.4.8; 5.14.25; *Against the Skeptics*, 2.2.5; ver KEVANE, Eugene, *Augustine the Educator* (Westminster, MD: Newman, 1964), p. 33; HARMLESS, *Augustine and the Catechumenate*, p. 80; e MANDOUZE, *Prosopographie*, p. 759.

[38] *Confissões*, 2.7; 5.9.17; ver BERTRAND, Louis, *Autour de Saint Augustin* (Paris: Fayard, 1921), p. 32-33; TRAPÉ, *Saint Augustin*, p.23-24; e O'MEARA, *Young Augustine*, p. 32.

[39] Ver BROWN, *Augustine*, p. 18.

[40] Ibid., 8.12.30; 9.10.23.

[41] *On the Instruction of Beginners*, 3.6.

transmitir proposições religiosas do que em passar uma fé viva, como ele tinha recebido de sua mãe. Segundo, Agostinho acreditava que o mestre seria mais motivado e mais eficiente, se amasse o novo crente como irmão, pai ou mãe[42] Na realidade, foi um amor de mãe que motivou Mônica a instruir Agostinho na fé.

AMIGOS

Anteriormente fizemos alusão à disposição natural de Agostinho para a amizade. Durante a sua juventude, amigos o influenciaram a roubar peras de uma árvore.[43] Tempos depois, ele tentou formar uma comunidade cujo objetivo fosse buscar a "vida feliz" — um grupo de amigos que tinha interesses comuns em suas buscas filosóficas.[44] Depois da sua conversão, ele reuniu um grupo diferente de amigos em Cassicíaco para um retiro centrado na busca de entendimento filosófico e espiritual.[45] Vê-se, pois, que, para Agostinho, comunidade e amizade eram elementos necessários para crescimento espiritual. Se bem que amizade e comunidade, e sua relação com mentoreado, serão tratados nos capítulos subsequentes, consideraremos aqui o impacto mentorial de alguns dos amigos de Agostinho que o levaram à sua conversão, incluindo o período imediatamente após.

Alípio

Alípio, o amigo mais mencionado em *Confissões*, era natural de Tagaste, estudou retórica sob Agostinho em Tagaste e em Cartago, e posteriormente o acompanhou na seita dos maniqueus.[46] Após um

---

[42] Ibid., 12.17; ver HOWIE, George, *Educational Theory and Practice in St. Augustine* (New York: Teachers College Press, 1969), p. 150.
[43] *Confissões*, 2.4.9.
[44] Ibid., 6.14.24; BROWN, *Augustine*, 81; e MANDOUZE, *Prosopographie*, p. 53.
[45] *Soliloquies*, 1.12.20; ver LIENHARD, Joseph, "Friendship, friends", ATTA, p. 372-373.
[46] *Confissões*, 6.7.11,12; ver MANDOUZE, *Prosopographie*, 53; e MANDOUZE, *L'aventure*, p. 188.

QUEM FOI MENTOR DE AGOSTINHO?

período de trabalho em Roma, Alípio juntou-se a Agostinho na vila próxima de Milão onde, juntos, ouviram Ponticiano relatar em detalhes a vida de Antônio.[47] A famosa experiência de conversão de Agostinho teve paralelo na de Alípio, que também foi movido por um versículo da Escritura e, independentemente, resolveu em seu coração fazer-se cristão. Alípio também esteve presente no retiro em Cassicíaco, e foi batizado junto com Agostinho.[48]

Como foi que Alípio exerceu um impacto mentorial sobre Agostinho? Agostinho referia-se a Alípio como "irmão do meu coração" (*fratrem cordis mei*); isto é, ele foi par e confidente de Agostinho na jornada da fé.[49] Embora Agostinho precisasse de um parceiro intelectual bom de briga, também precisava de alguém que lhe desse apoio em sua jornada delicada e incerta. Os dois continuaram como amigos, provendo mútuo apoio depois da conversão deles, e foram ordenados aproximadamente na mesma ocasião. Conquanto seja um fato que Agostinho sempre será o gênio e o elemento forte, evidentemente ele tinha necessidade de Alípio.[50]

Nebrídio

Nebrídio nasceu em Cartago, onde se tornou amigo de Agostinho. Tempos depois ele o seguiu para Milão como companheiro na busca da "vida feliz", e ali, com Alípio, os três conversavam sobre temas filosóficos e espirituais.[51] Refletindo sobre esse tempo, sob uma perspectiva espiritual, Agostinho disse que eles estavam "em busca de Ti [Deus] para lhes dares alimento no devido tempo".[52] Se bem

---

[47] *Confissões*, 8.6.13-7.18; ver MANDOUZE, *Prosopographie*, p. 53-54.

[48] *Confissões*, 8.12.30; *Against the Skeptics*; *On Order*; ver MANDOUZE, *Prosopographie*, p. 54-55.

[49] *Confissões*, 9.4.7; 6.7.11; também PAFFENROTH, Kim, "Bad habits and bad company: Education and evil in the *confessions*", em PAFFENROTH, Kim e HUGHES, Kevin, *Augustine and Liberal Education* (Aldershot, UK: Ashgate, 2000), p. 9.

[50] MANDOUZE, *Prosopographie*, p. 56.

[51] *Confissões*, 6.7.11; ver MANDOUZE, *Prosopographie*, p. 774.

[52] *Confissões*, 6.10.17.

que Nebrídio não esteve presente em Cassicíaco porque tinha voltado para Cartago, mas ele trocou cartas com Agostinho durante esse período, cartas cujo conteúdo se assemelhava ao das discussões feitas em Cassicíaco.[53] Agostinho relatou que Nebrídio converteu-se junto com sua família não muito depois do seu retorno à África e pouco tempo antes de sua morte prematura, ocorrida em 391.[54]

Como foi que Nebrídio mentoreou Agostinho? Primeiro, como Alípio, Nebrídio foi um colega e uma sólida parelha na busca que faziam de entendimento. Segundo, e mais significativamente, Nebrídio conseguiu desempenhar um importante papel no esforço para convencer Agostinho a desistir do seu envolvimento com a seita dos maniqueus e do seu interesse pela astrologia.[55] Como amigo, ele exortava Agostinho a pôr de lado frívolos pensamentos e ideologias, e com isso ajudou a aclarar a mente de Agostinho com vistas à aceitação do cristianismo. Terceiro, uma vez que Agostinho voltara a estabelecer-se na África com um grupo de "servos de Deus" em Tagaste, Nebrídio fez questão de animá-lo a tomar tempo para descansar, pois as exigências da sua nova vida o estavam deixando cansado.[56] Finalmente, vale a pena mencionar que Nebrídio foi, aparentemente, o primeiro a receber alguma carta de Agostinho — uma forma que Agostinho iria empregar grandemente em seu ministério de mentoreado e encorajamento de líderes espirituais do seu tempo.

Evódio

Apesar de Evódio também ser natural de Tagaste, só se encontrou com Agostinho depois de 387, em Milão, após o batismo de Agostinho e do período passado em Cassicíaco. Ele já era cristão quando se

---

[53] *Cartas* 3,4; ver MANDOUZE, *Prosopographie*, p.775.

[54] *Confissões*, 9.3.6; também *Carta* 98; BROWN, *Augustine*, p. 57; FITZGERALD, Allen, *Nebridius,* ATTA, 587,88; e MANDOUZE, *Prosopographie*, p. 775

[55] *Confissões*, 7.2.3; 7.6.8; 4.3.6; MANDOUZE, *Prosopographie*, p. 774.

[56] *Carta* 5; também BATTENHOUSE, Roy W., editor, *A Companion to the Study of St. Augustine* (*New York: Oxford University Press,* 1955), p. 57.

encontrou com Agostinho, e acabou se juntando ao grupo de "servos de Deus" que estava de viagem para Tagaste.[57]

O principal meio pelo qual Evódio influenciou Agostinho foi através de sua participação em dois diálogos, no período em que estavam em Roma, atrasados por um ano, antes do seu retorno à África.[58] No primeiro diálogo, *Sobre a grandeza da alma* (c. 388), Agostinho e Evódio discutiram sobre a natureza da alma.[59] O segundo diálogo, *Sobre o livre-arbítrio* (c. 387-388), em geral tratou da tensão entre o conhecimento de Deus e o livre arbítrio do homem, tensão que se tornou manifesta quando eles discutiam a origem do mal e a definição do pecado.[60]

Como mentor de colegas, Evódio foi mentor de Agostinho por meio desses diálogos, quando os dois buscavam juntos a verdade. Contudo, essas obras foram publicadas posteriormente, e só Agostinho recebeu crédito pelo pensamento nelas envolvido. A estrutura de *Sobre o livre-arbítrio* é tal que começou na forma de diálogo entre Agostinho e Evódio, antes de se tornar um discurso de Agostinho.[61] Mesmo que a obra tenha sido, em grande parte, pensamento de Agostinho, devemos reconhecer a presença de Evódio, cujas perguntas e ideias ajudaram a extrair o melhor de Agostinho e a articular seu pensamento inicial sobre a tensão do pré-conhecimento divino e da liberdade humana.

AMBRÓSIO

Ambrósio não somente mentoreou outros líderes do período anterior ao ministério de Agostinho, mas também teve impacto sobre

---

[57] Evódio ia ser ordenado bispo de Uzalis, cidade próxima de Cartago. Ver O'DONNELL, James J. "Evodius of Uzalis", ATTA, 344; MANDOUZE, *Prosopographie*, p. 367; e BROWN, *Augustine*, p. 120.

[58] Ver PERLER, Othmar, *Les Voyages de Saint Augustin* (Paris: Études Augustiniennes, 1969), p. 146-147.

[59] Também *Cartas* 158-64; 169; TESKE, Roland, *"Animæ quantitate, De"*, ATTA, 23; e MANDOUZE, *Prosopographie*, p. 368.

[60] Ver *Carta* 162; e TESKE, *"Libero Arbitrio, De"*, ATTA, 494.

[61] Ver TESKE, *"Libero Arbitrio, De"*, ATTA, 494.

Agostinho. Em *Confissões* Agostinho apresentou Ambrósio como mentor: "Então eu vim para Milão e fui ter com o bispo Ambrósio. [...] Sem saber, fui conduzido por ti a ele, para que, por intermédio dele, eu, sabendo, fosse conduzido a ti".[62] Os principais meios pelos quais Ambrósio mentoreou Agostinho foram: seu santo exemplo, o primado das Escrituras apropriadamente interpretadas, a "linguagem" da pregação, e seu preparo para o batismo.

Santo exemplo

Como aconteceu com Mônica, foi a vida santa de Ambrósio que tocou Agostinho. Agostinho o descreveu como "um dos melhores homens", "um devoto adorador de ti [Deus]", e um "homem de Deus".[63] Agostinho acrescentou que Ambrósio o tratava como filho.

> Este homem de Deus me acolheu com bondade paternal e mostrou a caridosa preocupação por minha peregrinação que é própria de um bispo. Comecei a ter afeto por ele, a princípio não como sendo ele mestre da verdade, pois esta, eu tinha perdido a esperança de encontrar em Tua igreja, mas simplesmente como um homem que foi bondoso para mim.[64]

Embora Ambrósio e Agostinho gozem boa reputação por suas exegeses e por seus pensamentos, o coração de Agostinho foi tocado por Ambrósio primeiro, antes de sua mente ser desafiada. Ambrósio estava, talvez, preenchendo o vazio de pai espiritual na vida de Agostinho, função que Patrício não tinha desempenhado.

Outro fato que impactou Agostinho foi a bondade de Ambrósio para com sua mãe. Ao passo que Agostinho tinha um limitado contato

---

[62] *Confissões*, 5.13.23; ver MANDOUZE, *L'aventure*, p. 108-109.

[63] *Confissões*, 5.13.23; também PELLEGRINO, Michelle, *The True Priest: The Priesthood as Preached and Practiced by St. Augustine*, tradução de Arthur Gibson (Langley, UK: St. Paul, 1968), p. 95.

[64] *Confissões*, 5.13.23.

com Ambrósio, é evidente que Mônica se beneficiava com contato mais frequente. Ambrósio elogiava a fé e o exemplo de Mônica, e ela ficou altamente impressionada com seu novo bispo.[65] Em decorrência disso, o pio exemplo de sua mãe e de Ambrósio tanto influenciaram Agostinho em sua busca, que se pode dizer que os dois estavam conspirando para trazer à fé o indócil Agostinho.

O primado das Escrituras

Anteriormente mostramos que Ambrósio mentoreava líderes espirituais mediante seu compromisso com a sã doutrina baseada nas Escrituras apropriadamente interpretadas. Ambrósio conseguiu abrir as Escrituras para Agostinho, despertando nele o desejo de descobri-las pessoalmente. Agostinho escreveu: "Outra coisa que me trouxe alegria foi que os antigos escritos da lei e dos profetas agora me estavam sendo oferecidos sob um aspecto muito diferente daquele sob o qual eles me pareciam absurdos, quando eu acreditava que o teu povo santo tinha opiniões tão cruas".[66] As "opiniões cruas" que o levaram a deixar a igreja quando jovem e a juntar-se à seita dos maniqueus incluíam o suposto ensino da igreja sobre a natureza de Deus, o problema do mal e a constituição da pessoa de Cristo.[67] Contudo, Ambrósio, demonstrando um conhecimento básico das artes liberais e do pensamento platônico em particular, resolveu essas dificuldades de interpretação para Agostinho, fazendo uso de uma hermenêutica alegórica que caracterizava Cristo como o centro das Escrituras. Agostinho acrescentou:

---

[65] *On the Happy Life*, 1.4; *Confissões* 6.2.2; 6.1.1; ver BROWN, *Augustine*, p. 119.

[66] *Confissões*, 6.4.6; também JOURJON, Maurice, "Le saint évêque d'Hippone", em R. Fourrey, editor, *La tradition sacerdotale* (Paris: Éditions Xavier Mappus, 1959), p. 133; e BROWN, *Augustine*, p. 77.

[67] BURNS, J. Patout, "Ambrose Preaching to Augustine: The Shaping of Faith", *Collectanea Augustiniana*, J. C. Schnaubelt, F. Van Fleteren, editores (New York: Peter Lang, 1990), p. 374.

> Eu me deleitava em ouvir Ambrósio frequentemente afirmar em seus sermões ao povo, como um princípio no qual ele tinha que insistir enfaticamente, que a letra mata, mas o espírito vivifica. Isso ele dizia quando afastava o véu do mistério e abria para os ouvintes o sentido espiritual de passagens que, tomadas literalmente, por certo os induziria ao erro.[68]

Apesar de Agostinho finalmente desenvolver ideias diferentes sobre o mal, sobre a natureza de Cristo e sobre outras questões, Ambrósio o convenceu da autoridade divina das Escrituras, o que finalmente lhe deu respostas mais satisfatórias do que as oferecidas pelos maniqueus.[69]

Agostinho prosseguiu em sua vida expendendo sua carreira como presbítero e bispo, estudando, expondo e defendendo as Escrituras, jamais perdendo a sua convicção da autoridade divina delas. Até quando se aproximava o fim da sua vida, quando ensinava homens mais jovens a interpretar as Escrituras, ele apresentava Ambrósio como alguém que entendia as Escrituras e as tornava claras para outros.[70]

A linguagem da pregação

Agostinho admitia que em suas primeiras idas para ouvir Ambrósio pregar, não estava interessado "no que Ambrósio dizia, mas somente em ouvir como ele o dizia".[71] Nesse tempo, Agostinho ganhava a vida ensinando os interessados a falarem eloquentemente, e ia ouvir Ambrósio para fazer anotações do que dizia um comunicador talentoso. A despeito dos seus motivos iniciais, Agostinho sentiu-se atraí-

---

[68] *Confissões*, 6.4.6; também KEVANE, *Augustine the Educator*, 211; e McLYNN, Neil, "Ambrose" ATTA, p. 17.

[69] BURNS, "Ambrose Preaching to Augustine", p. 374; e KEVANE, *Augustine the Educator*, p. 210.

[70] *Teaching Christianity*, 4.46; 48; 50; também LOUGHLIN, J., "St. Ambrose", *New Advent*>www.newadvent.org/cathen/01383c.htm

[71] *Confissões*, 5.14.24; também MANDOUZE, *L'aventure*, p. 109.

do por esse homem, que não era somente bondoso, mas também demonstrava que era possível a qualquer pessoa ser ao mesmo tempo um intelectual e um cristão.[72] Como a abordagem alegórica que Ambrósio fazia das Escrituras evidenciou-se muito chamativa, Agostinho começou a ouvir os seus sermões mais por seu conteúdo do que por seu invólucro de eloquência. Como Possídio explicou: "Este pregador da Palavra de Deus falava com muita frequência na igreja; Agostinho estava presente na congregação, ouvindo com grande interesse e atenção".[73]

Como aumentou sua fome da vida que Ambrósio descrevia, Agostinho desejou falar com ele. Rousseau afirma que Agostinho, seguindo a tradição monástica egípcia de diálogo mestre-discípulo, ia ter com Ambrósio para dialogar.[74] Todavia, de acordo com *Confissões*, Agostinho achava difícil encontrar uma hora em que Ambrósio não estivesse ocupado. Por isso, os dois acabaram tendo pouco contato pessoal, e quando Agostinho se converteu, informou Ambrósio da sua decisão por carta.[75]

Se Ambrósio teve tão pouco contato pessoal com Agostinho, podemos realmente considerá-lo mentor de Agostinho? Nosso modelo cristão primitivo de mentoreado insiste na necessidade de estreita interação humana no processo de crescimento espiritual. É evidente que Ambrósio e Agostinho gozavam um sentimento de intimidade à distância mediante a forma ou "linguagem" de pregação. Agostinho, ao que parece, não se sentia à vontade com Ambrósio ao falarem um ao outro diretamente. Contudo, quando Ambrósio se levantava para pregar as Escrituras, desvendando por

---

[72] Ver McLYNN, "Ambrose of Milan", ATTA, 17; e O'MEARA, *Young Augustine*, p. 111.

[73] POSSÍDIO, *Vida de Agostinho*, 1.3; *Confissões*, 6.3.4; também BURNS, "Ambrose Preaching to Augustine", p. 373-374.

[74] Ver ROUSSEAU, Phillip, "Augustine and Ambrose: The Loyalty and Single-mindedness of a Disciple", *Augustiniana* 27 (1977), p. 152.

[75] *Confissões*, 6.3.3; 4.4; 11.18; 9.5.13; ver TRAPÉ, *Saint Augustine*, p. 73.

habilidosa interpretação, o inspirador conteúdo do sentido delas eu uma forma eloquente e até alegre, esse meio era uma "linguagem" conhecida à qual Agostinho, o orador, podia ligar-se em um nível profundo.[76] Apesar de só Ambrósio falar, o sermão era um semidiálogo. Conforme Agostinho assimilava o ensino de Ambrósio, o sermão servia como um catalisador para o progressivo compromisso de Agostinho com a busca da verdade, busca que muitas vezes incluía diálogo com outros.

Agostinho, o orador, iria tornar-se Agostinho, o pregador que proferiria mais sermões que Ambrósio, pois valorizava grandemente esta forma de ensino. Contudo, ele desprezava o discurso eloquente, preferindo o conteúdo nutritivo do sermão. Certamente Ambrósio deve receber crédito por ajudar Agostinho passar de orador a pregador.

Preparação para o batismo

Depois que Agostinho fez sua profissão de fé, escreveu a Ambrósio partilhando a notícia da sua conversão, submeteu seu nome para o batismo que desejava que fosse ministrado por ocasião da próxima Páscoa, e pediu conselho sobre o que deveria ler para crescer em sua nova fé. Ambrósio o animou a ler Isaías, mas Agostinho o achou inacessível, e logo o pôs de lado.[77] Pode ser que Ambrósio tenha supervalorizado as habilidades de uma pessoa instruída nas artes liberais para entender Isaías. Seu conselho também revelou a preferência de Ambrósio pelo ensino baseado nas Escrituras hebraicas. Mesmo assim, Agostinho começou a preparar-se para o batismo da mesma maneira como tinha chegado à fé — na companhia de bons amigos.

Além de aconselhar a leitura em Isaías, como foi que Ambrósio preparou Agostinho para o batismo? Primeiro, segundo Paulino,

---

[76] Ver MANDOUZE, *L'aventure*, p. 110-111.

[77] *Confissões*, 9.5.13; 9.6.14; ver HARMLESS, *Augustine and the Catechumenate*, p. 93.

Ambrósio estava envolvido na iniciação de todos os catecúmenos. Apesar de Ambrósio e Agostinho não terem muito contato pessoal, devem ter passado bastante tempo juntos durante o período da quaresma, até à administração do batismo na Páscoa.[78]

Segundo, no contexto do cenário litúrgico diário, Ambrósio ensinava aos catecúmenos uma série de lições organizadas.[79] O ensino consistia de "educação moral" baseada em princípios do santo viver prescrito nas Escrituras e demonstrado por meio das vidas dos santos da Escritura.[80] O conteúdo do ensino de Ambrósio incluía um tratamento direto ou completo, linha por linha, do Credo, o que incluía o ensino sobre a natureza da Trindade.[81] Finalmente, o ensino de Ambrósio incluía também uma exortação para se levar a sério o compromisso com a vida cristã.[82]

Além do conteúdo do ensino pré-batismal de Ambrósio, é importante observar as formas pelas quais ele o transmitia. Embora o contexto fosse um pequeno grupo de catecúmenos, mesmo assim Ambrósio se comunicava pelo seu método preferido, o sermão, que, como já mostramos, seria também significativo para Agostinho.[83] Quando comunicava o Credo, Ambrósio empregava um "esquema de rima quiasmática" [repetição de frases invertidas, com certos requintes], que, segundo Harmless, "tornava a sua passagem fácil de memorizar — eficientemente estruturada para imprimir-se na

---

[78] PAULINO, *Life of Ambrose*, 38; também HARMLESS, *Augustine and the Catechumenate*, p. 94.

[79] HARMLESS, *Augustine and the Catechumenate*, p. 100; também YARNOLD, Edward, *The Awe Inspiring rites of Initiation: The Origins of the R.C.I.A.* (Edimburgo: T&T Clark, 1994), p. 98-149.

[80] AMBRÓSIO, *On the Mysteries*, 1; também HARMLESS, *Augustine and the Catechumenate*, p. 94-95.

[81] Embora, na essência, em conformidade com o Credo Niceno, havia evidentemente, algumas variações no linguajar do Credo em Milão e no período final do ministério de Agostinho. Ver SERMONS, p. 212-215, e *On the Creed, to Catechumens*; e LIENHARD, Joseph T., "Creed, *symbolum*", ATTA, p. 254-255.

[82] *On Faith and Works*, 6.9; ver HARMLESS, *Augustine and the Catechumenate*, p. 93,p. 96-98.

[83] *On the Mysteries*, 1; HARMLESS, *Augustine and the Catechumanate*, p. 94.

memória oral".[84] De modo semelhante, catecúmenos da categoria de Agostinho eram capazes de confiar à memória as verdades teológicas que estavam aprendendo por meio de hinos. Agostinho escreveu: "Quão copiosamente chorei movido por teus hinos e cânticos, quão profundamente me comoveram as belas harmonias de tua igreja a cantar! Aquelas vozes inundavam meus ouvidos e a verdade era instilada em meu coração".[85] Ambrósio foi inovador em introduzir hinos na igreja de Milão, prática controversa na época.

Agostinho juntamente com seus amigos e colegas catecúmenos foram batizados por Ambrósio na Páscoa de 387. Como era costume em Milão, Ambrósio, talvez com o auxílio de um exorcista, impôs as mãos sobre cada catecúmeno e convidou todos eles a renunciarem às obras de Satanás, antes de os batizar.[86]

Ambrósio teve uma influência duradoura sobre Agostinho. Quando Agostinho se tornou presbítero em Hipona, em 391, uma de suas primeiras funções foi preparar catecúmenos para o batismo.[87] Como bispo, em 399, Agostinho dedicou a obra *A instrução dos catecúmenos* ao treinamento de novos crentes para o batismo. À semelhança de Ambrósio, Agostinho era apaixonado pela articulação do Credo. Seu livro *Sobre a fé e o Credo* era um comentário do Credo que servia como uma versão revista do ensino que ele ministrara aos clérigos no concílio de Hipona, em 393.[88] Nas proximidades do fim da sua vida, Agostinho ainda foi autor de outro comentário sobre o Credo: *Sobre o Credo e os catecúmenos*.[89]

---

[84] Harmless, *Augustine and the Catechumenate*, 101; também Paul Achtemeier, *"Omne verbum sonat:* The New Testament and the Oral Environment of Late Western Antiquity"*, JBL 109 (1990), 7.

[85] *Confissões*, 9.6.14; 9.12.31; *Sermon Against Auxentius*, 34; também Harmless, *Augustine and the Catechumenate*, 99.

[86] *Confissões*, 9.6.14; *Carta* 147.52; também YARNOLD, *Rites*, p.102.

[87] *Sermão*, 216.1,2; HARMLESS, *Augustine and the Catechumanate*, p. 105.

[88] Ver CLANCY, Finbarr, *"Fide et Symbolo, De"*, ATTA, 360,61.

[89] O Credo foi também assunto de *Sermões*, 212-15; também FITZGERALD, Allan, *"Symbolo ad Catechumenos, De"*, ATTA, 820.

SIMPLICIANO

Simpliciano foi o professor de teologia e o mentor de Ambrósio, e eventualmente sucedeu a Ambrósio como bispo de Milão. Quando Agostinho seguia os sermões de Ambrósio e passava por um intenso período de busca, encontrou-se com Simpliciano, que era mais acessível que Ambrósio. Simpliciano mentoreou Agostinho de três formas claras: como um recurso intelectual; enfatizando a autoridade da igreja; e servindo de modelo no sentido de que o mentor ainda é discípulo.

Recurso intelectual

Simpliciano, como Ambrósio, impressionava Agostinho como um cristão pensante, que fora treinado nas artes liberais e entendia os filósofos.[90] Apesar de Agostinho ver Simpliciano como um recurso intelectual, ele primeiramente observou o piedoso caráter de Simpliciano, como fizera com Ambrósio:

> Eu o considerava como teu bom servo, um homem de quem tua graça irradiava. Além disso, eu tinha ouvido dizer como ele, desde a sua juventude, tinha vivido para ti em completa dedicação, e que desde quando envelheceu e até agora, presumi que, depois de ele seguir o modo de viver determinado por ti, durante longos anos e com tão nobre zelo, ele deve ser rico em experiência e profundamente sábio.[91]

Como os interesses de Agostinho, em sua fé, nesta altura, eram intelectuais, Simpliciano estava qualificado e era acessível para dialogar com ele sobre algumas das questões chaves.[92] Burns entende que

---

[90] *Confissões*, 8.1.1.2; ver MADEC, "Christian Influences on Augustine", ATTA, 151; e BROWN, *Augustine*, p. 95, p. 97.
[91] *Confissões*, 8.1.1; também *Carta* 37.1.
[92] *Confissões*, 8.1.1; 2.3.

Simpliciano foi especialmente útil na explicação que lhe deu sobre a "união do divino e do humano em Cristo".[93]

Simpliciano encorajou Agostinho também narrando-lhe a história de Mário Vitorino, um platonista que se tornou cristão em grande parte mediante diálogo com Simpliciano.[94] Enquanto o que Ponticiano contara sobre o santo homem Antônio tinha tocado profundamente o coração de Agostinho em sua viagem rumo à conversão, o que Simpliciano contou sobre a vinda de um platonista a Cristo igualmente o moveu a ter coragem de confessar Cristo. Agostinho relatou: "Ao ouvir a história, fui inflamado a imitar Vitorino; na verdade, foi com essa finalidade que o teu servo Simpliciano tinha contado sua experiência".[95] Se Ambrósio, Simpliciano e Mário Vitorino eram cristãos cultos e pensantes, então Agostinho também poderia ser cristão.

Apesar da fé de Agostinho se tornar menos especulativa depois da sua ordenação como presbítero e bispo, o exemplo de Simpliciano apareceu mais tarde para impactar a maneira pela qual Agostinho preparava para o batismo aqueles que vinham de um passado mais intelectual. Em *A instrução dos catecúmenos*, Agostinho instruiu Deogratias a levar em conta o conhecimento superior das Escrituras, que alguém educado nas artes liberais teria diferente de alguém menos educado, e a orientar o programa de capacitação no sentido de colocá-lo no nível do entendimento dos catecúmenos com boa educação acadêmica.[96]

Autoridade da igreja

Por meio da narrativa sobre Mário Vitorino, Simpliciano enfatizou a autoridade espiritual da igreja. Enquanto inicialmente Vitorino não viu a relação entre as quatro paredes da igreja e sua fé, ele não queria causar problemas sociais e profissionais para si próprio. Então

---

[93] Ver BURNS, "Ambrose Preaching to Augustine", p. 377.
[94] *Confissões*, 8.2.4.
[95] Ibid., 8.5.10.
[96] *On the Instruction of Beginners*, 8.12.

Simpliciano insistiu em que ele precisava experimentar a salvação e declarar sua fé dentro da igreja.[97] Essa mensagem visava Agostinho, e finalmente ele reagiu bem, foi batizado na igreja e permaneceu nela o resto da sua vida. Quando se desenvolveu a eclesiologia de Agostinho, certamente foi sentido o impacto de Simpliciano, pois mais tarde Agostinho afirmaria, em sua pregação e em seus escritos, que era preciso experimentar a salvação dentro da igreja e que ser cristão requeria comunhão com outros crentes.[98]

Mentor como discípulo

Simpliciano demonstrou que o mentor deve continuar sendo aprendiz, quando escreveu a Agostinho, como também a Ambrósio, fazendo perguntas teológicas.[99] O mestre pedindo ajuda a um ex-aluno! Como veremos, Agostinho também demonstrou a postura de um aprendiz, progredindo em seu entendimento e prática da vida cristã quando servia como bispo e mentor de líderes espirituais.

VALÉRIO

Os mentores mencionados até este ponto foram os que o influenciaram, ou antes da sua conversão, ou em seus primeiros anos de vida cristã. Contudo, quando consideramos a preparação de Agostinho para o ministério pastoral, atividade que preencheu a maior parte dos seus dias nos quarenta anos finais da sua vida, há outro mentor que é grandemente omitido no estudo de Agostinho — o seu predecessor, o bispo Valério de Hipona (m. 397).[100] De fato, em uma investigação

---

[97] *Confissões*, 5.8; 6.4; 8.2.4; ROUSSEAU, "Augustine and Ambrose", p. 153.

[98] *Exposition on the Psalms*, 132.2; POSSÍDIO, *Vida de Agostinho*, p. 3; *On Baptism*, 3.13.18; 4.1.1; 4.2.2; também JOURJON, "Le Saint Évêque d'Hippone", p. 130.

[99] *Carta 37*.

[100] Uma forma desta seção apareceu primeiro em meu artigo intitulado "An Unrecognized and Unlikely Influence? The Impact of Valerius of Hippo on Augustine", *Irish Theological Quarterly* 72:3 (2007), 251-64. Sou especialmente grato a Thomas O'Loughlin, Alan Fitzgerald e Michael Conway por sua avaliação desse artigo e desta seção.

minuciosa dos dicionários e enciclopédias chaves sobre o cristianismo primitivo, foi preciso muito afã para encontrar um só verbete dedicado a Valério.[101] Mesmo o excelente livro *Agostinho através dos tempos: uma enciclopédia*, que dificilmente deixa uma pedra sem revirar no que se refere à vida e obra de Agostinho, não contém nenhum artigo sobre Valério. Apesar de ser escasso o que se conhece sobre o antecessor de Agostinho, limitando-se a algumas cartas e sermões de Agostinho e à biografia de Possídio, essa evidência é suficiente para um estudo proveitoso.[102]

A maior questão consiste em verificar se Valério é importante para o estudo de Agostinho. Meu argumento é que, na ordenação de Agostinho e em sua preparação para toda uma vida de ministério pastoral, Valério foi o seu mais importante mentor — particularmente, desde a ordenação de Agostinho como presbítero em 391 até a morte de Valério em 396 ou 397. Valério mentoreou Agostinho de quaro maneiras distintas: selecionando-o para o ministério; mantendo uma relação pessoal mentor-discípulo; envolvendo-o cada vez mais no ministério; e licenciando-o para o ministério.

Seleção

Possídio escreveu que, durante algum tempo antes da visita a Hipona em 391, o idoso bispo, que de nascimento falava grego, estivera à procura de um presbítero: alguém "capaz de edificar a igreja do Senhor

---

[101] Ver *The Catholic Encyclopedia*, Charles G. Herberman, editor (New York: Aplleton, 1912); *Enciclopedia Cattolica* (Roma: Città del Vaticano, 1953); *The Harper Collins Encyclopedia of Catholicism*, Richard McBrien, ed. (San Francisco: Harper Collins, 1995); *The Oxford Dictionary of Christian Church*, F. L. Cross, ed. (Oxford: Oxford University Press, 1997); Encyclopedia of Early Christianity, 2nd ed., Everett Ferguson, ed. (Nova York; Londres: Garland, 1997; *Encyclopedia of Early Church*, Angelo DiBerardino, ed. (Cambridge: James Clarke & Co., 1992); e ATTA.

[102] Ver MANDOUZE, *Posopographie*, 1.139-41. Também falam sobre Valério Brown, em sua obra intitulada *Augustine*; Bardy, *Saint Augustin*; van der Meer, *Augustine the Bishop*; Michelle Pellegrino, *True Priest*; Bacchi, *Ordained Ministry*; e Gerald Bonner, *St. Augustine: His Life and Controversies* (Norwich: Canterbury [Cantuária], 1986).

pela pregação da palavra de Deus e mediante doutrina salutar".[103] Enquanto Valério estava preocupado com a liderança futura para a igreja de Hipona, vê-se que ele também procurava alguém para servir em áreas nas quais ele era fraco. Apesar de alguns terem sugerido que Valério não era um teólogo forte, ou que era incapaz de montar uma apologética eficaz contra o crescente movimento donatista em Hipona, é mais seguro concluir que a maior fraqueza de Valério era a linguagem. Tendo imigrado, ou talvez vindo como missionário para a África, ele procurava alguém que efetivamente pudesse se comunicar e pregar em latim.[104]

Valério começou a orar e deixar todos saberem da necessidade de um presbítero bem qualificado em Hipona. Então, com Agostinho presente na assembleia da igreja naquele momentoso domingo de 391, Valério repetiu à congregação o que havia dito sobre sua grande necessidade de outro ministro, o que forçou algo como uma escolha secreta.[105] Embora Agostinho não tenha se sentido à vontade com esses acontecimentos, essa maneira de selecionar líderes era, não obstante, comum na sua época, e serviu como um meio oficial pelo qual Valério escolheu Agostinho para um ofício de liderança espiritual.[106]

Apesar de Valério ter orquestrado a ordenação à força devido às grandes necessidades da igreja de Hipona, sua decisão ainda estava em risco. Deixaria um ex-maniqueu servir e ensinar na igreja? Foi precisamente por essa razão que Megálio de Calama, o bispo que ocupava posição de sênior na Numídia, inicialmente se opôs à ordenação de

---

[103] POSSÍDIO, *Vida de Agostinho*, 5.2.

[104] Ver HAMMAN, André, *Études Pabristiques: Methodologie, Liturgie, Histoire* (Paris: Bedachesne), p. 273; BROWN, *Augustine*, p. 132; e MANDOUZE, *Prosopographie*, 1.139.

[105] POSSÍDIO, *Vida de Agostinho*, 4.1; BARDY, *Saint Augustin*, p. 157; e VAN DER MEER, *Augustine the Bishop*, p. 4.

[106] *On Adulterous Marriages*, 2.20.22; também PELLEGRINO, *True Priest*, p. 18; e POSSÍDIO, *Vida de Agostinho*, 4.2. Essa forma de ordenação também tinha sido a experiência de Ambrósio, de Gregório de Nissa e de Gregório de Nazianzo.

LIÇÕES DE LIDERANÇA DE AGOSTINHO

Agostinho. Mas Valério permaneceu firme e conseguiu que Agostinho fosse ordenado presbítero para a igreja de Hipona.[107]

Como será que Valério pôde aproveitar essa oportunidade quanto a Agostinho e não ligar para a pressão dos que se opunham à sua escolha de presbítero? Dá para ver que Valério tinha algum conhecimento da reputação de Agostinho como "servo de Deus" em Tagaste. Muitos anos depois, Agostinho admitiu em um sermão que, por ocasião da sua ordenação, ele "já tinha começado a adquirir reputação de algum peso entre os servos de Deus".[108] De forma parecida, Possídio afirmou: "Os católicos já conheciam o modo de viver e o ensino de Agostinho".[109] A despeito dos antecedentes de Agostinho como maniqueu, Valério pôde atenuar o risco da sua escolha porque Agostinho tinha passado os três anos anteriores em Tagaste vivendo de acordo com os princípios baseados nas Escrituras, ensinando sã doutrina e exercendo dons espirituais e talentos naturais que poderiam ajudar a igreja.

Segundo, Valério se dispôs a correr o risco com Agostinho porque reconheceu o seu potencial para o ministério da igreja. Pellegrino explica: "Valério julgou que o novo sacerdote era perfeitamente apto para o exercício do ministério sacerdotal, ao passo que o próprio Agostinho, com o seu melhor e mais profundo conhecimento de si mesmo, estava convencido de que não poderia encarar esse ofício sem uma preparação mais completa".[110] Pellegrino refere-se à solicitação que Agostinho fez a Valério de que lhe concedesse um período de estudo concentrado nas Escrituras antes de assumir os seus deveres como presbítero.[111] Apesar de Agostinho estar ciente das suas limitações, não há indicação de que Valério alguma vez tenha vacilado sobre a sua escolha de Agostinho.

---

[107] *Against Two Letters of the Pelagians*, 3.16.19; também BROWN, *Augustine*, p. 198; BONNER, *St. Augustine*, p. 120; e POSSÍDIO, *Vida de Agostinho*, 5.4.
[108] *Sermão* 355.2; também BARDY, *Saint Augustin*, p. 158.
[109] POSSÍDIO, *Vida de Agostinho*, 4.1.
[110] PELLEGRINO, *True Priest*, p.33.
[111] *Carta* 21.

QUEM FOI MENTOR DE AGOSTINHO?

O batistério anexo à Basílica da Paz, em Hipona.

A escolha que Valério fez de Agostinho em 391 mapeou uma nova e talvez imprevista direção na vida de Agostinho. Embora não possamos fingir saber o que Agostinho estava pensando sobre o futuro no ministério nos fins de 390, não obstante ele não estava em nenhum curso óbvio para o ministério. Na verdade, desde a sua conversão, quatro anos antes, e logo depois do seu contato com mosteiros em Milão e em Roma, ele tinha voltado para a África e tinha concretizado seu plano de estabelecer uma comunidade de "servos de Deus" em Tagaste.[112] Sua experiência ali foi algo como um "santo lazer" (*otium sanctum*), caracterizado por oração, leitura, diálogo e escritos — um mundo distante do fardo (*sarcina*) do ministério em Hipona.[113]

---

[112] *Confissões*, 8.6.15; *On the Catholic and Manichean Ways of Life*, 1.33.70; e *Sermão* 355.2.
[113] "Fardo" *(sarcina)* era o termo preferido por Agostinho para descrever o ministério. Ver *Cartas*, 31.4; 69.1; 71.2; 85.2; 86; 101.3; 149.34; 242.1; 20*.4; JOURJON, Maurice, "L'évêque et le people de Dieu selon Saint Augustin", Maurice Jourjon et al [e outros], editores, *Saint Augustin Parmi Nous* (Paris: Éditions Xavier Mappus, 1954), 155-57; LAWLESS, George, "Augustine's Burden of Ministry", *Angelicum*

LIÇÕES DE LIDERANÇA DE AGOSTINHO

Portanto, quando Valério ordenou Agostinho em 391, ele tinha uma visão do potencial de Agostinho que, ao que parece, Agostinho não tinha de si. Todavia, ele não rejeitou essa visão nem dela se apartou nos próximos cinco anos com Valério, nem nos quase quarenta anos que passou no ministério da igreja em Hipona.[114] Agostinho precisava de um catalisador como Valério em sua vida, não somente para ver seu potencial, mas também para "jogá-lo na água", chamando-o ativamente para o ministério.

Durante os seus 34 anos como bispo de Hipona, Agostinho também valorizou o recrutamento de homens qualificados para as necessidades do ministério e viu um constante fluxo de homens juntando-se a ele no mosteiro de Hipona e para servi-lo na igreja daquela cidade.[115] Se bem que Agostinho ordenou muitos homens em Hipona e noutros lugares, ele rompeu com Valério quanto à prática de ordenação à força. Isso é bem evidente em sua recusa a permitir que Piniano fosse ordenado à força em Hipona, em 411.[116]

Relação mentor-discípulo

Em sua única carta a Valério, Agostinho o tratou como "pai sinceramente amado" e "pai".[117] Em cartas a outros, Agostinho referia-se a ele como "pai sumamente bendito e venerável", ou "pai sumamente

---

61 (1984): p. 295-315; MARTIN, Thomas F., "*Clericatus Sarcina (ep. 126.3): Augustine and the Care of the Clergy*", *The Practice of Chrisianity in Roman Africa*, http://ccat.sas.upenn.edu/jod/augustine.html, acessado em 28 de maio de 2004; LIENHARD, "Ministry", ATTA, 568; e BACCHI, *Ordained Ministry*, p. 79.

[114] Ver MANDOUZE, *L'aventure*, p. 218.

[115] POSSÍDIO, *Vida de Agostinho*, 5.1; Sermões, p. 355-356.

[116] *Carta 126*.

[117] *Cartas* 21.1; 21.3; a não ser que haja observação diferente, as traduções de *Cartas* 1-149 são de WSA pt. 2, vol. 3, ed. John R. Rotelle (Hyde Park, N.Y.: New City Press, 2001); *Cartas* 150-269, são de http://www.newadvent.org/fathers/1102.htm; *Cartas* 1*-29* são de *Saint Augustine: Cartas Vol. VI (1*29*)*, tradução de Robert B. Eno, em FC vol. 81, ed. Thomas P. Halton et al. (*Washington, D.C.: Catholic University of America Press*, 1989).

bendito".[118] A estima de Agostinho por Valério viu-se fortalecida pelo caráter santo do idoso bispo. Em uma carta ao bispo donatista de Hipona, Agostinho descreveu Valério como um homem que "deseja paz, [...] não impelido pela futilidade de um orgulho vão".[119] Em uma carta a Aurélio de Cartago, Agostinho denominou Valério "um homem de grande modéstia e gentileza, e também de grande prudência e solicitude no Senhor".[120] Possídio juntou-se ao coro chamando-o "um homem devoto e temente a Deus".[121]

Agostinho respeitava também a autoridade de Valério como bispo de Hipona. De novo na Carta 21, Agostinho fala dele como "senhor sumamente bendito e venerável", e, "sua santidade", e repetidamente se refere a ele como velho (*senex*).[122] Este último título, embora talvez pareça desrespeitoso ao leitor moderno, era o sinal de respeito de Agostinho por seu bispo. Vê-se que o respeito de Agostinho pela autoridade do seu bispo era grande, já que, apenas poucos anos antes, ele tinha sido um crítico do clero em geral.[123]

Apesar de Valério estar em posição de autoridade sobre Agostinho, o velho bispo considerava o seu jovem presbítero com respeito. Como foi observado, Agostinho pediu a Valério um período de estudo antes de se apresentar em Hipona, pedido ao qual Valério aparentemente acedeu.[124] Enquanto Hamman sugere que foi concedido a Agostinho um ano para estudo, período no qual ele conseguiu memorizar as Escrituras, nenhuma das duas afirmações é apoiada pelos escritos de Agostinho.[125] Não obstante, o acordo de Valério designando de antemão um estudo sabático, uma raridade em qualquer profissão, revela

---

[118] *Cartas* 33.4; 31.4.

[119] *Cartas* 31.4.

[120] *Carta* 22.4.

[121] POSSÍDIO, *Vida de Agostinho*, 5.2.

[122] *Cartas* 21.1; 21.4; 21.5.6; 29.7.11; POSSÍDIO, *Vida de Agostinho*, 8.1.

[123] POSSÍDIO, *Vida de Agostinho*, 4.3.

[124] *Carta* 21; *Sermão* 355.2.

[125] Na *Carta* 21.4, Agostinho solicitou "um breve período para mim, digamos, até a Páscoa". Ver HAMMAN, *Études*, 273,74.

LIÇÕES DE LIDERANÇA DE AGOSTINHO

respeito pelo novo presbítero; Valério permitiu que Agostinho tivesse uma resposta afirmativa quanto ao que ele julgava necessário para ter êxito no ministério.

Ocorre também que Valério não impediu Agostinho de continuar no estilo de vida monástico que tinha sido sua prática em Tagaste. Na verdade, Valério deu-lhe liberdade para seguir suas convicções e desejos, e tornar-se efetivamente seu próprio tipo de presbítero. Valério deu mais um passo e lhe deu um terreno para construir uma casa no jardim próximo da igreja de Hipona, onde ele poderia estabelecer uma comunidade de clérigos e de "servos de Deus".[126] Dessa forma, em vez de impor controle sobre seu novo presbítero, Valério deu forças e recursos a Agostinho para viver sua própria visão do ministério.

Enquanto Valério demonstrava respeito por seu jovem e talentoso presbítero, também é visível que ele não foi ameaçado por Agostinho.[127] Relembramos que Valério tinha recrutado deliberadamente alguém melhor do que ele para a pregação. Quantos bispos do tempo de Valério, ou de qualquer momento da história da igreja, demonstraram tal humildade? Quando a reputação de Agostinho como mestre e apologista aumentou, Valério não procurou reprimir o seu presbítero; antes, até procurou criar mais oportunidades para que ele brilhasse. Paulino de Nola apropriadamente referiu-se a Valério como "aquele bendito ancião, cuja mente realmente pura jamais foi tocada por mancha alguma de inveja e ciúme".[128] É evidente que Valério pensava mais nas necessidades presentes e futuras da igreja de Hipona do que em suas ambições de carreira, modelando o que mais tarde Agostinho articularia como o "fardo" do ministério.

Enquanto amava Agostinho como filho e lhe dava a liberdade de tornar-se o seu próprio tipo de ministro, Valério teve também a coragem de dar a seu protegido tarefas importantes para as

---

[126] *Sermão* 355.2; ver BACCHI, *Ordained Ministry*, p. 4; BARDY, *Saint Augustin*, p. 160; e BROWN, *Augustin*, p. 133.
[127] BONNER, *St. Augustine*, p. 114.
[128] *Carta* 32.2.

148

QUEM FOI MENTOR DE AGOSTINHO?

quais Agostinho não se sentia preparado — começando com sua ordenação. Valério pediu-lhe que pregasse na manhã da festa de São Leôncio para proferir o que certamente seria uma mensagem impopular contra os excessos nas bebidas, que tipicamente acompanhavam o festival. Posteriormente Agostinho confessou que Valério "não hesitou em lançar sobre os meus ombros o fardo muito perigoso de comentar as palavras da verdade por minha conta e risco".[129] Depois de Agostinho conseguir passar por aquela desafiadora mensagem, Valério o fez pregar mais uma vez aos que vieram à igreja de tarde. Agostinho acrescentou: "Embora aceitando com relutância, visto que o que eu queria agora era que um dia tão perigoso terminasse, Valério me forçou, ordenando-me que eu lhes dissesse algo".[130] Esse relato mostra que Valério não se importou em forçar Agostinho a alguma situação difícil e desagradável porque acreditava em seu presbítero e continuou a ver seu potencial mesmo quando Agostinho não o via. Se bem que Agostinho poderia ter sido muito melhor em outro lugar naqueles dias, mas a experiência propiciada por Valério o preparou para muitos outros sermões de confronto que ele teria que proferir em sua carreira.

Durante o tempo de Agostinho como bispo, sua relação com os clérigos também foi caracterizada por um claro senso de autoridade. Por sua natureza, ele tinha sido a força propulsora e o líder natural do pré-mosteiro de Tagaste, como também do mosteiro de Hipona, antes de ser consagrado bispo.[131] Todavia, a autoridade (*auctoritas*) que ele possuía como bispo da igreja de Hipona, também se estendia a seu clero, e, às vezes, se expressava em disciplinar clérigos desobedientes.[132] A confiança de Agostinho na auto-

---

[129] *Carta* 29.7.
[130] *Carta* 29.11.
[131] POSSÍDIO, *Vida de Agostinho*, 5.1.
[132] *Cartas* 65.2; 78; 82; 85; 96; 186; 209; 219; *A cidade de Deus*, 20.9.2; *Sermões* 46,47; 355,56; *Expositions in Psalms*, 126; 132; *On the Sack of the City of Rome*, 15; ver JONCAS, Jan M., "Clergy, North African", ATTA, 215; e BARDY, *Saint Augustin*, 163.

LIÇÕES DE LIDERANÇA DE AGOSTINHO

ridade de um mentor espiritual pode ser rastreada mais um pouco através da autoridade que foi atribuída ao superior monástico em sua *Regra*.[133]

Ao que parece, apesar da autoridade que Agostinho tinha por sua natureza espiritual e por sua posição como bispo, os clérigos do mosteiro eram mais motivados a segui-lo devido à sua vida santa.[134] Possídio escreveu: "Acredito, porém, que aproveitavam até mais os que tinham capacidade para ouvi-lo falar na igreja e o viam ali presente, principalmente se conheciam bem seu modo de conduzir-se entre os seus semelhantes".[135] Os clérigos do mosteiro de Hipona eram os que mais intimamente sabiam como ele era. A reação deles, no entender de Possídio, era "emulá-lo e imitá-lo no presente mundo".[136] Por aí se vê que Agostinho também experimentou uma íntima relação mentorial com seus colegas clérigos no mosteiro de Hipona — que era, por natureza, uma comunidade de amigos.

Finalmente, da mesma forma que Valério permitiu a Agostinho a liberdade de ter algum tempo de estudo no começo e iniciar um mosteiro em Hipona, Agostinho demonstrou a seus clérigos certo nível de respeito pelo desenvolvimento de suas convicções pessoais acerca do ministério. Possídio registrou que, embora Agostinho não permitisse que qualquer propriedade dada em herança à igreja fosse mantida em custódia, ele permitia que outros clérigos tomassem suas próprias decisões. Conquanto não estivesse interessado em construir edifícios, não proibiu outros clérigos de fazê-lo, desde que fossem razoavelmente modestos.[137]

---

[133] *Rule*, 6.3; 7.1.
[134] VERHEIJEN, Luc, "Saint Augustin; Un moine Devenu prêtre et Évêque", *Estudios Agostinos*, 12 (1977), 315; *Confissões*, 10.36.58,59; *Carta* 22.9.31; *Expositions in Psalms*, 116.3.
[135] POSSÍDIO, *Vida de Agostinho*, 31.9.
[136] Ibid., 31.11.
[137] Ibid., 24.9,11.

Envolvendo no ministério

Valério procurava um homem melhor que ele na comunicação, e o encontrou em Agostinho. Logo no início do ministério de Agostinho como presbítero, Valério começou a dar-lhe incumbências relacionadas com o ensino de retórica, com crescente responsabilidade. Assim como Cipriano tinha feito com seus presbíteros, e provavelmente com seus diáconos também, da mesma forma Valério confiou a Agostinho a instrução de catecúmenos, quando estes se preparavam para o batismo.[138] Nessa função Agostinho teve a oportunidade de passar adiante o Credo que tinha recebido de Ambrósio e de Simpliciano apenas uns poucos anos antes.

Valério provavelmente incitou a oposição dos bispos norte-africanos ao separar Agostinho para pregar na igreja de Hipona enquanto ainda era presbítero.[139] Tendo vindo da igreja oriental, onde essa prática era comum, Valério aparentemente não deu importância a ir contra a tradição das igrejas norte-africanas, porque a capacidade docente de Agostinho, que era superior à sua própria, estava beneficiando a igreja.[140] De acordo com Pellegrino, os bispos norte-africanos tinham justificativa para a sua preocupação quanto a permitir que um presbítero pregasse, por causa do legado do presbítero Ário, que tinha propagado sua heresia pregando-a do púlpito de Alexandria.[141] Tendo em vista a preocupação dos bispos, a resolução de Valério de permitir que Agostinho pregasse foi significativa.

Antes de repudiar Valério como rebelde ou como alguém que visava estrelato mediante um talento recém-encontrado, envolver Agostinho na pregação parece coerente com todo o programa mentorial de Valério. Possídio derrama alguma luz: "[Valério] dava

---

[138] *Sermões* p. 214-216; também BROWN, *Augustine*, p. 134.

[139] POSSÍDIO, *Vida de Agostinho*, 5.3; também BACCHI, *Ordained Ministry*, p. 4; BARDY, *Saint Augustin*, p. 164; e BROWN, *Augustine*, p. 133.

[140] Ibid., 5.4.

[141] Ver o comentário de Pellegrino sobre Possídio, 5.3, em John E. Rotelle, ed., *Life of Saint Augustine* (Villanova: Augustinian Press, 1988), p. 48.

LIÇÕES DE LIDERANÇA DE AGOSTINHO

permissão a Agostinho para pregar o evangelho até quando ele estava presente".[142] Daí, em vez de meramente pôr Agostinho em liberdade para pregar onde e quando quisesse, Valério supervisionava Agostinho nessa grade tarefa.

Possídio registrou também que, além de tê-lo pregando na igreja, Valério incentivava Agostinho a usar seus dons "mantendo frequentes discussões públicas".[143] Certamente essa informação é uma referência ao debate de Agostinho, em Hipona, com o maniqueu Fortunato, como também ao ensino de Agostinho, de natureza apologética, "contra todos os hereges africanos, principalmente os donatistas, os maniqueus e os pagãos".[144]

Se a pregação de Agostinho em Hipona já não tivesse criado preocupação entre os bispos norte-africanos, provavelmente houve alguma resistência contra o presbítero de somente dois anos de ofício e ex-maniqueu falar no concílio de bispos em Hipona, em 393. Conforme Bonner, a razão que moveu Agostinho a falar era oferecer recursos ao grande número de bispos não educados formalmente, ensinando-lhes o Credo.[145] Embora não se possa provar que Valério orquestrou o papel proeminente de Agostinho nesse concílio, ele deve ter ao menos concedido essa influente oportunidade por sua autoridade como bispo de Agostinho.[146] Vê-se, pois, que, por não se pôr no seu caminho, parece que Valério concedeu a Agostinho outra oportunidade ministerial de crescente responsabilidade.

Ao envolver seu presbítero no ministério, Valério deu-lhe incumbências em ministérios que correspondiam às forças e aos talentos de Agostinho. Agostinho era bem dotado como comunicador, mestre, escritor e orador para debates. Valério o colocou para trabalhar onde

---

[142] POSSÍDIO, *Vida de Agostinho*, 5.3.
[143] Ibid.
[144] Ibid., 6; 7.1.
[145] BONNER, *St. Augustine*, p. 115.
[146] Parece evidente que o bispo Aurélio de Cartago usou sua influência para pôr em uso os dons de Agostinho nos concílios da igreja africana, de 393 a 427.

QUEM FOI MENTOR DE AGOSTINHO?

essas habilidades eram necessárias na igreja, e onde o próprio Valério era incapaz de atender à necessidade. Embora mais tarde, como bispo, Agostinho tenha realizado deveres nos quais não pensava ou que o deixavam esgotado, a sabedoria de Valério em envolver Agostinho em ministérios que correspondiam a suas forças mostra nele uma importante qualidade de mentor.[147]

Enquanto serviu como bispo, Agostinho envolveu também os clérigos em ministérios nos quais ele era fraco ou limitado e nos quais eles eram bem dotados. Por exemplo, nos últimos anos do seu ministério, ele separou Eráclio, seu eventual sucessor, para que este o aliviasse do peso de responsabilizar-se por juízos civis, como também de administrar as propriedades da igreja, para poder concentrar-se em estudar e escrever.[148] Agostinho também foi feliz em confiar a Alípio e a Evódio a tarefa de viajarem para a Itália para atividades relacionadas com a igreja; Agostinho desprezou a viagem, e os antecedentes de Alípio em Direito o qualificavam mais para apelar para as autoridades seculares acerca das questões que confrontavam a igreja.[149] Finalmente, apesar da sua nomeação de Antonino como bispo de Fussala ter sido um fiasco colossal, Agostinho fez ao menos uma coisa certa, nessa situação: procurou ordenar um bispo que falava a língua púnica [língua falada pelos cartagineses].[150] Como Fussala se localizava a umas 40 milhas de Hipona, Agostinho ou um dos seus presbíteros poderiam viajar de vez em quando para pregar e ministrar ali, exceto pelo fato de que não falavam a língua púnica. Como

---

[147] Este princípio também se pode ver em AMBRÓSIO, *On the Duties of Ministers*, 1.215.

[148] *Carta*, 213.5; também BACCHI, *Ordained Ministry*, 32, 39.

[149] *Confissões*, 6.9.15; *Cartas* 44; 10*; 15*; 16*; 22*; 23A*; também BACCHI, *Ordained Minitry*, p. 28; BROWN, *Augustine*, p. 156; O'DONNELL, "Evodius of Uzalis", ATTA, 344.

[150] *Cartas*, 209; 20*; Também BACCHI, *Ordained Ministry*, p. 19-22; e BROWN, *Augustine*, 468. Embora não saibamos nada sobre a escolha inicial de Agostinho para bispo de Fussala, o fato de que esta segunda escolha foi de um orador púnico e que Fussala era uma região de língua púnica torna provável que a sua primeira escolha também foi de um orador púnico.

LIÇÕES DE LIDERANÇA DE AGOSTINHO

Valério fizera anos antes, Agostinho procurou humildemente recrutar um homem que pudesse comunicar mais eficazmente as Escrituras na língua do povo.[151]

Quanto à decisão de Valério de deixar Agostinho pregar enquanto ainda era presbítero, certamente ele introduziu alguma inovação na igreja norte-africana nessa área. No *Sermão* 20, Agostinho incentivou a prática de presbíteros pregarem e modelou essa prática movendo o seu presbítero Eráclio a pregar sob a sua supervisão.[152] Na *Carta* 41 Agostinho dá indicações de que Aurélio também tinha adotado a referida prática com seus presbíteros cartagineses.[153] Finalmente, Possídio registrou que presbíteros em todo o norte da África começaram a envolver-se na pregação, um desenvolvimento que certamente ocorreu graças à influência de Aurélio e de Agostinho — ambos, provavelmente, foram influenciados por Valério.[154]

Licenciando para o ministério

Nos quatro anos iniciais do seu ministério, pela fidelidade e pelo êxito nas atribuições de crescentes níveis de responsabilidade, Agostinho foi se dando conta do potencial que Valério via nele. Segundo Possídio, Valério começou a temer que Agostinho fosse "selecionado" para outro lugar no ministério do mesmo modo como Valério o tinha recrutado em 391. Por isso, depois de combinar com os bispos de Cartago e de Calama, e também de apresentar a ideia à congregação de Hipona, Valério fez de Agostinho seu cobispo em 395.[155] Apesar de Agostinho resistir à ideia e de Valério claramente

---

[151] Similarmente, na *Carta* 84, ao bispo Novatus, de Sitifis, Agostinho solicita os serviços do diácono Lucilo (Lucillus) para o ministério da região de Hipona, pois Lucilo era um orador púnico e era apto para ministrar às necessidades dos oradores não latinos da diocese. VERHEIJEN, Luc,, *Saint Agustin*, p. 332-333.

[152] *Sermão* 20.5; ver PELLEGRINO em Rotelle, *Life of Saint Augustin*, p. 48; e VAN DER MEER, *Augustine the Bishop*, p. 413.

[153] *Carta* 41; também BARDY, *Saint Augustin*, p. 165.

[154] POSSÍDIO, *Vida de Agostinho*, 5.5.

[155] Ibid., 8.1-3.

passar por cima dos cânones de Niceia, que proíbem que dois bispos sirvam na mesma igreja, Valério conseguiu que Agostinho fosse ordenado bispo.[156]

Na verdade, demonstrando seu fardo para o ministério, Valério queria ver a igreja de Hipona nas mãos capazes de Agostinho por muitos anos vindouros;[157] mas Possídio acrescentou que o que Valério realmente queria "não era tanto um sucessor, mas um colega de bispado, aqui e agora".[158] Paulino de Nola, em uma carta a Agostinho sobre a decisão de Valério, escreveu: "Esse bendito ancião [...] agora colhe do Altíssimo frutos dignos da paz do seu coração, pois ele agora merece ter como colega o homem que ele simplesmente desejava ter como seu sucessor no ofício sacerdotal".[159] Nesse estágio do ministério, Valério estava recrutando Agostinho para ser seu igual, o que testifica, mais uma vez, a humildade de Valério e o fato de que ele não era ameaçado por Agostinho. Antes, por amor à igreja, ele se sentiu feliz em partilhar a obra do ministério e de licenciar um jovem líder para serviço e responsabilidade.

Agostinho tinha plena ciência da sua força e da sua fraqueza em seu ministério como bispo.[160] Ele humildemente confiava tarefas de administração, de juízos civis, de promoção de causas em votação, de viagens e de pregação noutra língua àqueles que estavam mais qualificados que ele. Ele licenciou homens dando-lhes autoridade e res-

---

[156] *Carta* 213.4. Pellegrino cita o cânon 8 do concílio de Niceia em seu comentário de Possídio, 8.5, em ROTELLE, *Life of Saint Augustin*, p. 54. Embora não possamos saber com certeza se Valério, com Aurélio e Megálio, ignorava os cânones de Niceia ou se simplesmente os ignorou para ajudar no seu objetivo de conseguir que Agostinho fosse ordenado bispo, devemos notar que ele não foi o primeiro líder espiritual a ignorar cânones da igreja quando escolheu e separou um líder chave. Foi o que Basílio também fez no caso da ordenação de Poemênio de Sátala. Basílio, *Cartas* 102,103; também STERK, Andrea, *Renouncing the World Yet Leading the Church* (Cambridge, MA: Harvard University Press, 2004), p. 87.

[157] *Carta* 31.4; também MANDOUZE, *L'aventure*, p.141, p.143.

[158] POSSÍDIO, *Vida de Agostinho*, 8.2.

[159] *Carta* 32.2.

[160] POSSÍDIO, *Vida de Agostinho*, 19.6.

ponsabilidade para ministrarem. Possídio registrou que o mosteiro de Hipona tornou-se um importante centro de treinamento para líderes da igreja, e que ao menos 10 bispos norte-africanos vieram de lá.[161]

Todavia, diferente de Valério, Agostinho não tentou, pelo que sabemos, segurar um ministro que era necessitado em outra igreja. Ao contrário, Possídio indica que Agostinho generosamente "cedia [clérigos] a várias igrejas, quando solicitados".[162] Valério tinha uma visão com relação a oferecer recursos para a igreja local de Hipona, mas Agostinho se comprometera a oferecer recursos para a igreja universal do norte da África. Junto a isso, tendo apreendido claramente os cânones de Niceia, que proibiam a permanência de dois bispos na mesma igreja, Agostinho (diferente de Valério) teve o cuidado de honrar essa legislação eclesiástica; e um resultado disso foi que Eráclio não foi consagrado bispo de Hipona até à morte de Agostinho.

RESUMO

Quando examinamos mais de perto o mosaico de Agostinho, principalmente aqueles que o moldaram para ele vir a ser o que se tornou, as influências foram diversas. Uma mulher simples, sem educação formal, serviu de modelo de oração e de piedade, dava ênfase à fé prática, permaneceu firme na doutrina e o fez erigir-se como cristão. Amigos estavam simplesmente ali com ele, na delicada jornada da fé; um deles o repreendeu por ideias estranhas, enquanto outro trouxe à luz a sua grandeza por meio de diálogos. Um distinguido e eloquente bispo mostrou-lhe a bondade de um pai, abriu as Escrituras para ele pela primeira vez, comunicou-se com ele de um modo que ele podia entender, e é provável que tenha supervisionado pessoalmente a sua iniciação na igreja. Outro homem, com alto nível de educação, acessível a ele para diálogo intelectual, inculcou em Agostinho a necessidade que temos da igreja, demonstrando, enquanto isso, a postura

---

[161] Ibid., 11.1-3.
[162] Ibid., 11.3.

QUEM FOI MENTOR DE AGOSTINHO?

de um discípulo para toda a vida. Finalmente, uma figura humilde, paternal, com um simples tom de voz, ordenou-o para o ministério, deu-lhe liberdade para tornar-se seu próprio tipo de ministro, envolveu-o cada vez mais na obra do ministério, e depois o licenciou para realizar sua própria obra. Com esse mosaico em mente, podemos agora começar a considerar como Agostinho serviu para amoldar e colorir os mosaicos dos líderes espirituais do seu tempo.

CAPÍTULO 4

COMO AGOSTINHO ABORDA A FUNÇÃO DE MENTOR

Desde o tempo de sua ordenação como presbítero em 391 até sua morte, em 430, Agostinho manteve relações com centenas de clérigos em Hipona, nas províncias do norte da África e além. Este capítulo tratará em detalhe das abordagens do mentoreado mais significativas, repetidas, observadas no relacionamento de Agostinho com o clero.

AGOSTINHO E OS OFÍCIOS DE LIDERANÇA ESPIRITUAL

Durante o tempo em que Agostinho foi bispo, o número de clérigos no norte da África era grande, e os ofícios clericais eram bastante desenvolvidos.[1] No concílio de Cartago, em 411, só os bispos católicos contavam 268. Muitas cidades tinham seu próprio bispo, e algumas, como Hipona, tinham até presbíteros e diáconos servindo

---

[1] *A Carta* 43, escrita para alguns líderes donatistas, dá-nos alguma indicação da estrutura dos ofícios episcopal e clerical, anteriores à época do início do cisma; ver Daniel E. Doyle, *The Bishop as Disciplinarian in the Letters of St. Augustine* (New York: P.Lang, 2002), p. 178.

na igreja. De acordo com Victor de Vita, Cartago tinha cerca de quinhentos clérigos no tempo da conquista dos vândalos, em 439.[2]

Enquanto muitos, no tempo de Agostinho, aspiravam ao ofício de bispo pela ambição de honra ou até de riqueza, a ordenação de Agostinho como presbítero em 391, e como cobispo junto a Valério em 395, foi precedida de grande relutância de sua parte. Mandouze corretamente se refere a Agostinho como "bispo apesar de si mesmo".[3] Como foi exposto, sua intenção, desde a época de sua conversão, era iniciar uma comunidade de "servos de Deus" (*serui Dei*) para a busca de um estilo de vida monástica, como um "santo lazer" (*otium sanctum*).[4] Muitas vezes ele criticou o clero e evitou as igrejas temendo ser ordenado à força — justamente o que lhe aconteceu. Por conseguinte, Agostinho chegou à sua ordenação, não por motivos ambiciosos, porém mais por se render ao que ele acreditava que era um chamado divino, vocação que ele não abandonaria em quase quarenta anos de ministério.[5]

Como foi mencionado no capítulo anterior, frequentemente Agostinho se referia ao ministério, particularmente à sua obra como bispo, como um "fardo" (*sarcina*), que Bacchi define como "responsabilidade pela saúde e felicidade espiritual do rebanho".[6] Com muita frequência Agostinho empregava o termo *sarcina* em sua correspondência

---

[2] Ver JONCAS, "Clergy, North African", ATTA, 216.

[3] *Cartas* 21.1; 125.2; POSSÍDIO, *Vida de Agostinho*, 4.1-2; 8.3; *Sermão*, 355.2; ver PELLEGRINO, Michelle, *The True Priest: The Priesthood as Preached and Practiced by Saint Augustine*, tradução de Arthur Gibson (Langley, UK: St. Paulo, 1998), p. 22; e MANDOUZE, "L'évêque et le corps presbytéral au service du peuple fidèle selon Saint Augustin", em H. Bouësse, editor, *L'évêque dans L'Eglise du Christ* (Paris: Desclée, 1963), p. 142.

[4] POSSÍDIO, *Vida de Agostinho*, 2.2; 3.1; também LAWLESS, George, *Augustine of Hippo and his Monastic Rule* (Oxford: Clarendon, 1987), p. 41.

[5] POSSÍDIO, *Vida de Agostinho*, 4.1, 3; *Carta* 124.2; ver PELLEGRINO, *True Priest*, p. 23-26; BARDY, *Saint Augustin: l'homme et l'oeuvre*, 7ª. edição (Paris: Bibliothèque Augustinienne, 1948), p. 158-160; e VAN DER MEER, *Augustine the Bishop*, p. 14-15.

[6] Ver BACCHI, Lee, *The Theology of the Ordained Ministry in the letters of Augustine of Hippo* (San Francisco: International Scholars, 1998), p. 79.

com outros líderes espirituais, dando a entender que ele se considerava um servo da igreja.[7] Embora preferisse uma tranquila vida de contemplação com amigos de igual pensamento, as necessidades da igreja o atraíram do seu lazer em Tagaste para fazer uso dos seus dons a serviço da igreja.[8] Lienhard escreve que a palavra *ministerium*, que poderia servir a muitos contextos de serviço, significava "ministério da igreja" para Agostinho.[9] O referido autor acrescenta que os ministros são definidos por aquele a quem servem", significando que eles são ministros de Deus", "ministros de Cristo" e "ministros da igreja".[10] Ele expressou esta convicção de serviço acima dos direitos pessoais em uma carta ao presbítero Eudóxio e a seus monges de Caprária, grupo resistente à ordenação: "Não dê preferência a seu lazer colocando-o acima das necessidades da igreja. Se não houvesse bons homens dispostos a ministrar para ela, a servi-la, quando ela dá nascimento a novos filhos, você não teria encontrado o caminho para nascer em Cristo".[11] Por conseguinte, o ministério ordenado era um chamado para serviço que exigia grande sacrifício por causa das necessidades da igreja. Finalmente, Agostinho dava importância a carregar o fardo do ministério com humildade. Bacchi afirma que as cartas de Agostinho apresentavam "o ministério ordenado como caracterizado pela

---

[7] *Cartas* 31.4; 69.1; 71.2; 85.2; 86; 101.3; 149.34; 242.1; 20*.4; também BACCHI, *Ordained Ministry*, 75-80.

[8] Nesse sentido, sua ordenação ao ministério é comparável à de Basílio de Cesareia e à de Gregório de Nazianzo, que deixaram seu retiro ascético no Ponto para juntar-se ao combate contra doutrina malsã. O "retiro" deles (*aprogmon* em grego) é traduzido por *otium* em latim; ver Gregório de Nazianzo, *Orations*, 43.30,31; Basílio, *Carta* 8; também Phillip Rousseau, *Pachomius: The making of a community in fourth-century Egypt* (Berkeley; University of California Press, 1985), p. 88.

[9] Ver LIENHARD, Joseph T., "Ministry", ATTA, 568; também *Expositions in Psalms*, 118.32.8; *Tractates on the Gospel of John*, 34.1; *Carta* 34.1.

[10] Ver LIENHARD, "Ministry", ATTA, 568; PELLEGRINO, *True Priest*, p. 24, p. 25; p. 59-88; e *Expositions in Psalms*, 102.13; *Tractates on the Gospel of John*, 51.12; *Cartas* 134.14; 228.10.12; *Sermões* 46.2; 340.1; *On the Work of Monks*, 29.37.

[11] *Carta* 48.2. A não ser que se faça observação diferente, as traduções inglesas de *Cartas* 1-149 são de WSA; também *A cidade de Deus*, 19.19; *Expositions in Psalms*, 103.9; *Sermão* 355.2; *Cartas* 101.3; 128; *Tractates on the Gospel of John*, 57.4.

humildade e exercido com humildade", e Pellegrino sugere que Agostinho via a humildade como "a virtude que ele considera como sendo o fundamento da vida cristã".[12] Tendo sido mentoreado por homens humildes como Ambrósio, Simpliciano e Valério, a maior declaração de humildade quanto ao líder espiritual foi seu livro *Confissões* — uma obra redigida de 397 a 401, enquanto ele pregava da *cathedra* de Hipona e influenciava importantes concílios da igreja.

Agostinho como bispo

Agostinho compartilhou alguns detalhes da sua rotina diária em um sermão pregado no aniversário da sua ordenação. Ele pedia a seu povo que não somente lhe obedecesse, mas também que orasse por ele quando se defrontava com seus desafios diários:

> Os turbulentos precisam ser corrigidos, os desanimados, encorajados, os cansados, receber apoio; os oponentes do Evangelho precisam ser refutados; é preciso que nos guardemos contra os insidiosos inimigos da igreja; os não instruídos precisam receber ensino, os indolentes precisam ser espicaçados, os argumentativos, postos à prova; os orgulhosos devem ser postos no seu devido lugar, os desesperados devem ser firmados sobre os seus pés, os envolvidos em contendas, reconciliados; os necessitados têm que receber ajuda, os oprimidos, ser libertados; aos bons devemos garantir a retaguarda, os maus temos que tolerar; todos devem ser amados.[13]

Noutra ocasião ele acrescentou que os seus deveres exigiam dele "pregar, refutar, repreender, edificar, agir pelo bem de todos".[14] Com base nessas descrições gerais, resumirei os seus principais papéis como bispo de Hipona.

---

[12] Ver BACCHI, *Ordained Ministry*, xiii; e PELLEGRINO, *True Priest*, p. 156.

[13] *Sermão* 340.1.

[14] *Sermão* 339.4.

Pregação. Como Ambrósio, Agostinho considerava a sua primordial responsabilidade pregar e expor as Escrituras.[15] Ele escreveu em *Confissões*: "Minha pena me serve de língua, mas, quando ela achará eloquência suficiente para relatar bem as exortações e as ameaças, todo o encorajamento, toda a orientação, pelas quais tu me conduziste a esta posição na qual devo pregar a palavra e administrar o sacramento a teu povo?"[16] Muitas vezes Agostinho descrevia essa responsabilidade de pregar fazendo uso de várias figuras de linguagem. No *Sermão* 95 ele descreveu a tarefa de interpretar as Escrituras como o partir do pão para a igreja, enquanto na obra *Sobre a doutrina cristã* ele comparava essa tarefa com o ato pelo qual Jesus tomou os peixes e os pedaços de pão e os distribuiu às multidões.[17] Ele acreditava que tão logo aprendesse algo das Escrituras, devia passá-lo rapidamente adiante para edificação da igreja. Ele confessou: "Eu os alimento com aquilo de que me alimentei. [...] Ponho alimento diante de vocês da despensa da qual eu mesmo vivo".[18] A Jerônimo ele escreveu: "Se tenho alguma habilidade, eu a uso completamente para o povo de Deus. Mas, por causa do meu trabalho pela igreja, não posso dar-me ao luxo de treinar estudiosos em mais detalhes do que o povo pode ouvir.[19]

Durante a sua carreira, Agostinho pregou mais de quinhentos sermões, 124 sobre o Evangelho de João, outros 10 sobre a Primeira Epístola de João, como também um indeterminado número de homilias sobre Salmos.[20] Como aconteceu com Ambrósio, Agostinho foi conhecido por desvendar textos difíceis com o auxílio de alegoria.

---

[15] Ver MANDOUZE, *L'aventure*, p. 145.

[16] *Confissões*, 11.2.2; também *Cartas*, 21.3; 261.

[17] Para uma pesquisa completa, ver LAWLESS, George, "Preaching", ATTA, p. 675-677; e PELLEGRINO, *True Priest*, p. 90-104; também *On Teaching Christianity*, 1.1.1; e BROWN, Peter, *Augustine of Hippo: A Biography*, ed. rev. (Berkeley: University of California Press, 2000), p. 155.

[18] *Sermão* 339.3.3.

[19] *Carta* 73.2.5.

[20] Não foi determinado o número de homilias sobre Salmos porque algumas delas foram apenas ditadas. Para um resumo útil dos sermões de Agostinho, ver DOYLE, Daniel, "The Bishop as Teacher", em PAFFENROTH, Kim e HUGHES, Kevin, *Augustine*

A obra *Sobre a doutrina cristã* revelou seus pensamentos sobre como interpretar passagens da Escritura, e o quarto livro era essencialmente sobre como proferir sermões.[21] Além de sua pregação em Hipona, ele também pregava quando viajava visitando Cartago e outras cidades norte-africanas. Seus sermões eram rotineiramente transcritos por um estenógrafo e circulavam por outras igrejas e eram enviados como recursos para pregadores de menor habilidade.[22]

Uma assembleia reunida para culto, no tempo de Agostinho, muitas vezes era um acontecimento desordenado, com os ouvintes gritando e expressando emoções durante o sermão. Agostinho sentava-se em sua sé ou cátedra, falava de preferência extemporaneamente, embora sua preparação fosse de fato completa. Conquanto seguisse as regras da retórica quando falava, ele se preocupava mais com a substância da mensagem do que com a sua forma de apresentação.[23] Como fazia Ambrósio, ele comunicava a mensagem eloquentemente, mas não em detrimento de um conteúdo nutritivo.

Supervisionando com autoridade. Uma segunda função de Agostinho era supervisionar a igreja. Joncas afirma que Agostinho acreditava em uma firme autoridade episcopal (*episcopalis auctoritas*) para dirigir o povo e as atividades da igreja.[24] Bacchi argumenta no sentido de que os fardos do bispo exigiam essa autoridade e que os bispos terão que prestar maiores contas dos seus ministérios no Dia do Juízo do

---

and Liberal Education (Aldershot, UK: Ashgate, 2000), p. 85; e BACCHI, *Ordained Ministry*, p. 10-12.

[21] O quarto livro foi redigido em 426 e 427, na época de suas *Reconsiderations*, após uma longa carreira de pregação. Os livros 1-3, 25, 37 foram escritos em 396. Ver "Augustine's Works (Datas e Explicações)", ATTA, xliv.

[22] *Ver PERLER, Othmar, "Les Voyages de Saint Augustin", Recherches Augustiniennes* 1 (1958): p. 10-20; *On Teaching Christianity*, 4.29.63; *Carta* 16*.1; Gerald Bonner, *St. Augustine: His Life and Controversies* (Norwich: Cantuária, 1986), p. 145, e BARDY, *Saint Augustin*, p. 209.

[23] Ver VAN DER MEER, Frederick, *Augustine the Bishop*, tradução de B. Battershaw e G. R. Lamb (Londres: Sheed & Ward, 1961), p. 169-170, p. 394; BACCHI, *Ordained Ministry*, p. 9; *On Teaching Christianity*, 4.2.3; 12.28.

[24] Ver JONCAS, "Clergy, North African", ATTA, 215; também *A cidade de Deus*, 20.9.2; *Sermões*, p. 46-47; *Expositions in Psalms*, p. 126; p. 132; *Carta* 186.

COMO AGOSTINHO ABORDA A FUNÇÃO DE MENTOR

que os outros líderes espirituais.[25] Seus fardos incluíam lidar com os causadores de problemas na igreja, procurar corrigir práticas moralmente impuras, como a festa de *laetitia*, que levava muitos a extraviar-se [celebração da fecundidade e da produtividade], e a lidar com a heresia.[26] Os bispos estavam também encarregados da supervisão espiritual de outros clérigos associados à sua igreja e paróquia.

Presidindo aos sacramentos. Agostinho escreveu a seu colega Honorato descrevendo o andamento do seu ministério em torno do altar, mesmo em meio ao sítio dos vândalos. "Não consideramos quantas pessoas de ambos os sexos e de todas as faixas etárias que normalmente corriam para a igreja, algumas pedindo o batismo, outras reconciliação, ainda outras interessadas em atos de penitência, e todas elas desejando a administração e os benefícios dos sacramentos?"[27] Daí, para Agostinho, uma terceira responsabilidade importante era presidir aos sacramentos.[28] Embora van der Meer afirme corretamente que Agostinho empregava o termo sacramento (*sacramentum*) em um sentido geral, ao que parece Agostinho fazia uma distinção especial em seu uso do termo sacramento ou mistério (*mysterium*) quando se referia ao batismo e à eucaristia.[29] Em sua resposta às perguntas gerais de Januário sobre os sacramentos, Agostinho escreveu acerca dos "sacramentos, os quais em número são muito poucos, na observância, muito fáceis e no significado, sobremodo excelentes, como o batismo celebrado em nome da Trindade, a comunhão do seu corpo e do seu sangue, e outras coisas do gênero prescritas nas Escrituras

---

[25] *Carta* 31.4; *Sermão* 339.1; também BACCHI, *Ordained Ministry*, p. 80.

[26] *On the Catholic and Manichean Ways of Life*, 1.32.69; ver BROWN, *Augustine*, p. 200-202. Alguns dos "causadores de problemas" incluíam membros do próprio clero (*Cartas* 78; 85; 209; *Sermões*, 355,56). Também *Cartas*, 22; 105.13; *Sermão* 129; e BACCHI, *Ordained Ministry*, p. 80-81.

[27] *Carta* 228.8; ver PELLEGRINO, *True Priest*, p. 41.

[28] Ver PELLEGRINO, *True Priest*, p. 38; BACCHI, *Ordained Ministry*, p. 73; e *Cartas* 69.1; 261.2; 259.2.

[29] Ver VAN DER MEER, *Augustine the Bishop*, p. 280. JONCAS ("Clergy, North African", ATTA, 215) inclui a penitência e os clérigos ordenados como outras funções sacramentais.

165

canônicas".[30] À semelhança de Ambrósio, Agostinho se envolveu pessoalmente na obra de iniciar na igreja novos crentes — adultos e crianças — pelo batismo.[31] O período anterior à quaresma era um período evangelístico chave para Agostinho, quando ele apelava aos não batizados que frequentavam a igreja de Hipona que submetessem seus nomes com vistas ao batismo. Durante a quaresma Agostinho instruía esses catecúmenos nas Escrituras, ensinava-lhes a Oração do Senhor e lhes passava o Credo — preparação que culminava com seu batismo na Páscoa.[32] Uma vez batizados, permitia-se a esses crentes que se juntassem aos fiéis na celebração da eucaristia. Conquanto Agostinho presidisse à eucaristia para a congregação no domingo, havia também uma celebração diária, primariamente para os clérigos, os monges e os servos de Deus, sendo também aberta para os leigos.[33]

Servindo como juiz. O Código de Teodósio dava poder aos bispos pra emitirem juízos nos tribunais civis, e o *Justinian code* lhes permitia servirem de mediadores noutras causas.[34] Como fazia Ambrósio, Agostinho desempenhava esse papel, contudo não sem queixa, pois podia acontecer de gastar uma manhã inteira esperando para falar com um oficial sobre um caso.[35] Na verdade, servir nessa capacidade

---

[30] *Carta* 54.1.

[31] Ver BACCHI, *Ordained Ministry*, p. 16; JONCAS, "Clergy, North African", ATTA, 215; *Sermões*, p. 227-229; 272; e *Carta* 98.5.10.

[32] Para um completo tratamento dos estágios da preparação para o batismo na época de Ambrósio e Agostinho, ver Edward Yarnold, *The Awe Inspiring Rites of Initiation: The Origins of the R.C.I.A.* (Edimburgo: T&T Clark, 1994), p. 1-33; também Odo Casel, *The Mystery of Christian Worship* (New York: Herder & Herder, 1962), p. 9-49; e VAN DER MEER, *Augustine the Bishop*, p. 347-387.

[33] Ver YARNOLD, *Rites of Initiation*, p. 40-54; *Carta* 54.34; também JONCAS, "Clergy, North African", ATTA, 215; e VEN DER MEER, *Augustine the Bishop*, p. 294.

[34] Ver BACCHI, *Ordained Ministry*, p. 32.

[35] *Carta* 33.5; 24*.1; POSSÍDIO, *Vida de Agostinho*, 19.2-4; também BACCHI, *Ordained Ministry*, p. 32; VAN DER MEER, *Augustine the Bishop*, p. 260; CHADWICK, Henry, "The Role of the Christian Bishop in Ancient Society", em HOBBS, Edward C. e VUELLNER, William, editores, *The Role of the Christian Bishop in Ancient Society*, Protocol to the Thirty-fifth Colloquy (Berkeley: Center for

afastou-o de outros ministérios, como o de estudar e escrever, até quando ele pôde delegar essa responsabilidade a seu sucessor Eráclio, nos anos finais do seu ministério.[36] Apesar de Agostinho não preferir esse aspecto do ministério, ainda assim o fez e permitiu que outros bispos servissem desse modo, na esperança de que eles influenciassem o tribunal civil com princípios das Escrituras.[37]

Administrando propriedade da igreja. No tempo de Agostinho era comum os ricos doarem ou legarem propriedade à igreja, e a responsabilidade de administrar os fundos ou propriedades recém-adquiridos recaía sobre o bispo. Essa era outra tarefa de que Agostinho particularmente não gostava, e que ele delegou a Eráclio.[38] Isso requeria inserir uma doação no erário da igreja e distribuir recursos onde havia necessidade. Os que necessitavam de ajuda eram os pobres e também os sequestrados, que precisavam ser resgatados. Vê-se pois que, à semelhança de Cipriano, Basílio e Ambrósio, Agostinho desempenhava um ativo papel em atender às necessidades da igreja e da comunidade.[39]

Participação nos concílios da igreja. Agostinho deu também continuidade à tradição de Cipriano, Ambrósio, Basílio, e de outros bispos, por sua participação nos concílios da igreja. Começando aproximadamente na época da ordenação de Agostinho como presbítero, ocorrida em 391, Aurélio, o bispo metropolitano de Cartago, procurava reunir os bispos anualmente, "onde questões doutrinárias, litúrgicas e disciplinares podiam ser resolvidas e um renovado senso de propósito podia ser instilado no episcopado".[40] Depois de 407, porém, os bispos

---

Hermeneutical Studies in Hellenistic and Modern Culture), p. 6; e PELLEGRINO, *True Priest*, p. 52.

[36] *Carta* 213.5; ver BACCHI, *Ordained Ministry*, p. 32.

[37] POSSÍDIO, *Vida de Agostinho*, p. 19; *Carta* 133; ver BACCHI, *Ordained Ministry*, p. 32.

[38] *Cartas*, 125,26; 213.5; ver BARDY, *Saint Augustin*, p. 208-209; e BACCHI, *Ordained Ministry*, p. 39.

[39] POSSÍDIO, *Vida de Agostinho*, p. 24; *Sermão* 339.4; ver BACCHI, *Ordained Ministry*, p. 39; BARDY, *Saint Augustin*, p. 208-209; e MANDOUZE, "L'èveque", p. 136.

[40] Ver MERDINGER, "Councils of North African Bishops", ATTA, 249.

africanos, concluindo que uma reunião por ano era muito difícil, decidiram reunir-se só quando houvesse questões que afetassem toda a igreja africana. Como Cipriano, Agostinho considerava os concílios um importante meio de manter a unidade da igreja. Os bispos se reuniam para estabelecer acordo em pontos de doutrina e de prática, que depois poderiam sustentar em toda a região. O motivo mais comum para convocar um concílio era lidar com a heresia. Como se verá quando explorarmos mais este assunto neste capítulo, os grupos heréticos visados pelos concílios eclesiásticos no tempo de Agostinho eram os donatistas e os pelagianos.

O clero de Agostinho

O quadro clerical de Agostinho assemelhava-se aos de Cipriano, Basílio e Ambrósio. As ordens superiores incluíam presbíteros e diáconos, ao passo que as inferiores compunham-se de subdiáconos, acólitos e leitores.

Como os presbíteros eram assistentes dos bispos, seus deveres variavam de acordo com as necessidades dos seus bispos,[41] e eles acabavam desempenhando grande parte dos papéis realizados pelo bispo. Lienhard assevera que, em vista do crescimento e aumento das necessidades da igreja norte-africana nos dias de Agostinho, muitas vezes os presbíteros eram enviados para ministrar em igrejas que não tinham bispo. Nesses casos em especial, o presbítero funcionava essencialmente como bispo. Os presbíteros aconselhavam, pregavam e presidiam aos sacramentos.[42] No norte da África os presbíteros raramente pregavam, até quando Valério envolveu Agostinho na pregação em Hipona. Logo outros, como Aurélio, o seguiram de perto e licenciaram seus presbíteros para pregarem, o que ajudou a atender às necessidades da igreja que crescia.[43]

---

[41] *Carta* 22.1; ver BACCHI, *Ordained Ministry*, p. 72; LIENHARD, "Ministry", ATTA, 569; e PELLEGRINO, *True Priest*, p. 72.

[42] *Carta* 21.3; ver BACCHI, *Ordained Ministry*, p. 72; LIENHARD, "Ministry", p. 569.

[43] *Sermões*, 196.4.4; 20.5; 137.11.13; *Cartas* 41.1; 105.4; e LIENHARD, "Ministry", p. 569.

Os diáconos também serviam sob um bispo em especial e eram "ligados" (*adiunctus*) ao ministério do bispo como adjuntos.[44] Eles eram responsáveis por dirigir a oração congregacional, ler a Escritura durante liturgia, servir o vinho durante a eucaristia e instruir os catecúmenos antes do batismo.[45] Esta última responsabilidade foi o assunto do livro de Agostinho intitulado *A instrução dos catecúmenos*.

De acordo com os seus sermões e cartas, alguns subdiáconos viviam com ele no mosteiro clerical de Hipona, e sua principal responsabilidade era distribuir cartas.[46] Embora pouco se saiba sobre os acólitos, sua função primária era ler ou entregar cartas.[47]

Os leitores conduziam o cântico de Salmos e liam as Escrituras durante a assembleia reunida para culto. Provavelmente, Agostinho incorporou Salmos na liturgia, seguindo a prática de Ambrósio em Milão.[48] Como acontecia sob Cipriano, Ambrósio e Basílio, os leitores que serviam com Agostinho eram jovens e dotados de vozes claras para a leitura e para o canto.[49] Como foi observado no fim do capítulo 2, os clérigos precisavam ter um certo nível de educação para poderem ler as Escrituras para si e para torná-las acessíveis a outros.[50] Por conseguinte, o leitor não era selecionado meramente por sua clara voz ou por suas qualificações espirituais; também se

---

[44] Ver JONCAS, "Clergy, North African", ATTA, 215. *Adiunctus* foi o termo empregado para descrever o diácono Deográcias (Deogratias), de Cartago, em *On the Instruction of Beginners*, 1.1. Também HEFELE, Charles J., *A History of the Councils of the Church: From the Original Documents, Vol. II* (Edimburgo: T&T Clark, 1896), p. 413.

[45] *Carta* 55.31; *Sermões*, 356.1; 304; também HEFELE, *History of the councils*, 2:414; BACCHI, *Ordained Ministry*, p. 71; JONCAS, "Clergy, North African", ATTA, 215; e LIENARD, "Ministry", p. 569.

[46] *Sermão* 256; *Cartas* 39.1; 222.3; ver LIENHARD, "Ministry", p. 569; JONCAS, "Clergy, North African", ATTA, 216; e BACCHI, *Ordained Ministry*, p.66-67.

[47] *Cartas* 191.1; 192.1; 193.1; 194.1; ver LIENHARD, "Ministry", ATTA, 568.

[48] *Sermão* 17.1.1; *Expositions in Psalms*, 32.2.1.5; 138.1; *Carta* 64.3; ver LIENHARD, "Ministry", p. 568; e VAN DER MEER, *Augustine the Bishop*, p. 326.

[49] Ver JONCAS, "Clergy, North African", ATTA, 216.

[50] Ver GAMBLE, *Books and Readers*, 9,10; e ACHTEMEIER, Paul, "*Omne verbum sonat*: The New Testament and the Oral Environment of Late Western Antiquity", *JBL* 109 (1990), p. 15-16.

exigia dele bom nível de leitura para realizar seu ministério. Finalmente, como Cipriano, Agostinho dava grande importância à leitura da Escritura na igreja. Isso se evidencia no *Sermão* 356, quando Agostinho tomou as Escrituras que já tinham sido lidas por um diácono, e disse: "Também quero ler. Dá-me mais prazer, como vocês podem ver, ler estas palavras, do que argumentar defendendo a minha causa com minhas próprias palavras".[51]

COMO AGOSTINHO MENTOREAVA?

As fontes primárias mais instrutivas sobre o mentoreado de Agostinho são suas *Confissões* e seus sermões, cartas e a *Regra*, como também a obra de Possídio intitulada *Vida de Agostinho*. Esses escritos revelam que as formas mais significativas do mentoreado de Agostinho incluíam o mosteiro, as cartas, os livros, os concílios das igrejas e as visitas pessoais.

O mosteiro

Desde sua juventude Agostinho tinha demonstrado uma forte necessidade de outros. Quando professor de retórica em Milão, ele formou uma comunidade de amigos que tinham afinidade filosófica com ele em sua busca da "vida feliz". Não surpreende que, uma vez que Agostinho se tornou cristão, ele quis também prosseguir em sua fé no contexto de amigos. Ladner escreve:

> A vida inteira de Agostinho, desde sua conversão, foi, em um sentido, um "itinerário monástico", e o impulso de sua natureza só pode ter sido muito pessoal. Grande parte disso deveu-se à forte necessidade que Agostinho sentia de amizade, para poder compartilhar os interesses mais profundos de sua alma com amigos que procuravam a mesma coisa.[52]

---

[51] *Sermão* 356.1.

[52] Ver LADNER, G. B., *The Idea of Reform: Its Impact on Christian Thought and Action in the Age of the Fathers* (New York: Harper & Row, 1967), p. 353.

COMO AGOSTINHO ABORDA A FUNÇÃO DE MENTOR

Além de sua inclinação pessoal para amizade e comunidade, Agostinho foi também influenciado para o modo de vida monástico enquanto esteve na Itália. Como foi observado em *Confissões*, um aspecto que atraiu Agostinho quando ele se aproximava da conversão foi o estilo de vida de Antônio. Ele também foi exposto a uma comunidade de monges que viviam sob a supervisão de Ambrósio nas cercanias de Milão, e a outra comunidade que havia em Roma e que ele visitou em 388, quando em trânsito para a África.[53] Sua obra *Sobre a moral católica e a moral dos maniqueístas* revela que Agostinho foi atraído pelo monasticismo cristão devido à sua repulsa pelo falso asceticismo que ele observou em primeira mão durante os seus nove anos de envolvimento com a seita.[54] Junto ao fato de Agostinho ter-se exposto aos monges de Milão, Ambrósio provavelmente falou com Agostinho sobre Eusébio de Vercelli (m. 371), o primeiro bispo italiano a unir clero e comunidade monástica.[55]

Agora vamos explorar os estágios do itinerário monástico de Agostinho: primeiro, Cassicíaco (386-387), quando se preparou para o batismo na companhia de amigos; segundo, a comunidade de servos de Deus em Tagaste (388-391); terceiro, o mosteiro no jardim de Hipona (391-395); e finalmente o mosteiro clerical de Hipona (395-430).

Cassicíaco. Em seguida à sua conversão, ocorrida em 386, e pouco antes do período de férias, Agostinho retirou-se para a propriedade campestre de seu amigo Verecundus, em Cassicíaco.[56] Ele escreveu

---

[53] *Confissões*, 8.6.15; *On the Catholic and Manichean Ways of Life*, 1.33.70; também BROWN, *Augustine*, p. 119.

[54] *On the Catholic and Manichean Ways of Life*, 1.18.34; 2.19.68; ver CLARK, Elizabeth, "Asceticism", ATTA, 68; e COYLE, J. Kevin, *"Moribus ecclesiae catholicae et de moribus manicheorum, De"*, ATTA, 571.

[55] AMBROSIO, *Cartas*, 63.66; 66; 71; ver LADNER, *The Idea of Reform*, p. 352-353; ZUMKELLER, Adolar, *Augustine's Ideal of the Religious Life*, tradução de Edmund Colledge (New York: Fordham University Press, 1986), p. 45; e VAN DER MEER, *Augustine the Bishop*, p. 199.

[56] A localização de Cassicíaco nos tempos modernos é, provavelmente, em Cassiago di Brianza, situada a 21 milhas (34 km) ao nordeste de Milão. Ver DI BERARDINO, "Cassiciacum", ATTA, 135.

que ali "achou repouso [...] do agito do mundo" e procurou alcançar "conhecimento de Deus e da alma".[57] Juntaram-se a ele em Cassicíaco sua mãe Mônica, seu filho Adeodato, seu irmão Navígio, seus primos Lastidiano e Rústico, seus alunos Licêncio e Trigécio, como também Alípio. Esse grupo de familiares e amigos passou sete meses junto no outono e no inverno de 386 e 387, antes de voltar para Milão na Páscoa, onde Agostinho foi batizado junto com Adeodato e Alípio.[58]

Qual era o propósito de Cassicíaco? Era simplesmente uma escola filosófica, ou devemos considerá-lo como o primeiro mosteiro de Agostinho? Para responder a essas perguntas devemos considerar a rotina e as atividades diárias do grupo. Em geral a agenda era bastante flexível. O grupo se levantava para oração coletiva todo dia ao amanhecer, e também terminava o dia em oração. Agostinho escreveu que ele, pessoalmente, passava o tempo, todos os dias, lendo Salmos e buscando a Deus.[59] Como Cassicíaco era uma propriedade campestre dentro de uma fazenda, o grupo também trabalhou nos campos durante o tempo da colheita e realizou outros deveres na fazenda.[60] Convivendo como uma família, comiam as refeições juntos, servidos por Mônica, que fazia o papel de mãe do grupo todo.[61]

Agostinho tinha decidido deixar de lecionar, mas aceitou a incumbência de instruir dois rapazes — Licêncio e Trigécio — sobre a *Eneida* de Virgílio.[62] Embora seja improvável que os outros membros do grupo se juntaram aos dois rapazes em seu curso de estudos, como Kevane sugeriu, Agostinho assumiu o papel de professor para o

---

[57] *Confissões*, 9.3.5; *Soliloquies*, 1.2.7 (tradução de Zumkeller, *Augustine's Ideal*, p.8).

[58] *Confissões*, 9.6.14; ver ZUMKELLER, *Augustine's Ideal*, p. 9.

[59] Ver *On Order*, 1.8.25; *Carta* 3.4; LAWLESS, *Monastic Rule*, p. 30; ZUMKELLER, *Augustine's Ideal*, p. 9; *Confissões*, 9.4.8; e BONNER, *St. Augustine*, p. 94.

[60] *Against the Skeptics*, 1.5.15; 2.4.10; ver LAWLESS, *Monastic Rule*, p. 30; ZUMKELLER, *Augustine's Ideal*, p. 9; e BONNER, St. Augustine, p. 93.

[61] *Against the Skeptics*, 1.9.25; 2.5.13; ver McWILLIAM, Joan, *"Academicos, contra"*, ATTA, 2,3; e BONNER, *St. Augustine*, p. 93.

[62] *On Order*, 1.8.26; 2.4.10; ver MAC CORMACK, Sabine, "Vergil", ATTA, 865; e LAWLESS, *Monastic Rule*, p. 29.

grupo no sentido de que ele os incentivava nas disciplinas de leitura e de estudo.[63] O tipo mais significativo de aprendizagem que se fazia em Cassicíaco era o diálogo. Durante seu tempo de lazer no meio da manhã ou no fim da tarde, o grupo se reunia para diálogos que foram preservados sob os títulos de *Contra os acadêmicos* [ou *Contra os céticos*], *Sobre* a *vida feliz* e *Sobre a Ordem*.[64] Lawless resume o programa diário seguido em Cassicíaco como "trabalho (físico e intelectual), meditação (filosófica e cristã), oração, e sério diálogo sobre uma variedade de temas".[65]

Apesar do tempo de Agostinho em Cassicíaco e os diálogos registrados serem mais frequentemente estudados por eruditos através de lentes filosóficas, seria ter uma visão muito curta considerar Cassicíaco como um mero retiro filosófico no sentido romano clássico.[66] Embora os diálogos fossem, como certamente eram, caracterizados pela busca da verdade via filosofia, e fosse feita regular referência a gente como Virgílio e Cícero, os diálogos também revelam um grupo de amigos que acreditavam que as respostas estavam em Cristo, na igreja e nas Escrituras.[67] Uma vez que o programa do dia incluía oração, leitura da Escritura e trabalho, a experiência foi mais que um retiro filosófico. O fato de uma tentativa de manter uma comunidade filosófica para busca da "vida feliz" ter fracassado apenas uns poucos meses antes do encontro em Cassicíaco mostrou que este último tinha propósitos maiores do que mera especulação filosófica.[68]

---

[63] Ver KEVANE, Eugene, *Augustine the Educator* (Westminster, MD: Newman, 1954), p. 60-61; *Against the Skeptics*, 1.1.4; 1.3.6; 3.1.1; e LAWLESS, *Monastic Rule*, p. 31.

[64] Ver ZUMKELLER, *Augustine's Ideal*, p. 10. A obra *Soliloquies*, de Agostinho, também foi registrada em Cassicíaco, mas eu não a agrupei com as outras por ser um monólogo.

[65] Ver LAWLESS, *Monastic Rule*, p. 36-37.

[66] Ver BONNER, *St. Augustine*, p. 93.

[67] *Against the Skeptics*, 3.20.43; *On the Happy Life*, 4.34,35; *Soliloquies*, 1.2.7; ver McWILLIAM, *"Academicos, contra"*, ATTA, 4; McWILLIAM, *"Beata vita, De"*, ATTA, 94,95; McWILLIAM, *"Ordine, De"*, p. 602-603; e McWILLIAM, *Soliloquia"*, p. 806-807.

[68] Ver MANDOUZE, *L'aventure*, p. 195-196.

LIÇÕES DE LIDERANÇA DE AGOSTINHO

Conquanto Cassicíaco não tenha sido simplesmente uma experiência sobre filosofia, não deve ser considerado como o primeiro mosteiro de Agostinho.[69] Moradia comunal, oração, leitura da Escritura e trabalho manual estavam presentes, mas ainda faltavam os fundamentos teológicos e um comprometimento de longo prazo da futura comunidade de Agostinho. Refletindo sobre a experiência em *Confissões* uns dez anos mais tarde, Agostinho admitiu que o seu trabalho e os seus escritos em Cassicíaco tinham "uma lufada de orgulho de um estudioso".[70] Quando se aproximava o fim da sua vida, em sua obra intitulada *Retratações*, ele se retratou de parte do seu pensamento filosófico expresso nos diálogos de Cassicíaco.[71] Zumkeller considera a experiência de Cassicíaco como um "período de transição" para Agostinho, e Bonner a considera um período de reflexão e de preparação para o batismo.[72] Zumkeller acrescenta: "Certamente, o círculo de amigos em Cassicíaco não era ainda uma comunidade monástica, mas tinha sido lançado o alicerce para o novo modo de vida que seria estabelecido em Tagaste e em Hipona".[73]

No contexto dessa união pré-monástica em Cassicíaco, como Agostinho funcionava como mentor? Primeiro, ele era o líder natural do grupo. Sua visão, seu carisma, seu espírito de iniciativa e sua disposição natural para a amizade, fizeram dele o catalisador que inicialmente juntou o grupo e o manteve durante sete meses. Segundo, ele mentoreou o grupo servindo como seu mestre primário. Às vezes, os seus métodos de ensino incluíam leitura básica, cujo conteúdo era extraído de um texto filosófico ou das Escrituras. Todavia, o método chave de ensino consistia em iniciar e facilitar diálogo de grupo. Seu

---

[69] Ver BARDY, "Les Origines des Écoles Monastiques en Occident", *Sacris Erudiri* 5 (1953), p. 94; HALLIBURTON, R. J., "The Inclination to Retirement: The Retreat of Cassicíaco and the 'Monastery' of Tagaste", *Studia Patristica* 5 (TU 80) (1962): p. 329-340; e MANDOUZE, *L'aventure*, p. 201.

[70] *Confissões*, 9.4.7.

[71] *Reconsiderations*, 1.1-3; ver ZUMKELLER, *Augustine's Ideal*, p. 10.

[72] Ver ZUMKELLER, *Augustine's Ideal*, p.10; e BONNER, *St. Augustine*, p. 94.

[73] Ver ZUMKELLER, Augustine's Ideal, p. 13; e MANDOUZE, *L'aventure*, p. 193.

COMO AGOSTINHO ABORDA A FUNÇÃO DE MENTOR

ensino de filosofia era centrado nos alunos, e os tópicos para discussão eram guiados pelos interesses dos participantes, porque ele acreditava que o diálogo externo servia para incentivar o diálogo interior em cada pessoa.[74] Levando em conta que o diálogo já não estava em voga no mundo romano, Howie argumenta que Agostinho ainda valorizava o referido método, e que os diálogos tinham um distinto aroma ciceroniano para ele e seus companheiros.[75] Em sua obra *Solilóquios*, Agostinho afirmou que "não há melhor maneira de buscar a verdade do que pelo método de pergunta e resposta".[76] Embora o papel chave de Agostinho fosse inspirar pensamento e facilitar discussão, às vezes ele exercia alguma autoridade fechando uma discussão e oferecendo uma conclusão.[77] Provavelmente, Agostinho preferia o método de diálogo, em parte como uma reação contra sua experiência pessoal como estudante, quando a ênfase era a aprendizagem pela memorização e pela comunicação eloquente.[78]

Tagaste. Quando Agostinho e seus companheiros viajaram para Roma em 387 para içarem velas para Cartago, foram detidos inesperadamente pela invasão da Itália por Máximo [imperador romano, 383-388], e pelo subsequente fechamento dos portos romanos. O grupo decidiu aguardar os acontecimentos na vizinha Óstia, pequena cidade portuária onde Agostinho e Mônica experimentaram juntos sua famosa visão e onde foi dado descanso a Mônica.[79]

A demora em Roma permitiu a Agostinho visitar e observar as atividades internas de diversos mosteiros. Em sua obra *Sobre a moral*

---

[74] Ver *Against the Skeptics*, 2.10.28; ver KEVANE, *Augustine the Educator*, p. 63, p. 93, p. 98; JERPHAGNON, Lucien, *Saint Augustin, le Pédagogue de Dieu* (Paris: Découvertes Gallimard, 2002), p. 66; e BARDY, *Saint Augustin*, p.121.

[75] Ver HOWIE, George, *Educational Theory and Practice in St. Augustine* (New York: Teachers College Press, 1969), p.164.

[76] *Soliloquies*, 2.7.14; tradução inglesa de Howie, *Educational Theory and Practice*, p. 170.

[77] *Against the Skeptics*, 1.3.7; ver KEVANE, *Augustine the Educator*, e BARDY, *Saint Augustin*, p. 119.

[78] *Confissões*, 1.18; 3.4; ver KEVANE, *Augustine the Educator*, p. 38, p. 41, p. 46.

[79] Ver BROWN, *Augustine*, p. 121; e *Confissões*, 10.23-11.28.

católica e a moral dos maniqueístas, escrita em 388 ou 389, em seu retorno à África, ele relatou que havia encontrado grupos de homens santos vivendo juntos em casas, em um modo de viver estruturado e focado em Deus. Eles compartilhavam suas posses, em comum; aderiam à disciplina em seu regime alimentar; e seguiam um plano diário de oração, leitura da Escritura e diálogo.[80] A interação de Agostinho com os mosteiros de Roma, não somente solidificou sua convicção de que o monasticismo era um estilo de vida aceitável, mas também lhe deu alguns claros princípios e ideias para aplicar em Tagaste.[81]

Em sua chegada a Tagaste em 388, Severo reuniu Agostinho, Adeodato, Alípio e Evódio na propriedade da família de Agostinho. Esta viria a ser a segunda fase do itinerário monástico de Agostinho.[82] Para entendermos melhor essa comunidade, consideremos de novo as suas atividades diárias e os seus valores.

Possídio registrou que os três anos passados em Tagaste foram "vividos para Deus em jejum, oração e boas obras, e em meditar dia e noite na lei do Senhor".[83] Como acontecia em Cassicíaco, em Tagaste também não havia programa diário fixo, apesar de Bardy ter afirmado que o grupo seguia uma certa regra monástica que especificava valores monásticos tais como obediência e pobreza, e fornecia um programa diário para leitura e trabalho.[84] Embora a alegação de Bardy não encontre apoio nas obras de Agostinho, é certo que cada dia na comunidade de Tagaste era caracterizado por oração, jejum, boas obras e leitura da Escritura, como também pelo cântico de Salmos e pela leitura de outros livros de orientação espiritual.[85]

---

[80] *On the Catholic and Manichean Ways of Life*, 1.33.70; 1.31.67,68; 71-73; ver LAWLESS, *Monastic Rule*, p. 40.

[81] Ver CLARK, Mary T., *Augustine* (Washington, DC: Georgetown University Press, 1994), p. 85.

[82] POSSÍDIO, *Vida de Agostinho*, 3.1; ver BARDY, *Saint Augustin*, p. 142.

[83] POSSÍDIO, *Vida de Agostinho*, 3.2; também Salmos 1.2; Lucas 2.37.

[84] Ver BARDY, *Saint Augustin*, p. 145, p. 161

[85] Ver LAWLESS, *Monastic Rule*, p. 48.

Como fora em Cassicíaco, o grupo valorizava a aprendizagem coletiva por meio de discussão. *O Mestre*, diálogo de Agostinho com Adeodato, retrata o aprendizado em grupo que ocorreu em Tagaste, enquanto que *Sobre oitenta e três diversas questões*, um recurso escrito para outros líderes espirituais, foi inicialmente inspirado pelas conversações de Agostinho com o grupo.[86] Como Possídio observou, o grupo também passava parte do seu dia trabalhando. Diferente do trabalho manual feito em Cassicíaco ou pelos monges de Pacômio, os servos de Deus em Tagaste realizavam trabalho intelectual, que incluía leitura, estudo e ensino.[87]

A comunidade de Tagaste mantinha-se unida em torno do objetivo comum de progresso em direção à perfeição espiritual, evidenciado por um regime diário de disciplinas espirituais. Devido à convicção que eles tinham de que a própria comunidade efetuava crescimento espiritual, estavam constantemente juntos. Cada membro do grupo renunciou às suas propriedades privadas, e todos compartiam juntos seus bens.[88] Embora Bardy note aqui a influência monástica egípcia, também devemos notar a influência mais imediata da experiência de Agostinho em Roma.[89] Finalmente, a comunidade dava valor a ter um superior espiritual — papel exercido por Agostinho.

Brown, comentando a volta de Agostinho para Tagaste, escreve: "O centro de gravidade do pensamento de Agostinho tinha começado a deslocar-se. Ele tinha voltado para a África sem seus compêndios, e os seus projetos de um programa intelectual baseado nas artes liberais agora pareciam distantes".[90] O grupo de Tagaste passou a preocupar-se mais com o crescimento espiritual.[91]

---

[86] *Confissões*, 9.6.14; ver ZUMKELLER, *Augustine's Ideal*, p. 25.

[87] Ver LAWLESS, *Monastic Rule*, p. 50.

[88] Ver BARDY, *Saint Augustin*, p. 145; *Cartas*, 5; 83.2; ver ZUMKELLER, *Augustine's Ideal*, p. 29-30; e MANDOUZE, *L'aventure*, p. 209.

[89] Ver BARDY, "Les origines des écoles monastiques en occident", *Sacris Erudiri* 5 (1953), p. 95.

[90] Ver BROWN, *Augustine*, p. 127; também *Carta* 15.1.

[91] Ver ZUMKELLER, *Augustine's Ideal*, p. 29.

Conquanto Agostinho nunca se tenha referido ao experimento de Tagaste como de um mosteiro (*monasterium*),[92] as atividades diárias e os valores realmente lembram muito a atividade monástica cenobítica demonstrada por Pacômio e Basílio.[93] Lawless, argumentando no sentido de que Tagaste era um mosteiro legítimo, escreve: "A experiência vem primeiro, sua articulação vem depois. A conceptualização ordinariamente representa uma tentativa de encapsular uma experiência depois que esta se cristalizou".[94] Embora esse argumento seja atraente, ainda assim eu continuo hesitante em afirmar que Tagaste foi um mosteiro, porque se vê que o grupo carecia de um foco monástico exclusivamente cristão, mas dava continuidade à especulação filosófica. Isso é muito evidente nas "boas obras" de Agostinho ou em seus escritos que muitas vezes eram inspirados pelo grupo de diálogo. Sua obra *Sobre a música*, iniciada depois do seu batismo em 387 e concluída em Tagaste, é similar aos diálogos de Cassicíaco, e foca os temas filosóficos de "particularidade, conexão, movimento, e tempo".[95] *O Mestre*, terminada em Tagaste por volta de 389, trata das questões filosóficas de sinais, o sentido dos sinais, e sinais representando a realidade.[96] O livro de Agostinho intitulado *Sobre oitenta e três diversas questões*, obra de respostas sobre filosofia, teologia e exegese escriturística, foi iniciado em Tagaste em 388 e concluído em Hipona em 396. As perguntas respondidas por Agostinho durante o período em Tagaste eram quase exclusivamente filosóficas.[97] Sua

---

[92] Para mais dados sobre esta questão, ver LAWLESS, "Augustine's First Monastery: Thagaste or Hippo", *Augustinianum* 25 (1985): p. 65-78; L. Johan van der Lof, "The Threefold Meaning of *Servi Dei* in the Writings of Saint Augustine", *Augustinian Studies* 12 (1981): p. 43-59; HALLIBURTON, "Inclination to Retirement", *Studia patristica* 5 (TU 80) (1962): p. 329-40; ZUMKELLER, *Augustine's Ideal*, p. 24-32; MANDOUZE, *L'aventure*, p. 201-209; e MELLET, M., *L'Itineraire et L'Ideale Monastique de Saint Augustin* (Paris: Desclée De Brouwer, 1934), p. 19.

[93] Ver VAN DER LOF, "Threefold Meaning", p. 54.

[94] Ver LAWLESS, *Monastic Rule*, p. 58.

[95] Ver VAN DEUSEN, Nancy, *"Musica, De"*, ATTA, 574.

[96] Ver KRIES, Douglas, *"Magistro, De"*, ATTA, 520.

[97] Ver PLUMER, Eric, *"Diversus Qaestionibus Octoginta Tribus, De"*, ATTA, 276-277.

última obra oriunda de Tagaste, *A verdadeira religião*, foi escrita para Romaniano com o objetivo de ajudar seu amigo a apartar-se completamente do pensamento maniqueu e a aceitar a fé cristã. Apesar de apologética, fazendo uma ponte daquilo que Romaniano conhecia do cristianismo, a obra ainda mantém alta consideração por Platão.[98]

Por outro lado, duas das seis obras de Agostinho completadas em Tagaste têm mais interesse pelo ensino puramente cristão. Ambas também são apologias ou obras de defesa cristã contra os maniqueus. Em *Sobre Gênesis, contra os maniqueístas*, ele apresentou uma exegese da narrativa da criação em Gênesis para contestar o que Agostinho considerava um falso ensino dos maniqueus.[99] Em *Sobre a moral católica e a moral dos maniqueístas*, ele defendeu as Escrituras hebraicas contra ataques maniqueus, mostrou a superioridade do asceticismo cristão e apresentou as virtudes cardinais do cristianismo.[100]

Esse batistério do quarto século, em Sufétula (moderna Sbeitla, Tunísia), é um dos batistérios melhor preservados do mundo romano (foto: Marcus Brooks).

---

[98] *Carta* 15; ver VAN FLETEREN, Frederick, *"Vera Religione, De"*, ATTA, 864.
[99] Ver COYLE, *"Genesi adversus manicheos, De"*, ATTA, 378,79.
[100] Ver COYLE, *"Moribus Ecclesiae Catholicae et de Moribus Manicheorum, De"*, ATTA, 571.

A correspondência de Agostinho quando estava em Tagaste também nos dá um *insight* do seu foco. Em sua correspondência com Nebrídio, que fala de "Cristo, de Platão, de Plotino", quatro cartas evidentemente trataram de questões filosóficas, ao passo que as outras duas eram teológicas.[101] Suas cartas finais, de Tagaste, eram mais orientadas espiritualmente: ao pagão Máximo, de Madaura, uma carta apologética em prol do cristianismo; a Celestino, material de consulta com entendimento teológico sobre a natureza de Deus e de Cristo; a Gaio, um convite para a verdade de acordo com a igreja; e a Antonino, congratulações por sua nova fé cristã e incentivo a ler a Escritura.[102]

Os interesses divididos que impediram o grupo de Tagaste de ser um mosteiro amplo e pleno também ficaram claros quando Agostinho foi ordenado por Valério em 391. Se o grupo de Tagaste fosse um mosteiro em funcionamento, onde a leitura e o estudo da Escritura constituiriam o foco primordial, por que Agostinho pediu a Valério um período de estudo antes de assumir seus deveres como presbítero? Embora Agostinho tenha deixado seus livros de filosofia para trás, na Itália, ele continuou a ocupar-se de uma especulação filosófica que caracterizou muitos dos seus escritos em Tagaste. Ele ainda se sentia mal preparado em seu conhecimento das Escrituras, quando foi chamado por Valério para ser ordenado. Contudo, os seus escritos e as suas cartas posteriores, produzidos em Tagaste, mostram realmente uma crescida ênfase à teologia e à exegese escriturística. Sua reputação como apologista e mestre emergente em seu último ano em Tagaste provavelmente atraiu a atenção de Valério.

---

[101] *Carta* 6.1. Na *Carta* 7, ele escreveu sobre a relação das imagens com a memória; em *Carta* 9, emitiu suas ideias sobre a causa dos sonhos; em *Carta* 13, discutiu o corpo e a alma; e na *Carta* 14, respondeu a perguntas sobre a relação entre os corpos, o sol, os planetas, Cristo, e Deus no universo. Ver *Cartas*, 5, 6, 8 para verificar as perguntas de Nebrídio e as respostas. Na *Carta 11*, ele escreveu sobre como só o Filho tinha corpo, e sua relação com a Divindade; ao passo que na *Carta* 12 ele deu seguimento à carta anterior com mais pensamentos sobre a encarnação.

[102] *Cartas*, 17-20.

COMO AGOSTINHO ABORDA A FUNÇÃO DE MENTOR

Um motivo final pelo qual eu tenho dificuldade em considerar Tagaste um mosteiro é que lhe faltava o foco de uma comunidade existente para servir a igreja e funcionar sob a sua autoridade. Os mosteiros de Pacômio, Basílio e Ambrósio, como também os que Agostinho observou em Roma, submetiam-se consistentemente à autoridade da igreja e normalmente eram supervisionados por um bispo ou por um presbítero.[103] Não há prova de que Agostinho e amigos se alinharam de algum modo à igreja quando estabeleceram a comunidade de Tagaste. Antes, nessa época, Agostinho não tinha o clero em alta consideração.[104] E mais, enquanto grande parte da atividade intelectual de Tagaste beneficiou membros do grupo, pouco fez para acudir e assessorar os membros da igreja local de Tagaste.

Por conseguinte, Tagaste, embora com maior inclinação espiritual do que Cassicíaco, ainda assim mais parecia um lugar de lazer do que um mosteiro, em grande parte da sua existência. Contudo, os últimos escritos e as últimas cartas de Tagaste de fato se tornaram cada vez mais interessados em exegese escriturística e em apologética cristã. No ano final em Tagaste, Agostinho, por meio dos seus escritos e do seu ensino, veio a ser, ao que parece, uma fonte de recursos para a comunidade cristã mais ampla, que o mantinha ocupado.[105] Assim, Tagaste foi também um período de transição entre o encontro mais contemplativo em Cassicíaco e o mosteiro de Hipona, desenvolvido e focado na igreja. Portanto, inclino-me a concordar com os que consideram Tagaste como protomonástico ou como um "pré-mosteiro".[106]

---

[103] *On the Catholic and Manichean Ways of Life*, 1.33,70. Se bem que a *koinonia* de Pacômio não era supervisionada diretamente por membros do clero, não obstante Pacômio mantinha uma postura de humilde submissão para com a igreja e para com Atanásio. Ver HARMLESS, William, *Desert Christians: An Introduction to the Literature of Early Monotheism* (Oxford: Oxford University Press, 2004), p. 119.

[104] POSSÍDIO, *Vida de Agostinho*, 4.3.

[105] *Cartas*, 13,14.

[106] Ver BROCKWELL, Charles, "Augustine's Ideal of Monastic Community: A Paradigm for his Doctrine of the Church", *Augustinian Studies* 8 (1977): p. 95; MOHRMAN, Christine, *Études sur le Latin des Chrétiens, Vol. IV* (Roma: Edizioni di Storia e Letteratura, 1977), p. 300; e LAWLESS, "Augustine's First Monastery", p. 66-67.

Como foi, então, que Agostinho funcionou como mentor? Primeiro, como em Cassicíaco, ele continuou a agir como mentor sendo o catalisador para o grupo, tanto em seu início como em sua continuação. Segundo, Agostinho emergiu mais em Tagaste como o superior em relação ao grupo, no sentido de que não somente dava direção às atividades espirituais diárias, mas também exercendo certa autoridade sobre o grupo. Terceiro, ele continuou sua prática de Cassicíaco, que consistia em ensinar por meio de diálogo. Quarto, escrevendo livros e cartas, ele começou a oferecer recursos a cristãos e a líderes espirituais de fora da comunidade de Tagaste, particularmente no último ano. Finalmente, por meio de material apologético escrito, e talvez ministrado oralmente, contra os maniqueus e os pagãos, Agostinho começou a desenvolver alguma convicção quanto à doutrina ortodoxa e ao primado da Escritura.

O mosteiro do jardim de Hipona. Logo no início de 391, Agostinho viajou as 60 milhas até Hipona para estudar a possibilidade de estabelecer uma comunidade de servos de Deus ali, e para visitar um homem que poderia juntar-se a eles.[107] Uma vez que Hipona tinha um bispo, Agostinho sentiu-se suficientemente seguro para frequentar a igreja. Contudo, quando Valério o escolheu para o ministério, abriu um novo caminho para o itinerário monástico de Agostinho. O bispo alegrou-se em ver que o seu novo presbítero queria continuar a praticar o estilo de vida monástico, e lhe deu recursos para esse fim, doando-lhe um lote de terreno no jardim da igreja para edificar uma casa para a sua comunidade. A comunidade do recém-ordenado monge-presbítero romperia com Tagaste e se tornaria um verdadeiro mosteiro, sob a autoridade da igreja e funcionando para o benefício desta.[108]

A comunidade de Tagaste continuou, mas Alípio, Severo e Evódio mudaram-se para Hipona com Agostinho.[109] Kevane escreve que o

---

[107] *Sermão* 355.2; POSSÍDIO, *Vida de Agostinho*, 3.1; ver ZUMKELLER, *Augustine's Ideal*, p. 33.

[108] Ver MANDOUZE, "L'èvêque", p. 145.

[109] *Cartas*, 31; 33.2; ver BARDY, *Saint Augustin*, p. 160.

COMO AGOSTINHO ABORDA A FUNÇÃO DE MENTOR

novo mosteiro de Hipona atraiu "membros em considerável número", de "várias idades e níveis de educação", estando incluídos jovens, ex-escravos, camponeses, trabalhadores comuns, como também homens ricos e ilustres.[110] Alguns eram naturais de Hipona; outros vinham de outras partes da África. Os novos monges incluíam clérigos, leigos e até catecúmenos.[111]

Diferentemente de Cassicíaco e de Tagaste, a comunidade de Hipona seguia um programa rígido. Como a rotina diária incluía oração pessoal e coletiva, o mosteiro do jardim provavelmente tinha uma cela para cada monge, para facilitar a oração pessoal, mas tinha também um oratório para oração em grupo. A agenda do dia consistia de leitura da Escritura bem como leitura de outros livros espiritualmente nutritivos cedidos por uma biblioteca que havia na casa.[112] Cada pessoa no mosteiro tinha trabalho para fazer todo dia. Os clérigos ocupavam-se com o trabalho da igreja, e os leigos eram envolvidos em trabalho físico, que podia incluir o serviço de copista. Todos comiam as refeições juntos.[113]

Que valores caracterizavam o mosteiro de Hipona? Primeiro, seu foco estava na igreja. Como faziam Ambrósio em Milão e o presbítero de Roma cujo nome não é dado, Agostinho presidia à comunidade fazendo uso de sua autoridade como presbítero da igreja de Hipona. O trabalho realizado pelos monges, fosse grande ou pequeno, era focado nas necessidades da igreja. Agostinho procurou moldar isso nos monges de Caprária, em sua carta a eles em 398.[114] Zumkeller resume: "Cada vez mais ele reconhecia que

---

[110] Ver KEVANE, *Augustine the Educator*, p. 119; *Carta* 209.3; *On the Work of Monks*, 22.25; 25.33; e ZUMKELLER, *Augustine's Ideal*, p. 37.

[111] *Carta* 64.3; *Sermão* 356;4; ver ZUMKELLER, *Augustine's Ideal*, p. 37.

[112] *On the Work of Monks*, 18.21; *Rule*, 2.2; 5.10; ver ZUMKELLER, *Augustine's Ideal*, p. 36-38.

[113] *Rule*, 5.8,9; 3.2; *On the Work of Monks*, 29.37; *Exposition in Psalms*, 99.12; ver ZUMKELLER, *Augustine's Ideal*, p. 38.

[114] *Carta* 48; também *Cartas*, 130; 147; 217; 231; *On the Work of Monks*, 29.37; BROCKWELL, "Augustine's Ideal of Monastic Community: A Paradigm for his Doctrine of the Church", p. 105; e LAWLESS, *Monastic Rule*, p. 62.

o serviço à igreja era uma tarefa que agradava à vontade de Deus, à qual a confortável tranquilidade das comunidades monásticas sempre deveria dar lugar".[115]

Um segundo e inter-relacionado valor era o treinamento do clero. Quando Agostinho voltou para a África, encontrou a igreja sitiada pelos maniqueus, pelos donatistas, pelos arianos e por pagãos. Pior ainda, ele descobriu que muitos membros do clero africano estavam mal preparados para ensinar as Escrituras ou para montar uma apologética contra os rivais da igreja. Um motivo pelo qual ele ensinou o Credo no concílio de Hipona em 393 foi educar os bispos e os clérigos que eram fracos em seu entendimento teológico.[116] Trapé observa: "Ele viu esta forma de vida não somente como um significativo modo de viver o evangelho... mas igualmente um meio eficiente de dar renovado vigor à igreja na África".[117] A disciplina diária de oração, estudo e leitura da Escritura, bem como uma regular interação com o ensino de Agostinho, prepararam muitos monges para um possível ministério futuro na igreja. Como resultado, alguns membros do mosteiro de Hipona começaram a ser ordenados como clérigos. Alípio foi ordenado bispo antes de Agostinho, sendo separado para servir a igreja de Tagaste, seu torrão natal, em 394.[118]

Finalmente, Agostinho levou consigo, de Tagaste, a convicção de que se deveria renunciar a toda propriedade pessoal e de que tudo deveria ser partilhado em comum. Possídio descreveu o mosteiro de Hipona como "seguindo a forma de vida e as normas que tinham sido estabelecidas sob os santos apóstolos. O requisito mais importante

---

[115] Ver ZUMKELLER, *Augustine's Ideal*, p. 35.

[116] Ver TRAPÉ, Agostino, *Saint Augustin: l'homme, le pasteur, le mystique* (Paris: Fayard, 1988), p. 119; HAMMAN, *Études Patristiques*, p. 276; e BONNER, St. Augustine and his controversies, p. 115.

[117] Ver TRAPÉ, *Saint Augustin*, p. 119 (minha tradução [de Smither]).

[118] Agostinho não se opunha a que monges qualificados fossem ordenados para o ministério, como indicou em *Cartas*, 48; 60.1; POSSÍDIO, *Vida de Agostinho*, p. 11; *A cidade de Deus*, 10.19. Também MANDOUZE, *L'aventure*, p. 219; TRAPÉ, *Saint Augustin*, p. 117; *Carta* 24; e BARDY, "Les origines", p. 209.

era que ninguém dessa comunidade deveria ter propriedade sua, mas, antes, eles deviam ter todas as coisas em comum".[119] Quando Agostinho convidava homens para se unirem a ele no mosteiro, eles não eram admitidos enquanto não renunciavam aos bens que possuíam, faziam voto de pobreza e se comprometiam a viver com simplicidade.[120] Portanto, antes da articulação de qualquer norma monástica, Agostinho e sua comunidade seguiam os princípios básicos da igreja de Jerusalém presentes em Atos 4.31-35.

Nos quatro anos que Agostinho passou como monge-presbítero supervisionando o mosteiro de Hipona, como foi que ele exerceu a função de mentor? Primeiro, como em Cassicíaco e em Tagaste, sua iniciativa e sua liderança atraíam homens para si e sua visão. Em *Sermão* 355, ele lembrou do início do mosteiro: "Comecei a reunir irmãos de boa vontade, meus companheiros na pobreza, os quais nada tinham, como eu, e que me imitavam".[121] Segundo, ele começou a selecionar homens para se ligarem a ele. Em vez de aceitar qualquer homem que se sentia atraído pela ideia da vida monástica, ele só aceitava aqueles que concordavam em seguir a regra dos apóstolos e que se comprometiam a viver uma vida santa.[122] Terceiro, na qualidade de presbítero, ele mentoreava os monges baseado em uma posição de clara autoridade espiritual sobre os homens. Quarto, ele os mentoreava por meio do seu ensino baseado nas Escrituras. Possídio escreveu: "Em casa e na igreja, Agostinho pregava e ensinava a palavra da salvação".[123] Quanto a Agostinho, pregar "em casa" (*in domo*) significava ensinar os irmãos no mosteiro. Também parece plausível que ele continuava a empregar o diálogo como um instrumento de ensino, como fizera em Cassicíaco e em Tagaste, e provavelmente incluía discussão durante as refeições. Quinto, mediante discursos apologéticos proferidos contra

---

[119] POSSÍDIO, *Vida de Agostinho*, 5.1.
[120] *Sermão* 355.2; *Expositions in Psalms*, 75.16; *Carta* 243; ver ZUMKELLER, *Augustine's Ideal*, p. 37-39.
[121] *Sermão* 355.2.
[122] *Cartas*, 243; 78.9.
[123] POSSÍDIO, *Vida de Agostinho*, 7.1.

LIÇÕES DE LIDERANÇA DE AGOSTINHO

os donatistas, os maniqueus e os pagãos, como também mediante livros e sermões "baseados na autoridade das Escrituras Sagradas", Agostinho modelou para seus monges a importância da sã doutrina e do primado da Escritura.[124] Na verdade, "a excelente doutrina e o suave aroma de Cristo" que "eram difundidos e dados a conhecer em toda a África", certamente exerciam um impacto primário sobre os homens que compartilhavam sua casa".[125] Finalmente, conforme Hipona foi ganhando reputação como centro de treinamento para o clero norte-africano, Agostinho começou a separar alguns monges para servirem no ministério ordenado.

O mosteiro clerical (monasterium clericorum). Quando Valério teve êxito em ordenar Agostinho como seu cobispo em 395, também conduziu Agostinho ao próximo estágio em seu itinerário monástico. Mandouze sugere que Agostinho tinha sido um "monge-presbítero" em seguida à sua ordenação em 391, um "monge-bispo" em 395, e finalmente um "bispo-monge", por ocasião da morte de Valério, ocorrida em 396 ou 397.[126] Isto é, os papéis monásticos e eclesiásticos de Agostinho se entrelaçaram no ponto em que o seu fardo quanto ao ministério e sua "vida ativa" (*uita actiua*) tomaram precedência sobre a "vida contemplativa" (*uita contemplatiua*) do mosteiro.[127] Ele teve que lutar com essa tensão durante o seu ministério como bispo-monge. Como Atanásio e Basílio antes dele, Agostinho era um monge que vivia na cidade e que se ocupava da obra da igreja. Essa transição é ilustrada pelo fato dele estabelecer um mosteiro clerical (*monasterium clericorum*) na casa do bispo, quando Valério faleceu.[128] A porta deste novo mosteiro estava aberta para os visitantes e para os necessitados. Agostinho descreveu isso no *Sermão* 355:

---

[124] Ibid., 7.1.3.

[125] Ibid., 7.4.

[126] Ver MANDOUZE, *L'aventure*, p. 219.

[127] *A Cidade de Deus*, 19.19; ver VERHEIJEN, "Saint Augustin", p. 285; VAN DER LOF, "Threefold Meaning", p. 50; e LADNER, *Idea of Reform*, p. 334, p. 398.

[128] Para uma descrição física dos terrenos da igreja, e também da casa do bispo em Hipona, ver VAN DER MEER, *Augustine the Bishop*, p. 20.

COMO AGOSTINHO ABORDA A FUNÇÃO DE MENTOR

Cheguei ao episcopado. Vi que o bispo está sob a necessidade de mostrar bondade hospitaleira a todos os visitantes e viajantes; na verdade, se um bispo não fizesse isso, diriam que lhe falta humanidade. Mas, se esse costume fosse transferido para o mosteiro, não seria próprio. E foi por isso que eu quis ter um mosteiro na residência do bispo.[129]

Por essa razão, Agostinho convidou clérigos e provavelmente alguns dos seus companheiros mais chegados do mosteiro do jardim para aceitarem a ordenação e se unirem a ele no mosteiro clerical. Muito embora Alípio já tivesse partido para Tagaste quando o novo mosteiro teve início, juntaram-se a Agostinho: Severo, Evódio e Possídio, como também ministros ordenados de todas as fileiras do ofício clerical.[130]

O programa diário do mosteiro clerical era parecido com o do mosteiro do jardim. Eles se levantavam cedo para as vigílias matinais e observavam horas estabelecidas durante o dia todo para oração pessoal e coletiva.[131] Enquanto que no mosteiro do jardim os monges oravam no oratório da casa deles, provavelmente os clérigos se reuniam para oração e cântico de Salmos na Basílica da Paz (*Basilica Pacis*), uma igreja que ficava ao lado da casa do bispo.[132] Além do serviço coletivo de oração, eles celebravam a eucaristia diariamente, da qual muitas vezes leigos de Hipona participavam.[133] Os clérigos também passavam cada dia lendo as Escrituras e outros livros de orientação espiritual, fornecidos pela biblioteca.[134] Eles trabalhavam

---

[129] *Sermão* 355.2.

[130] *Carta* 60.1; ver ZUMKELLER, *Augustine's Ideal*, p. 40; e BARDY, *Saint Augustin*, p. 209. Uma lista completa dos que conviviam com Agostinho em p. 425-426, quando irrompeu o escândalo clerical, é dada no *Sermão* 356.

[131] *Expositions in Psalms*, 118.29.4; *Rule* 2.1; ver ZUMKELLER, *Augustine's Ideal*, p. 46, p. 182.

[132] *Carta* 55.18.34; *Expositions in Psalms*, 46.1; *Confissão*, 9.7.15; ver ZUMKELLER, *Augustine's Ideal*, p. 47-49.

[133] *Carta* 54; *Against Faustus, a Manichean*, 19.11; ver ZUMKELLER, *Augustine's Ideal*, p. 50-51.

[134] *Cartas* 55.21, 39; 132; *Sermão* 219; *On the Work of Monks*, 17.20; 29.37; POSSÍDIO, *Vida de Agostinho*, p. 31; ver BROWN, *Augustine*, p. 195; e ZUMKELLER, *Augustine's Ideal*, p. 46, p. 187-88.

cada dia para atender às necessidades da igreja, em conformidade com suas funções clericais. Também tomavam duas refeições juntos todos os dias, exceto nos dias de jejum.[135]

Dentro do mosteiro clerical, poucos valores que caracterizavam os estágios anteriores do itinerário monástico continuavam presentes. Primeiro, eles continuavam a acreditar que o próprio grupo era a chave do crescimento intelectual e espiritual. Segundo, a regra dos apóstolos — renúncia de propriedade privada, compromisso de compartilhar tudo em comum e compromisso com pobreza e simplicidade — continuavam a ser mantidos no mosteiro do jardim, e até certo ponto, em Tagaste.[136] Lawless afirma: "A falta de evidências de um código monástico para guiar a comunidade clerical do bispo, desde a data de sua ordenação episcopal em 395-396, sugere que Atos 4.32-35 é, com efeito, sua norma básica de vida".[137] Terceiro, como acontecia no mosteiro do jardim, o mosteiro clerical demonstrava o valor de treinar clérigos para o ministério, tanto em Hipona como na igreja africana.

Dois valores monásticos finais pareciam peculiares a este estágio da jornada monástica de Agostinho. Primeiro, Agostinho exigia que cada um dos seus membros praticasse o celibato, regra aplicada tanto aos casados como aos que tinham sido casados anteriormente.[138] Seguindo a tradição cenobítica, pensava-se que o celibato estava entre os melhores meios de fazer progresso em direção à vida perfeita.[139] Um segundo valor inter-relacionado era a santidade e integridade pessoal. Crespin afirma: "A santidade era, aos olhos [de Agostinho],

---

[135] *On the Work of Monks*, 27.35; 29.37; *A cidade de Deus*, 19.19; *Sermão*, 356.13; ver ZUMKELLER, *Augustine's Ideal*, p. 42, p. 195.

[136] *Carta* 243; *Sermão* 355,56; POSSÍDIO, *Vida de Agostinho*, 5.1; 22; ver BARDY, *Saint Augustin*, p. 163; e ZUMKELLER, *Augustine's Ideal*, p. 38, p. 43.

[137] Agostinho não publicou sua *Regra* antes de 399; ver LAWLESS, *Monastic Rule*, p. 160.

[138] Ver BROCKWELL, *Augustine's Ideal*, p. 102.

[139] *Cartas* 210,11; *On Adulterous Marriages*, 2.20.22; ver MANDOUZE, *L'aventure*, p. 176; e ZUMKELLER, *Augustine's Ideal*, p. 41.

COMO AGOSTINHO ABORDA A FUNÇÃO DE MENTOR

inseparável do estado clerical".[140] Um modo simples pelo qual ele exigia santidade era sua absoluta intolerância de mexericos durante as refeições. Possídio escreveu isso para lembrar aos homens que compartilham essa convicção que "ele tinha estas palavras escritas na mesa: "Saibam os que gostam de difamar as vidas dos ausentes que as suas próprias vidas não são dignas desta mesa".[141] Agostinho também proibia mulheres de entrar no mosteiro ou de aproximar-se deste. Quando uma mulher precisava falar com Agostinho, tinha que providenciar o encontro na presença de outros clérigos.[142] À semelhança de Ambrósio, ele exortava seus homens a evitarem enredar-se com o mundo recusando todos os convites para jantar na cidade.[143] Talvez o exemplo máximo do compromisso de Agostinho com a santidade seja a sua transparência em gerenciar um escândalo no mosteiro clerical em 425-426.[144] Ele não somente pôs às claras o pecado dos seus clérigos diante da congregação; também ratificou os padrões da regra apostólica, chamou todos os clérigos impuros ao arrependimento e prometeu expulsar os que se recusassem a atender a seu apelo.[145]

O mosteiro clerical nos propicia a mais clara forma de interação de Agostinho na comunidade com os clérigos. Como é que ele mentoreava os líderes espirituais nesse estágio final do seu itinerário monástico? Primeiro, com base no programa de leitura diária da

---

[140] CRESPIN, Remi, *Ministère et Sainteté* (Paris: Études Augustiniennes, 1965), p. 183 (tradução minha [de Smither]); também *Expositions in Psalms*, 126.3; 132.4; e *Sermões*, 46.2; 49.2; 179.7; 270.1; 340.1.

[141] POSSÍDIO, *Vida de Agostinho*, 22.6.

[142] Ibid., 26.1-3; ver ZUMKELLER, *Augustine's Ideal*, p. 43.

[143] Ver POSSÍDIO, *Vida de Agostinho*, 27.4,5 e AMBRÓSIO, *On the Duties of Ministers*, 1.86. Agostinho também os proibia de organizar casamentos e de recomendar homens para o serviço militar.

[144] Conforme *Sermão* 355.3, o escândalo começou quando foi descoberto que o presbítero Januário tinha violado a regra dos apóstolos ocultando propriedade, e depois tentando legá-la à igreja, deserdando seus filhos no processo. Então Agostinho investigou todos os acontecimentos sondando cada membro do mosteiro, e apresentou um relatório completo à congregação no *Sermão* 356.2-11, 15).

[145] *Sermões*, 355.3; 356.2, 6; 355.6; 356.1; 356.14; ver VAN DER MEER, *Augustine the Bishop*, p. 203-6.

Escritura, como também nas oportunidades que os homens tinham de ouvi-lo pregar e ensinar, Agostinho os instruía sobre como interpretar as Escrituras e ensiná-las a outros. A referência de Possídio aos "ensinos divinos" de Agostinho, ouvidos por "homens que serviam a Deus no mosteiro com e sob a direção do santo Agostinho", evidencia o programa regular de ensino de Agostinho.[146] Possídio descreveu os discípulos de Agostinho que saíam de Hipona para outros locais de serviço como "homens veneráveis de continência e saber", que iam servir em diversos lugares à medida que "aumentava o zelo pela propagação da palavra de Deus".[147] Essas descrições não somente nos dão uma ideia do nível de preparação desses homens nas Escrituras, mas também revelam algo das suas convicções para ensiná-las. Assim como o primeiro pedido que Agostinho fez a Valério de um período de concentrado estudo das Escrituras, assim também Agostinho queria inculcar em seus homens esse valor e o empenho em fazer do estudo da Escritura o foco primordial do seu programa de treinamento monástico.[148]

Segundo, Agostinho mentoreava os clérigos provendo treinamento intelectual. Os líderes da igreja africana de seu tempo estavam pouco preparados para ensinar as Escrituras e eram ineptos para a defesa do cristianismo contra os hereges e os pagãos. Assim como Ambrósio e Simpliciano convenceram Agostinho de que ele poderia ser um cristão pensante, Agostinho também infundiu em seus homens o sentimento de necessidade de desenvolver-se intelectualmente, tendo em vista as situações hostis e difíceis nas quais eles iriam servir.[149] Mediante um programa de leitura facilitado por uma biblioteca privada, bem como pela observação de como Agostinho se ocupava regularmente dos inimigos da igreja, seus homens progrediram no sentido de se

---

[146] POSSÍDIO, *Vida de Agostinho*, 11.1.

[147] Ibid., 11.3,4.

[148] Ver MARTIN, *"Clericatus Sarcina (Carta 126.3)*: Augustine and the care of the clergy", 2, http://ccat.sas.upenn.edu/jod/augustine.html.

[149] *Carta* 60.1; ver JERPHAGNON, *Saint Augustin*, p. 68; VAN DER MEER, *Augustine the Bishop*, p. 200; e BROWN, *Augustine*, p. 137.

COMO AGOSTINHO ABORDA A FUNÇÃO DE MENTOR

tornarem defensores da fé.[150] Possídio relatou que Agostinho, com seu ministério de apologética e debate, liderou uma renovação na igreja africana: "O resultado foi que, pela graça de Deus, a igreja católica da África começou a erguer a cabeça depois de ter sido prostrada, levada a extravios, sobrecarregada e oprimida por muito tempo".[151] Contudo, podemos também inferir de Possídio que a igreja foi fortalecida pelos discípulos de Agostinho — um corpo de homens completamente treinados em apologética, teologia, e até em aspectos das artes liberais.[152]

Terceiro, Agostinho mentoreava seus homens continuando a prática do diálogo. O diálogo tinha caracterizado as relações de Agostinho com Alípio na *villa* próxima de Milão, o que levou à sua conversão, com Simpliciano em Milão, em Cassicíaco, com Evódio em Roma, em Tagaste, e inicialmente em Hipona. Possídio descreveu o seu diálogo com os clérigos no mosteiro: "Seu real prazer era falar das coisas de Deus... em casa, em conversa familiar com seus irmãos".[153] Agostinho também fez uso das duas refeições comuns, que os clérigos tomavam juntos, para instituir uma forma de "conversa de mesa". Possídio escreveu: "Mesmo à mesa, ele achava mais prazer em ler e em conversar do que em comer e beber".[154] As discussões durante as refeições incluíam ao menos estes aspectos: Primeiro, seguindo a tradição de Basílio, os clérigos liam livros espiritualmente nutritivos.[155] Isto significa, claro, que uma pessoa lia em voz alta, e depois se discutia sobre

---

[150] *On the Work of Monks*, 29.37; POSSÍDIO, *Vida de Agostinho*, p. 31; ver ZUMKELLER, *Augustine's Ideal*, p. 187; BROWN, *Augustine*, p. 195; e GAMBLE, Harry, *Books and Readers*, p. 165-67; também POSSÍDIO, *Vida de Agostinho*, p. 6-7; p.9; p.11; p.13-14; p.16-18.

[151] POSSÍDIO, *Vida de Agostinho*, 7.2.

[152] Ibid., 11.4,5; 13.

[153] Ibid., 19.6.

[154] Ibid., 22.6.

[155] Ibid., 22.6; *Rule* 3.2; ver ZUMKELLER, *Augustine's Ideal*, p. 42. A prática de Basílio de leitura à mesa está registrada na obra de João Cassiano, da *Instituição*, 4.17. Também o comentário de Pellegrino sobre Possídio, 22.6, em ROTELLE, *Life of saint Augustine*, p. 93.

o livro. Brown sugere que a lista de leitura incluía livros dedicados às vidas de figuras como Perpétua, Felicidade e Cipriano, e que a discussão feita em seguida visava à imitação desses exemplos.[156] Segundo, em suas discussões, às vezes, eles tratavam de alguma questão filosófica, teológica ou exegética. Bardy argumenta que tais discussões ajudavam a esclarecer o pensamento de Agostinho acerca de alguns pontos e que a conversa de mesa serviu de inspiração para vários livros de sua autoria.[157] Finalmente, à mesa Agostinho e seus clérigos discutiam o que eles tinham experimentado durante o dia em seus ministérios na igreja. Possídio registrou que uma vez o grupo discutiu o sermão que Agostinho pregara naquele dia, e especificamente por que ele tinha feito digressão do seu tópico.[158] Em decorrência disso, este terceiro aspecto da conversa de mesa permitia ao grupo refletir sobre o dia, compartilhando vitórias e fracassos, e nisso encontravam renovada coragem e visão para levar adiante sua obra no ministério. Ironicamente, alguns dos clérigos que tinham saído de Hipona para servir a igreja no norte da África, voltaram como refugiados durante o sítio feito pelos vândalos, e novamente foram beneficiados pelas discussões mantidas em torno da mesa de Agostinho.[159]

Quarto, Agostinho também mentoreava abrindo suas portas e demonstrando hospitalidade aos visitantes, como Basílio tinha feito no asilo de Cesareia.[160] Um dos hóspedes de Agostinho foi o presbítero espanhol Paulo Orósio, que tinha vindo estudar sob a docência de Agostinho ao mesmo tempo que fugia da vitória dos vândalos na Espanha. Outros incluíam os bispos Paulo e Eutrópio, que vieram para aprender mais sobre as heresias que desafiavam a igreja.[161] A hospitalidade de

---

[156] Ver BROWN, *Augustine*, p. 151-152.

[157] Ver BARDY, "Les Origines", p. 196; e ZUMKELLER, *Augustine's Ideal*, p. 42.

[158] POSSÍDIO, *Vida de Agostinho*, p. 15.

[159] Ibid., 28.13; também 29.1,2; e BROWN, *Augustine*, p. 409.

[160] *Sermão*, 356.10; ver BROWN, *Augustine*, p. 195; CASSIANO, João, *Conferência*, 14.4.2; e LADNER, Idea of Reform, p. 332.

[161] *Cartas*, 166.1; 169.13. Ver FREND, William, "Orosius, Paulus", ATTA, 615-17; e BARDY, p. 295.

Agostinho corria o risco de acolher visitantes indignos ou destrutivos no mosteiro, mas ele mantinha a convicção de que devia mostrar hospitalidade. Ele escreveu a Profuturo: "Quanto a receber hóspedes desconhecidos, afinal de contas, geralmente dizemos que é muito melhor alojar um mau elemento do que, talvez, mandar embora um bom homem por ignorância".[162] Agostinho não somente ministrava aos viajantes que visitavam o mosteiro, mas também com isso mostrava um modelo da importância da hospitalidade aos seus discípulos.

Uma quinta maneira pela qual Agostinho mentoreava o clero no mosteiro era a correção e a disciplina. Se os homens faziam algo aparentemente insignificante como praguejar ou amaldiçoar à mesa, eram penalizados sendo-lhes proibido tomar um dos copos de vinho que lhes eram atribuídos. Como já foi observado, logo que a atividade desonesta de Januário chegou à sua atenção, ele investigou exaustivamente a questão e expôs o pecado do seu clero à congregação.[163] E mais, ele manteve o padrão apostólico do mosteiro e ameaçou de expulsão os que não se arrependessem.

Sexto, Agostinho mentoreava por meio do mosteiro clerical envolvendo seus clérigos nos trabalhos do mosteiro. Cada ano Agostinho designava um diferente clérigo como "superintendente da casa do bispo" (*praepositus domus ecclesiae*), dando ao clérigo responsabilidade sobre a administração geral e sobre as finanças do mosteiro. Possídio escreveu:

> A administração da casa ligada à igreja e a todas as suas posses ele costumava delegar ao mais capaz dentre os clérigos, distribuindo por turnos a tarefa a cada um. Ele nunca guardava a chave nem o anel-selo ou sinete. Em vez disso, os que estavam encarregados da casa mantinham o registro de todos os recebimentos e de todos os gastos, e lhe prestavam relatório no fim do ano.[164]

---

[162] *Carta* 38.2; ver ZUMKELLER, *Augustine's Ideal*, p. 43.
[163] POSSÍDIO, *Vida de Agostinho*, 25.1; *Sermões*, 180.10; 307.5; 355,56.
[164] POSSÍDIO, *Vida de Agostinho*, 24.1; ver ZUMKELLER, *Augustine's Ideal*, p. 43.

Agostinho não somente confiava ao superintendente a tarefa, mas também o habilitava a exercê-la dando-lhe os necessários instrumentos de autoridade administrativa — o anel-selo e a chave da casa. Ele demonstrava grande confiança no superintendente, só examinando os registros financeiros uma vez por ano. Finalmente, Agostinho envolvia muitos clérigos diferentes nesse ministério, pois um novo superintendente era nomeado a cada ano. Sabemos pela correspondência de Agostinho que ele não gostava dos aspectos administrativos do ministério e os considerava suas áreas de fraqueza. Como acontecia com o seu mentor Valério, Agostinho se alegrava em confiar essas tarefas a outros clérigos mais qualificados para isso.[165]

Por último, Agostinho mentoreava licenciando muitos dos seus homens para servirem à igreja em toda parte no norte da África. Possídio disse que esses eram homens que "Agostinho cedia, atendendo à solicitação das diversas igrejas".[166] Nesse aspecto ele rompeu com Valério, no sentido de que não procurava reter nenhum dos seus clérigos em Hipona impedindo-os de servir noutros lugares. Enquanto Valério se mostrou comprometido em prover recursos para assessorar a igreja de Hipona separando Agostinho como seu cobispo em 395, Agostinho teve visão mais ampla, pois procurou oferecer recursos à igreja universal na África.

Apesar de Eusébio de Vercelli e Basílio de Cesareia terem, certamente, abraçado o estilo de vida de monge-bispo e terem convidado outros clérigos para formarem uma espécie de comunidade, o mosteiro clerical de Agostinho não teve precedente na história do movimento cristão. Lawless afirma que o itinerário monástico de Agostinho culminou com esta sua realização, efetivamente clericalizando o monge e monasticizando o clérigo.[167]

---

[165] *Carta* 213.5.
[166] POSSÍDIO, *Vida de Agostinho*, 11.3.
[167] Ver LAWLESS, *Monastic Rule*, p. 62; e MANDOUZE, *L'aventure*, p. 168-169.

COMO AGOSTINHO ABORDA A FUNÇÃO DE MENTOR

Frutos do mentoreado monástico de Agostinho. O itinerário monástico de Agostinho começou em Cassicíaco como uma espécie de retiro caracterizado por buscas filosóficas e espirituais. Enquanto a especulação filosófica continuava em Tagaste, a comunidade de Hipona estava muito mais focada nas Escrituras e no crescimento espiritual. Assim que foi ordenado, Agostinho estabeleceu o mosteiro do jardim, em Hipona, e esse mosteiro existia para a igreja e sob a autoridade dela. Finalmente, o itinerário monástico de Agostinho encontrou seu cumprimento no mosteiro clerical, uma comunidade de clérigos dedicados a servir a igreja.

Quais foram os frutos específicos da obra realizada por Agostinho na qual ele mentoreava líderes por meio do mosteiro clerical? Como já se fez alusão a respeito, seu legado mais significativo foi um "clero numeroso", homens que ele enviou como líderes para servirem a igreja norte-africana.[168] Possídio escreveu:

> Então, outras igrejas começaram a pedir avidamente e a obter bispos e clérigos oriundos do mosteiro, homens que deviam sua origem e seu crescimento a esse homem memorável. [...] Eu mesmo soube de cerca de dez santos e veneráveis homens de continência e saber, alguns deles realmente notáveis, que o abençoado Agostinho tinha cedido, a pedido, às diversas igrejas.[169]

Além do próprio Possídio, que foi ordenado bispo de Calama em 400, o grupo incluía Alípio, que deixou o mosteiro do jardim em 394 para tornar-se bispo de Tagaste.[170] Os outros incluíam Profuturo, ordenado bispo de Cirta em 395; Severo, que se tornou bispo de Milevo em 397. Evódio, ordenado bispo de Uzalis antes de 401; Peregrino, separado como diácono em Thenas; Urbano, ordenado bispo de Sicca; Paulo, que foi consagrado bispo de

---

[168] POSSÍDIO, *Vida de Agostinho*, 31.8.
[169] Ibid., 11.2,3.
[170] *Carta* 101; ver Pellegrino em ROTELLE, *Life of Saint Augustine*, p. 60.

Cataqua; Servílio e Privato; e Antonino, que se tornou bispo de Fussala.[171]

Na realidade, só a metade dos homens continuaram no ministério por um longo tempo; isso porque Profuturo, Servílio e Privato morreram prematuramente, e Paulo e Antonino foram removidos das suas posições no ministério por conduta imoral. Então, como Possídio, escrevendo anos depois da morte de Agostinho, pôde mencionar "clero numeroso" como parte do legado de Agostinho? Ao que parece, a resposta é que os que permaneceram fiéis no ministério também investiram tempo em mentorear outros potenciais líderes. Possídio acrescentou que os homens de Agostinho "por sua vez, fundaram mosteiros".[172] Sabemos de dois mosteiros, um para mulheres e outro para monges leigos, que se desenvolveram a partir do mosteiro do jardim, de Hipona. Nalgum tempo depois de 410, mais dois mosteiros foram fundados em Tagaste, sob a direção de Alípio. Antes de se tornar bispo de Uzalis, Evódio envolveu-se no estabelecimento de um mosteiro em Cartago.[173] Evidentemente, outro mosteiro foi iniciado em Cartago, se bem que não está claro se ele foi fundado por Agostinho ou por Aurélio. Pode ter sido essa a comunidade de monges que se recusavam a trabalhar, o que impeliu Aurélio a pedir a intervenção de Agostinho, o que ele fez por meio de sua obra *Sobre a obra dos monges*. Zumkeller afirma que no final do quinto século havia 38 mosteiros no norte da África.[174] Alguns deles certamente foram fundados por monges clericais de Agostinho enviados de Cartago, ao

---

[171] *Cartas* 32.1; 158.9,11; 31.9; 149.34; 85.1; 209.3; Pellegrino em ROTELLE, *Life of Saint Augustine*, p. 60; MANDOUZE, *Prosopographie*, p. 928-930; p. 1070-75; p. 367; p. 852-853; p. 1232-1233; p. 842; p. 920; p. 1063; p. 73-75; PERLER, Othmar, *Les Voyages de Saint Augustin* (Paris: Études Augustiniennes, 1969), p. 156; BARDY, "Les Origines", p. 209; e O'DONNELL, "Evodius of Uzalis", ATTA, 344.

[172] POSSÍDIO, *Vida de Agostinho*, 11.3; também *Carta* 157.4.39; e MANDOUZE, *L'aventure*, p. 238.

[173] *Sermão* 356.10; ver LAWLESS, *Monastic Rule*, p. 62; TRAPÉ, *Saint Augustine*, p. 25; *Carta*, 24.3; e comentário em WSA, 2.1.7.

[174] Ver ZUMKELLER, *Augustine's Ideal*, p. 58; p. 84-85.

COMO AGOSTINHO ABORDA A FUNÇÃO DE MENTOR

passo que os restantes seguramente foram influenciados pela contribuição monástica de Agostinho.

Cartas

Agostinho continuou a prática de Cipriano, Basílio e Ambrósio de equipar e edificar o clero escrevendo cartas. Hamman escreve que Agostinho, "em razão de suas cartas e outros escritos, tornou-se um mentor dos clérigos e dos bispos mediante correspondência. Ele é o homem mais consultado da igreja ocidental".[175] As cartas de Agostinho preservadas totalizam 252, as quais incluem a coleção geral de 224, como também um grupo de 28 cartas descobertas por Johannes Divjak e publicadas em 1981.[176] A maior parte foi escrita depois da sua ordenação como presbítero em 391, mas chegam a 16 as cartas que restam dos cinco anos anteriores à sua mudança para Hipona.

As cartas de Agostinho propiciam um bom retrato da vida da igreja no quarto e quinto séculos e dos desafios que ele enfrentou como bispo. A controvérsia pelagiana, o cisma donatista, os concílios da igreja e os problemas de clérigos indignos ganham vida nessa correspondência. Indivíduo de personalidade profundamente ardorosa, Agostinho considerava as cartas como uma conversa entre amigos separados pela distância.[177] Ele conheceu alguns desses amigos, particularmente Paulino de Nola e Jerônimo, apenas por meio de correspondência. Nas cartas de Agostinho vemos alguém comprometido em acudir, como podia, os seus correspondentes de acordo com as

---

[175] Ver HAMMAN, *Études patristiques*, p. 277 (tradução minha [de Smither]).

[176] As cartas de Agostinho incluem também cinquenta cartas adicionais escritas para ele, e sete outras que não são nem dele nem para ele, embora a maioria se refira a Agostinho. Estou seguindo o argumento de Robert Eno e de outros (Eno em FC, 81.3), segundo o qual as cartas catalogadas por Divjak incluem 28 cartas procedentes de Agostinho, visto que *Cartas* 23* e 23*A são, evidentemente, dirigidas a duas pessoas diferentes. Por outro lado, Henry Chadwick ("New Letters of St. Augustine", JTS 34 [1983], 425), só conta 27.

[177] Ver, por exemplo, *Cartas* 29.1; 40.1.1; 48.4; 138.1; 166.1; 194.2. Ver ENO, *"Epistulae"*, ATTA, p. 298.

LIÇÕES DE LIDERANÇA DE AGOSTINHO

necessidades deles. Embora tenha escrito menos cartas que Basílio, geralmente suas cartas são muito mais longas, algumas sendo pequenos livros ou tratados.[178]

Das 236 cartas escritas durante o seu ministério como presbítero e bispo em Hipona, 105 foram destinadas a clérigos ordenados.[179] Uma centena delas contêm uma definida qualidade mentorial acerca deles.[180] Vinte e uma foram escritas para líderes espirituais que estavam servindo em Hipona ou que tinham saído do mosteiro clerical para servir em outros lugares na África.[181] Os clérigos que receberam mais correspondência de Agostinho foram Jerônimo, que recebeu nove cartas, e Paulino de Nola, que recebeu sete.[182] Além de escrever primariamente para clérigos que serviam na igreja ocidental, que falavam latim, Agostinho também escreveu a alguns líderes da igreja oriental.[183]

Como Agostinho mentoreou líderes espirituais por meio de suas cartas? À semelhança de Basílio, Agostinho demonstrou em grande número de cartas clara percepção quanto a mentorear seus colegas. Algumas cartas serviam como recurso teológico e exegético; outras foram escritas para influenciar líderes espirituais no sentido de manterem sã doutrina. Em outras ele dava orientação sobre o ministério prático, tratando de várias questões da igreja. Também escreveu um menor número de cartas apresentando a sua perspectiva do ministério,

---

[178] Ver, por exemplo, *Cartas* 54,55; 128; 140; 146,47; 166,67; 174-76; 185; 187; 211.

[179] Provavelmente Agostinho só escreveu cinco cartas enquanto servia como presbítero (*Cartas* 21-23; 26; 28). Embora não esteja claro se o abade Valentino, de Hadrumetum, foi ordenado, incluí as cartas de Agostinho destinadas a ele (*Cartas* 214,15; 215A) neste estudo porque: (1) Como abade, provavelmente também foi ordenado (*Carta* 48), (2) O papel de Agostinho como mentor para Valentino e seus monges é significativo no contexto da controvérsia pelagiana.

[180] Além da *Carta* 21, escrita para seu mentor Valério, *Cartas* 212; 227; 269; e 25* não estão incluídas em nosso estudo, pois basicamente são breves notas informativas.

[181] As *Cartas* 29; 38; 62,63; 83; 85; 110; 122; 125; 159; 162; 164; 169; 213; 245; 7*; 9*; 10*; 15*; 22*; 23A*.

[182] As *Cartas* 28; 40; 67; 71; 73; 82; 166,67; 19* foram escritas para Jerônimo. As *Cartas* 27; 31; 42; 45; 80; 95; 186 foram para Paulino, ao passo que todas, menos as *Cartas* 27 e 186 foram dirigidas a Paulino e sua esposa Theresia.

[183] *Cartas* 179; 4*; 6*.

COMO AGOSTINHO ABORDA A FUNÇÃO DE MENTOR

exortando alguns líderes espirituais a crescerem, encorajando outros, e promovendo reconciliação. Em muitos casos Agostinho usou a mesma carta para cumprir múltiplos propósitos mentoriais.

Mentoreando pares. Agostinho escreveu 23 cartas a cinco diferentes líderes, nas quais o vemos mentorear aqueles que estamos habituados a considerar seus pares, e ser mentoreado por eles. Na *Carta* 37, ele respondeu a uma série de questões teológicas levantadas por seu ex-mentor Simpliciano, em 396, mais ou menos na época em que ele sucedeu Ambrósio como bispo de Milão. Apesar de servir a Simpliciano como um recurso exegético por meio de suas respostas, Agostinho continuou a considerar Simpliciano como um mentor, solicitando avaliação de suas respostas, pedindo-lhe que "assumisse o papel de censor para as corrigir".[184] Essa relação tinha mudado de mentor-discípulo para a relação de iguais ou pares.

Quatro cartas de Agostinho a Aurélio, bispo de Cartago, também refletem mentoreado de pares. Na *Carta* 22, escrita enquanto ainda presbítero, Agostinho discutiu com Aurélio uma estratégia para corrigir os excessos de bebidas ligadas ao festival chamado *laetitia*. Na *Carta* 41, redigida por volta de 396, Agostinho apoiou Aurélio por sua decisão de permitir aos presbíteros de Cartago que pregassem na igreja sob sua supervisão. Agostinho, que tinha sido envolvido pessoalmente na inovação de Valério nessa área, não escondeu seu entusiasmo ou sua influência sobre o assunto:

> Que aqueles sigam na frente, e que estes os sigam, tendo-se tornado imitadores deles na medida em que eles estão em Cristo. Que a carreira das santas formigas seja fervente; que a atividade das santas abelhas propague seu perfume; que seu fruto seja dado na paciência, com salutar perseverança até o fim.[185]

---

[184] *Carta* 37.3; provavelmente a carta foi acompanhada pela obra intitulada *A Simpliciano*, na qual o autor tratou de várias passagens de Reis e de Romanos; ver WETZEL, James, *"Simplicianum, Ad"*, ATTA, p. 798-799.

[185] *Carta* 41.1.

LIÇÕES DE LIDERANÇA DE AGOSTINHO

Ao mesmo tempo que infundiu energia em Aurélio nessa carta, Agostinho pediu oração, como também avaliação, sobre os rascunhos iniciais da obra *Sobre a doutrina cristã*.[186] Na *Carta* 60, escrita em 401, Agostinho aconselhou persuasivamente Aurélio sobre a questão de ordenar monges que tinham deixado o mosteiro antes de procurar ordenação.[187] Embora não tenha deixado de apresentar seus pensamentos sobre o assunto, Agostinho claramente comunicou uma postura humilde para com o bispo de Cartago: "Não me atrevo a falar em oposição à sua Sabedoria, à sua Honra e à sua Caridade, e eu, naturalmente, espero que você faça o que achar salutar para os membros da igreja".[188] Por fim, na *Carta* 16*, escrita por volta de 419, Agostinho pediu a Aurélio notícias sobre a viagem de Alípio a Roma, inquiriu Aurélio sobre a carta encíclica de Aurélio enviada aos bispos da Numídia logo depois do concílio de Cartago, em 419, e deu indicações de que tinha enviado uma cópia de dois sermões como recurso para Aurélio.[189]

Sete cartas de Agostinho a Paulino de Nola revelam uma amizade cada vez mais íntima entre dois líderes espirituais ansiosos por aprender um do outro. Na *Carta* 27, escrita em 396, Agostinho respondeu a uma carta inicial de Paulino, expressando quanto fora encorajado por ela e dizendo que desejava chegar a conhecer este novo amigo em Cristo.[190] Na *Carta* 31, redigida no ano seguinte, Agostinho escreveu que estava tão ansioso por conhecer pessoalmente Paulino que interrogou longamente os portadores da carta sobre o seu novo amigo. Agostinho foi tão encorajado pela carta anterior de Paulino que a compartilhou com os homens do mosteiro de Hipona.[191] Finalmente,

---

[186] *Carta* 41.2.
[187] *Carta* 60.1.
[188] *Carta* 60.2.
[189] *Carta* 16*.1.3.
[190] *Carta* 27.1-3. Na *Carta* 25.1, Paulino acusou o recebimento da obra de Agostinho, *Pentateuch Against the Manichees,* que o autor lhe tinha enviado por meio de Alípio. Conforme *Carta* 6.2 de Paulino, Aurélio tinha falado originariamente com Paulino sobre as obras de Agostinho. Ver MANDOUZE, *Prosopographie*, p. 107.
[191] *Carta* 31.2,3.

COMO AGOSTINHO ABORDA A FUNÇÃO DE MENTOR

Agostinho comunicou que tinha enviado os três livros *O livre-arbítrio* para assessorar Paulino, e ao mesmo tempo pediu o livro de Paulino intitulado *Contra os pagãos*.[192] Nas *Cartas* 42 e 45, escritas em 398, Agostinho lamentou que não tinha sabido nada de Paulino, e reiterou seu pedido acerca do livro de Paulino.[193] Por volta de 404, ele escreveu a *Carta* 80, inquirindo Paulino sobre como discernir a vontade de Deus.[194] Na *Carta* 95, redigida por volta de 408, Agostinho dialogou com Paulino sobre a noção da vida eterna, enquanto respondeu a perguntas de Paulino sobre a natureza do corpo da ressurreição.[195] Agostinho tornou a fazer uma pergunta sobre o lazer cristão, da qual Paulino aparentemente tinha deixado de tratar.[196] Finalmente, a *Carta* 149, escrita em 415, foi um recurso puramente exegético em resposta a perguntas de Paulino sobre passagens de Salmos, de Paulo e dos Evangelhos. Agostinho concluiu a carta admitindo sua própria necessidade de aprender, e apoiando Paulino em seu desejo de crescer.[197]

Apesar de ter sido dada muita atenção à relação de Agostinho com Jerônimo por causa das suas famosas contendas, as nove cartas escritas para o monge-presbítero de Belém dão prova de uma relação mentorial de colegas.[198] Agostinho enviou a *Carta* 28 a Jerônimo por meio do seu discípulo Profuturo em 394 ou 395, mas Profuturo, não pôde cumprir a missão porque foi ordenado bispo de Cirta em 395.[199] Enquanto isso, a carta levou nove anos para chegar a Belém, tendo

---

[192] *Carta* 31.7,8.
[193] *Carta* 45 teve Alípio como coautor.
[194] *Carta* 80.2.
[195] *Carta* 95.2, 5, 7,8.
[196] *Carta* 95.9.
[197] *Carta* 149.1.3-10; 149.2.11-30; 149.3.31-34.
[198] Uma das razões chaves para o desentendimento entre Agostinho e Jerônimo foi que muitas vezes a entrega de cartas entre Hipona e Belém não era confiável, como Agostinho assinalou na Carta 73.2.5. Ver O'CONNELL, Robert J., *When saintly fathers feuded: The correspondence between Augustine and Jerome, Thought 54* (1979): p. 344-364.
[199] *Carta* 71.1.2.

LIÇÕES DE LIDERANÇA DE AGOSTINHO

dado uma volta e passado por Roma, o que levou Jerônimo a acreditar que Agostinho estava movendo uma campanha pública contra ele.[200] O principal ponto tratado na *Carta* 28 foi sua contestação da exegese de Gálatas 2:11-14 feita por Jerônimo, na qual ele ensinou que Paulo tinha mentido acerca do erro de Pedro de não viver corretamente de acordo com o Evangelho.[201] Embora Agostinho tenha sido bastante severo em sua censura a Jerônimo, também o convidou para exercer o mesmo critério rigoroso com relação aos seus próprios escritos.[202] Percebe-se, então, que Agostinho dava mais valor à pureza doutrinária do que aos sentimentos pessoais.

A Carta 40 também enfrentou dificuldades para chegar a Belém. Pois ela foi descoberta em uma ilha do Mar Adriático em 398, um ano depois de ter sido escrita, antes de ser redirecionada a Jerônimo. Agostinho retomou a questão da exegese de Jerônimo em Gálatas e, desta vez, conclamou Jerônimo a retratar-se de suas opiniões a esse respeito.[203] Apesar dessa séria preocupação, Agostinho escreveu que ele e seus homens foram beneficiados com o livro de Jerônimo *Dos homens ilustres*, um catálogo de escritores cristãos que também funcionava como uma apologética contra os opositores pagãos do cristianismo.[204] Agostinho prosseguiu e perguntou se ele poderia dar-lhes mais recursos com um livro que resumisse as heresias então existentes.[205] Junto ao emaranhado exegético presente na carta, também devemos notar o calor da comunicação entre Agostinho e Jerônimo: "Portanto, entre nesta conversa por carta comigo para que não permitamos que a ausência física contribua muito para manter-nos separados, sendo que estamos unidos pela união do Espírito".[206]

---

[200] Ver comentário sobre a *Carta* 28 em WSA, 2.1.90,91.

[201] *Carta* 28.3.3-5.

[202] *Carta* 28.4.6.

[203] *Carta* 40.3.3,4.7

[204] *Carta* 40.2.2; ver REBENICH, Stefan, *Jerome* (Londres e Nova York: Routledge, 2002), p.97.

[205] *Carta* 40.6.9.

[206] *Carta* 40.1.1.

COMO AGOSTINHO ABORDA A FUNÇÃO DE MENTOR

Em 1403 Agostinho escreveu a *Carta* 67, muito embora ainda não tivesse recebido resposta de Jerônimo às suas duas cartas anteriores. Ele escreveu para defender-se de um boato que dizia que ele tinha escrito um livro contra Jerônimo e o tinha enviado a Roma. No espírito do seu mentor Simpliciano, Agostinho comunicou seu desejo de aprender de Jerônimo, mesmo que os dois discordassem. Ele escreveu: "Não somente estou plenamente disposto a ouvir como irmão o que você sustenta contra mim, se algo dos meus escritos o perturba, mas também peço e reclamo isso de você. Pois me alegrarei, quer com a correção que me faça, quer com a sua boa vontade".[207]

Embora Jerônimo tenha finalmente respondido as cartas iniciais de Agostinho em 402, Agostinho enviou *Carta* 71 em 403. Ele levantou a questão da tradução que Jerônimo fizera de Jó, do hebraico para o latim, e lhe pediu um guia para determinar as versões variantes da tradução que anteriormente Jerônimo fizera do mesmo livro, do grego para o latim. E mais, Agostinho se mostrou apreensivo acerca de uma tradução direta do hebraico para o latim, porque ele tinha alta consideração pela Septuaginta. Não obstante, ele pediu a Jerônimo que o ajudasse a entender as passagens com versões variantes que resultaram de uma tradução do hebraico para o latim. Finalmente, Agostinho elogiou Jerônimo por sua nova tradução do Evangelho, do grego para o latim.[208]

Após duas cartas realmente fortes de Jerônimo, em 402 e em 403, Agostinho reagiu com *Carta* 73.[209] No início da carta ele se queixou da dura comunicação de Jerônimo nas duas cartas anteriores. Ele perguntou: "Quando você replica de tal modo que causa ofensa, que lugar nos é deixado para entrarmos na discussão das Escrituras sem rancor?"[210] Mesmo assim ele continuou a buscar a amizade, convidando Jerônimo para engajar-se com ele em diálogo decente e respeitável:

---

[207] *Carta* 67.2.2.
[208] *Cartas* 71.2.3,4; 71.4.6.
[209] *Cartas* 68 e 71 em *Cartas* de Agostinho.
[210] *Carta* 73.1.1.

"Peço-lhe que, se possível, investiguemos e discutamos algo entre nós com o propósito de que os nossos corações sejam nutridos sem amargor nem discórdia".[211] Agostinho continuou e pediu humildemente a Jerônimo que lhe perdoasse qualquer ofensa que lhe tivesse causado ao lhe comunicar o renovado desejo de aprender dele. Ele enfatizou esse comprometimento expressando a sua intenção de enviar um dos seus discípulos para estudar sob Jerônimo e depois voltar a Hipona para iluminar Agostinho e seus clérigos.[212]

Em 404 ou 405, Agostinho respondeu na *Carta* 82 a três significativas cartas de Jerônimo.[213] Agostinho começou a carta com uma forte censura às palavras finais de Jerônimo na *Carta* 81: "Exercitemo-nos divertidamente no campo das Escrituras sem causar ofensa um ao outro".[214] Agostinho replicou:

> Você pede, ou melhor, ordena com a confiança do amor, que nos exercitemos divertidamente no campo das Escrituras sem causarmos ofensa um ao outro. Quanto ao que me diz respeito, prefiro fazer isso seriamente, e não divertidamente... não como alguém jogando no campo das Escrituras, mas como alguém aspirando anelante o ar das montanhas.[215]

A citação feita por Agostinho revela, não somente a seriedade com que ele considerava as Escrituras, mas também sua tarefa de interpretá-las e aplicá-las no contexto do seu ministério em Hipona, longe da situação cômoda e contemplativa que Jerônimo gozava em Belém. Na mesma carta ele expressou a sua convicção de que os escritos dos filósofos não tinham nenhum valor, comparados com a revelação da Escritura, o que certamente testifica o desenvolvimento intelectual e

---

[211] *Carta* 73.3.9.
[212] *Carta* 73.1.1,2.3-5.
[213] *Cartas* 72; 75; 81 em *Cartas* de Agostinho.
[214] *Carta* 81.
[215] *Carta* 82.1.2.

espiritual desde os seus dias em Cassicíaco e em Tagaste.[216] Ele continuou ardentemente sua conversação com Jerônimo também sobre sua interpretação dos atos de Paulo em Gálatas — um diálogo que já durava dez anos nessa altura![217] A despeito da veemência dessa carta, Agostinho começou perguntando se Jerônimo o tinha perdoado por suas ofensas,[218] e renovou seu apelo por amoroso diálogo e respeitoso desacordo, principalmente quando outros observavam o comportamento deles:

> Em face disso, procuremos antes ensinar, com quanta insistência pudermos, nossos mais queridos amigos que com a maior sinceridade alentam os nossos labores, para que saibam que é possível que entre amigos um contradiga as palavras do outro, sendo que o amor não é diminuído de modo algum, e a verdade, que se deve à amizade, não dá nascimento ao ódio.[219]

Agostinho acrescentou que, se não lhes fosse possível dialogar de maneira justa e reta, talvez devessem cessar sua interação: "Isto é, bem que poderíamos fazer isso com amor fraternal, com um espírito que não seja desagradável aos olhos de Deus. Mas, se você acha que não é possível fazer isso entre nós sem ferina ofensa ao próprio amor, não o façamos".[220] Ele agradeceu a Jerônimo o favor que lhe fizera de adverti-lo acerca dos erros das heresias ebionitas e nazarenas, e admitiu que Jerônimo o convencera da importância de traduzir as Escrituras hebraicas diretamente para o latim, em oposição a só contar com a Septuaginta.[221]

As três cartas finais de Agostinho a Jerônimo, escritas no apogeu da controvérsia pelagiana, em 415 e 416, indicam que os dois tinham

---

[216] *Carta* 82.2.13.

[217] *Carta* 82.2.4-3.29.

[218] *Carta* 82.1.1.

[219] *Carta* 82.4.32.

[220] *Carta* 82.5.36.

[221] *Carta* 82.2.15 (refere-se à asserção de Jerônimo em *Carta* 75.4.13); e *Carta* 82.5.34; também *A cidade de Deus*, 18.43.

feito as pazes e haviam se tornado fortes aliados na luta contra a heresia. Na *Carta* 166 Agostinho respondeu à recomendação de Jerônimo de que escrevesse algo sobre a origem da alma.[222] Embora reconhecesse suas limitações para tratar dessa questão e pedisse a contribuição de Jerônimo, Agostinho, não obstante, fez um significativo esforço para tratar do assunto.[223] Similarmente, a *Carta* 167, Agostinho escreveu a Jerônimo solicitando suas percepções sobre Tiago 2:10 e lhe deu suas opiniões. Agostinho questionou a ideia de que qualquer violação da lei é violação do amor, e desafiou as duas crenças comuns, segundo as quais todos os pecados são iguais e que aquele que possui uma virtude possui todas. Agostinho concluiu a carta pedindo a Jerônimo que respondesse e corrigisse qualquer pensamento errôneo que acaso ele tivesse.[224] Jerônimo respondeu resumidamente, e não contestou nenhum ponto, a fim de manter solidariedade contra a oposição pelagiana.[225] Em sua carta final a Jerônimo, *Carta* 19*, Agostinho partilhou algumas notícias sobre o andamento da controvérsia pelagiana e pediu a Jerônimo que confirmasse o recebimento da sua carta. Agostinho também fez questão de assinar suas cartas de próprio punho, a fim de evitar os problemas de extravio de cartas ou da dificuldade de identificá-las.[226]

Em relação a sua correspondência com Jerônimo, Agostinho enviou a *Carta* 74 a Presídio, um bispo colega númida, pedindo-lhe que a encaminhasse a Jerônimo.[227] Mais do que meramente pedir-lhe que fizesse chegar a carta ao destinatário, Agostinho pediu a Presídio que lesse as duas cartas anteriores trocadas entre os dois líderes litigantes e lhe solicitou que assinalasse os pontos em que Agostinho acaso estivesse errado. Ele escreveu: "Se escrevi algo que não devia ter escrito, ou se o fiz de um modo indevido, não escreva a ele [Jerônimo]

---

[222] Na *Carta* 165, Jerônimo havia remetido Marcelino a Agostinho sobre esta questão.
[223] *Carta* 166.1.2.3; 9.28.
[224] *Cartas* 167.1.1; 167.16-20; 167.4.14,15; 167.2.4-3.12; 167.5.21.
[225] *Carta* 172.
[226] *Carta* 19*.4.
[227] *Carta* 74.1.1.

sobre mim, mas escreva a mim mesmo com amor fraternal, a fim de que, tendo sido corrigido, eu possa pedir perdão a ele, se eu reconhecer meu erro".[228] Vê-se, pois, que, em vez de procurar um aliado em seu conflito com Jerônimo, Agostinho convidou humildemente outro líder espiritual para prover-lhe avaliação objetiva.

As cartas finais de Agostinho pelas quais mentoreou colegas foram as *Cartas* 190 e 202A, escritas para o bispo Optato, em 417 e 418. Na primeira carta Agostinho assessorou Optato com suas ideias sobre a origem da alma, como fizera a Jerônimo na *Carta* 166, mas admitiu seu entendimento limitado sobre o assunto e expressou seu desejo de ler o que Optato tinha escrito sobre o mesmo.[229] Agostinho deu sequência ao assunto na *Carta* 202A tratando longamente da questão, e se queixou de que ainda não tinha ouvido nada de Jerônimo sobre o assunto, desde quando ele tinha escrito a *Carta* 167, alguns anos antes.

Fonte de recursos teológicos e exegéticos. Agostinho escreveu outras 31 cartas nas quais supriu de recursos os líderes espirituais respondendo a suas perguntas teológicas e exegéticas.[230] Em 408 ele escreveu a *Carta* 92A a Cipriano, um presbítero que servia com ele em Hipona e que aparentemente entregava cartas atendendo a Agostinho no passado.[231] Seu principal propósito foi dar instrução a Cipriano quando lesse a *Carta* 92 a uma certa Itálica — carta que tratava da possibilidade de perceber Deus em forma corporal. Embora a questão tenha sido levantada por Itálica, Agostinho aproveitou o tempo para, na *Carta* 92A, educar mais o seu presbítero sobre a questão, o que de fato equipou Cipriano, capacitando-o a lidar pessoalmente com a heresia. Finalmente, Agostinho queria que Cipriano o informasse se outros estavam tendo a mesma ideia. Agostinho tratou da mesma questão em 410 na *Carta* 148, enviada a um bispo cujo nome não é

---

[228] *Carta* 74.1.

[229] *Carta* 190.1,2, 20,21, 26.

[230] Embora eu conte as *Cartas* 37; 149; 166,67; 190; e 202A entre as cartas teológicas e exegéticas de Agostinho, não trato delas nesta seção porquanto foram discutidas adequadamente na seção anterior.

[231] *Cartas* 71.1.1; 73.1.1.

LIÇÕES DE LIDERANÇA DE AGOSTINHO

mencionado.[232] Na *Carta* 98, escrita entre 408 e 414, Agostinho respondeu perguntas que mostravam dúvidas sobre o batismo infantil, recebidas de Bonifácio de Cataqua. Agostinho respondeu que a fé possuída por uma criança batizada não pode ser afetada negativamente pela de seus pais, e também argumentou a favor da necessidade do batismo para a salvação.[233]

Por volta de 409, Agostinho assessorou o presbítero Deográcias de Cartago, na *Carta* 102, com respostas a diversas perguntas exegéticas que alguma outra pessoa tinha feito a Deográcias. Embora tendo escrito dando resposta completa a cada pergunta, Agostinho fez questão de dar certeza a Deográcias de que ele tinha capacidade para lidar com essas perguntas pessoalmente.[234] Agostinho tratou de questões referentes à ressurreição, tanto de Cristo como de Lázaro, do tempo da manifestação de Cristo na história, das diferenças entre os sacrifícios encontrados nas Escrituras, da interpretação de Mateus 7.2, da asserção de que, segundo Salomão, Deus não teve filho, e da experiência de Jonas no ventre de uma baleia.[235] Em 416 Agostinho redigiu a *Carta* 173A, destinando-a aos presbíteros cartagineses Deográcias e Teodoro. A carta serviu como uma resumida explicação da Trindade, principalmente à luz de 1Coríntios 6:19,20 e Deuteronômio 6:13. Para leitura mais profunda, Agostinho os remeteu a sua obra *Sobre a Trindade*.

Entre 414 e 415, Agostinho escreveu quatro cartas a seu amigo de longa data Evódio, que tinha deixado o mosteiro de Hipona para servir como bispo de Uzalis. As perguntas teológicas de Evódio eram especulativas, como reminiscência dos seus diálogos com Agostinho em Roma, em 388. Embora Agostinho estivesse sobrecarregado de fardos maiores e ficasse terrivelmente irritado com as perguntas de Evódio, dedicou tempo para respondê-las.[236] Na *Carta* 159, Agostinho

---

[232] *Carta* 148.1.1.
[233] *Carta* 98.2.10.
[234] *Carta* 102.1.
[235] *Carta* 102.2-37.
[236] *Cartas* 162,1; 169.1.

COMO AGOSTINHO ABORDA A FUNÇÃO DE MENTOR

respondeu à pergunta de Evódio sobre se a alma assume outra forma corporal depois da morte, conceito que ele rejeitou. Na *Carta* 162, ele respondeu relutantemente às inquirições de Evódio sobre a natureza da razão e de Deus, a encarnação de Cristo, e a possibilidade de ver Deus em forma corporal. Embora tenha respondido a essas perguntas sobre a razão um tanto extensamente, ele remeteu Evódio a seus livros *Sobre a Trindade, A verdadeira religião*, seus trabalhos sobre Gênesis, e lhe lembrou seus diálogos registrados em seus livros *Sobre a grandeza da alma* e *Sobre o livre-arbítrio*. Sua conclusão foi que Deus é espírito e não pode ser visto em forma corporal.[237] Na *Carta* 164, Agostinho respondeu completamente ao pedido que Evódio fez de uma explicação de 1Pedro 3:18-20, e particularmente do sentido da descida de Cristo.[238] Na *Carta* 169, ele relutantemente, respondeu a perguntas de Evódio sobre a Trindade, sobre a relação da pomba, no batismo de Cristo, com a Trindade, como também sobre os escritos de Paulo aos coríntios e a Timóteo. Ele completou sua resposta à pergunta anterior de Evódio sobre ver Deus em forma corpórea, afirmando que é melhor ver Deus em um sentido espiritual. Ele declinou o pedido de Evódio de que revisasse *Sobre a Trindade*, citando a prioridade de outras preocupações que pressionavam o ministério. Não obstante, ele concordou em assessorar Evódio oferecendo-lhe cópias de partes de *A cidade de Deus* e de *Exposições em Salmos*, desde que Evódio pudesse enviar alguém a Hipona para copiá-las.[239]

A *Carta* 174 de Agostinho, escrita em 416, era um recurso teológico para Aurélio e seus clérigos em Cartago e foi acompanhada de partes de *Sobre a Trindade*, livro no qual ele estivera trabalhando desde 399.[240] Em 418, Agostinho respondeu com a *Carta* 196 ao pedido que Donácio lhe fez para escrever a um certo clérigo chamado

---

[237] *Carta* 162.2.8.

[238] *Carta* 164.1.2.

[239] *Carta* 169.1.1-4.

[240] Aparentemente, as alfinetadas de Evódio, um ou dois anos antes, foram eficientes em convencer Agostinho a continuar trabalhando em *On the Trinity*. Ver PERLER, *Les Voyages*, p. 328-329.

LIÇÕES DE LIDERANÇA DE AGOSTINHO

Asélico, que tinha um fascínio doentio pelo judaísmo. Com base nas Escrituras, Agostinho mostrou a Asélico que as leis alimentares e cerimoniais das Escrituras hebraicas eram irrelevantes para os cristãos. Em 419, Agostinho enviou a *Carta* 23* junto com seu livro *Sobre a natureza e origem da alma* a Renato de Cesareia.[241]

Agostinho escreveu duas cartas exegéticas ao bispo Hesíquio acerca dos profetas e do fim do mundo. Agostinho enviou essa carta com alguns livros que Jerônimo já tinha escrito, em vez de tratar inteiramente do assunto ele próprio.[242] Claramente insatisfeito com as respostas de Jerônimo, Hesíquio respondeu com outra carta pedindo esclarecimento.[243] Agostinho respondeu com a *Carta* 199, falando sobre algumas teorias que se acham nas Escrituras, relacionadas com o tempo da volta de Cristo, e também comentou os sinais relacionados com o fim das eras. Contudo, Agostinho incentivou Hesíquio a focar menos na questão de saber a data precisa do retorno de Cristo, algo que nem mesmo os apóstolos sabiam, e o concitou a preparar-se pessoalmente para a volta de Cristo, vivendo bem no presente mundo.[244]

Por volta de 420, Agostinho escreveu a *Carta* 207 ao bispo Cláudio, na Itália. Sua carta foi acompanhada por livros escritos para refutar a heresia de Juliano de Eclano, que essencialmente propagava o ensino de Pelágio. Anos depois, por volta de 428, enquanto estava ainda em plena batalha com Juliano, Agostinho escreveu duas cartas a Quodvultdeus, um diácono de Cartago que tinha pedido um livro que resumisse as heresias que afrontavam a igreja, com resposta a cada uma.[245] Na *Carta* 222, Agostinho respondeu que essa tarefa seria difícil, em vista de suas presentes responsabilidades; em vez disso, ele

---

[241] Embora seja provável que Renato era um monge não ordenado, ele tinha inquirido Agostinho sobre a natureza da alma em benefício do bispo Optato e de outros clérigos de Cesareia "*Mauritânia*". Ver *Carta* 190.1; e MANDOUZE, *Prosopographie*, p. 959-960.

[242] *Carta* 197.5.

[243] *Carta* 198.7.

[244] *Carta* 199.17-33; 199.4-6.12; 199.1—4.9.52-54.

[245] *Carta* 221.2,3.

COMO AGOSTINHO ABORDA A FUNÇÃO DE MENTOR

sugeriu uma obra parecida, escrita em grego por um certo Filastro. Ele solicitou a Quodvultdeus que obtivesse o livro e o traduzisse para o latim, em benefício dos seus colegas de Cartago. Todavia, em resposta à repetição do pedido do diácono, Agostinho escreveu a *Carta* 224, concordando em escrever o livro assim que terminasse seus últimos tomos contra Juliano. Mas Agostinho só pôde produzir o livro incompleto *Sobre heresias*, antes de sua morte, ocorrida em 430.[246]

Agostinho redigiu bom número de cartas para clérigos e líderes espirituais afetados pelo ensino de Pelágio. Em 418, Agostinho enviou a *Carta* 194 a Sixto, um presbítero de Roma. Em uma significativa parte da carta, ele assessorou Sixto com ensino sobre os erros dos pelagianos, provendo um tratado completo sobre a natureza do homem, o pecado original e o dom da fé.[247] Por volta de 420, ele escreveu a *Carta* 6* a Ático, de Constantinopla, refutando o ensino pelagiano sobre sexo e casamento, erro que estava se propagando em sua área. Por volta de 426, Agostinho escreveu as *Cartas* 214, 215 e 215A ao abade Valentino e a seus monges em Hadrumetum. Cada carta continha ensino sobre a natureza da vontade, em um esforço para distanciar os monges da heresia pelagiana. Mais do que simplesmente mentorear por carta, Agostinho recebeu os monges de Valentino, Crescônio e Félix, em Hipona. Eles passaram tempo com Agostinho e seus homens e receberam ensino, bem como alguns livros, para levarem de volta para a sua comunidade em Hadrumetum. O resultado foi que Valentino respondeu a Agostinho com uma humilde declaração da sua ortodoxia, como também com reverência pela posição de Agostinho como bispo de Hipona.[248]

Agostinho enviou três cartas exegéticas ou teológicas finais para assessorar clérigos. A *Carta* 249, sem data, Agostinho escreveu a um certo Restituto, remetendo-o aos escritos de Ticônio, o bispo

---

[246] *Carta* 224.1,2; ver TESKE, Roland, *"Haeresibus, De"*, ATTA, 412,13.

[247] Carta 194.3-46.

[248] *Cartas* 214.1; 215.1; os livros eram *On Grace and Free Will* e *On Admonition and Grace*; também *Cartas* 216; 215A tinham sido escritas unicamente para Valentino.

211

donatista que tinha desenvolvido uma série de regras hermenêuticas. Agostinho foi influenciado por Ticônio quando desenvolveu suas regras para interpretação em *Sobre a doutrina cristã*.

Na *Carta* 5*, escrita por volta de 416, Agostinho respondeu a duas perguntas de um certo bispo Valenciano. À pergunta de Valenciano sobre por que o crente recém-batizado devia recitar a Oração do Senhor, incluindo confissão, Agostinho respondeu que se requeria constante confissão devido à contínua luta do homem contra o pecado, mesmo depois do batismo. Em resposta à sua inquirição sobre o sentido de Gênesis 6:3, primeiro Agostinho proveu uma tradução melhor do versículo, comparada com a pobre tradução latina do bispo, e depois acrescentou um comentário sobre o versículo.[249]

Finalmente, na *Carta* 29*, Agostinho recusou polidamente o pedido que Paulino de Milão fizera que ele escrevesse um relato das vidas dos santos. A recusa de Agostinho foi um tanto irônica, visto que foi Agostinho que tinha pedido a Paulino que escrevesse *A vida de Ambrósio*. Não obstante, Agostinho remeteu Paulino à obra que ele já tinha realizado, comemorando as vidas dos santos por meio dos seus sermões.

Com vistas a manter a sã doutrina. Em outras 18 cartas, Agostinho escreveu influenciando e concitando seus colegas clérigos a manterem a sã doutrina. Em sua maior parte, essas cartas narravam batalhas com os priscilianistas, com os donatistas, com Juliano e com os pelagianos; porém, duas delas não estão legadas a nenhuma heresia ou controvérsia da igreja. Em 401, Agostinho escreveu a *Carta* 64 para admoestar o presbítero Quintiano de Cartago a ler somente as Escrituras canônicas na igreja, lembrando-lhe os cânones dos concílios de 393 e 397, que declaravam os livros canônicos.[250] A *Carta* 148, citada na última seção, acima, Agostinho escreveu a um bispo, cujo nome não foi mencionado, por meio de Fortunato de Sicca, desafiando sua

---

[249] *Carta* 5*.2,3.

[250] Na *Carta* 64.3, Agostinho citou o cânone 38 do concílio de Hipona, de 393, e o cânone 47 do concílio de Cartago, de 397.

crença de perceber Deus em forma corpórea. Agostinho fez seu apelo baseado nos ensinos dos pais da igreja, como também no que é ensinado nas Escrituras.[251]

Na *Carta* 237, sem data e destinada a Cerêsio da Gália, Agostinho denunciou um certo Argírio, apanhado na heresia priscilianista. Condenando a alegação deles de que um certo hino era pertinente às Escrituras, Agostinho apelou pessoalmente para a autoridade das Escrituras canônicas e criticou fortemente Argírio e seu grupo por fazerem mau uso delas.[252]

Por volta de 412, Agostinho escreveu a *Carta* 28* para dar apoio a Novato de Sitifis, cuja igreja estava experimentando uma nova união de católicos e donatistas como resultado do concílio de Cartago, em 411, que condenou os donatistas e ordenou que eles se unissem à igreja católica. Agostinho encorajou Novato a aproveitar essa oportunidade para ensinar sua congregação sobre a natureza da igreja lendo os procedimentos do concílio de Cartago na igreja durante a quaresma, prática que também tinha sido adotada em Hipona, Cartago, Tagaste, Cirta e provavelmente Cesareia Mauritânia.[253]

Conforme citado anteriormente, a *Carta* 207 de Agostinho, destinada ao bispo Cláudio, foi acompanhada por livros cuja intenção era refutar a heresia de Juliano, que se espalhava pela Itália. A carta e os livros foram recursos teológicos que serviram para encorajar Cláudio e o clero com vistas a manterem a sã doutrina.

As treze cartas finais relacionadas com a manutenção da sã doutrina foram endereçadas a clérigos afetados pela controvérsia pelagiana.[254] Em 416, Agostinho redigiu a *Carta* 178, destinada ao bispo

---

[251] *Carta* 148.2.10-4.15.

[252] *Carta* 237.1-3.7.9. Quanto a uma explicação concisa da heresia prisciliana, ver TESKE, Roland, *"Priscillianists, Contra"*, ATTA, 684,85.

[253] *Carta* 28*.1,2. Ver os comentários de Robert Eno em FC, 6.187.

[254] Nas seções anteriores tratamos das *Cartas* 190; 194; 6*; 214,15; 215A, que foram escritas para fornecer recursos para os clérigos com instrução teológica, e também para distanciá-los dos erros dos pelagianos. Para evitar redundância, não consideraremos as *Cartas* 6*; 214,15; 215A nesta seção.

LIÇÕES DE LIDERANÇA DE AGOSTINHO

Hilário, advertindo-o sobre o pensamento pelagiano e explicando alguns dos seus erros. Em 417, Agostinho escreveu a Paulino na *Carta* 186, também fazendo um relato sobre o ensino de Pelágio. Como essa informação provavelmente era difícil para Paulino, que, ao que tudo indica, tinha relação com Pelágio, Agostinho mostrou sensibilidade agindo como coautor da carta com Alípio, que visitou pessoalmente Paulino na Itália. Em 418, Agostinho incentivou Sixto de Roma, com as *Cartas* 191 e 194, apoiando sua atuação como apologista contra os pelagianos.[255] Ao que parece, Sixto foi levado a extraviar-se pelo pensamento pelagiano em algum ponto, mas depois renunciou a esse pensamento e juntou-se ativamente a Agostinho e a outros na luta contra o mesmo. Finalmente, em na *Carta* 190, que já examinamos, Agostinho advertiu Optato sobre os perigos de cair na heresia pelagiana.[256]

Em duas cartas Agostinho comunicou-se com bispos do Oriente, investigando para saber como Pelágio foi absolvido pelo concílio da igreja na Palestina, e esforçando-se para influenciá-los quanto à ideia que tinham sobre a heresia. Na *Carta* 179, escrita em 416, Agostinho recorreu ao bispo João de Jerusalém, levantando a questão do ensino que os discípulos de Pelágio estiveram espalhando. Também solicitou uma cópia das atas do concílio de 415, reunido em Dióspolis, que tinha absolvido Pelágio. Essa situação exigiu que Agostinho reunisse todos os fatos para poder fisgar Pelágio em sua heresia. Agostinho aproveitou a oportunidade para relatar o que sabia sobre Pelágio e essencialmente tecer uma argumentação contra Pelágio para João.[257] Na *Carta* 4*, escrita no ano seguinte para Cirilo de Alexandria, Agostinho acusou o recebimento de uma cópia das atas enviadas por Cirilo e que João não lhe tinha enviado.[258] Agostinho as tomou

---

[255] A *Carta* 194 serviu o propósito de funcionar como recurso teológico, e também como um incentivo a combater a heresia.

[256] *Carta* 190.22.

[257] *Carta* 179.2—7.9.10.

[258] Aparentemente, João tinha desconsiderado Agostinho e seu pedido em vista da associação deste com seu inimigo Jerônimo.

COMO AGOSTINHO ABORDA A FUNÇÃO DE MENTOR

e produziu seu livro *Sobre os procedimentos de Pelágio*, uma obra apologética contra Pelágio que enviou como um recurso a Aurélio de Cartago. Enviou também uma cópia certificada a Cirilo por meio do seu mensageiro Justo. Finalmente, Agostinho insistiu com Cirilo que tivesse cuidado com certos oradores latinos que estavam propagando o ensino de Pelágio em Alexandria, e em termos gerais, o encorajou a lutar contra as heresias.[259]

Finalmente, em 416, Agostinho escreveu duas cartas em colaboração com outros bispos africanos com o propósito de influenciar o papa Inocêncio I sobre a questão de Pelágio. Na *Carta* 176, Agostinho comunicou a decisão do concílio de 416, em Milevo, em que Pelágio foi condenado. Ao mesmo tempo que deram sua posição teológica sobre a natureza pecaminosa do homem, fundamentando-a com numerosas passagens das Escrituras, Agostinho e os bispos da Numídia escreveram para informar o seu principal pastor sobre o que estava acontecendo na igreja africana e persuadi-lo a aceitar a posição deles.[260] A *Carta* 177, escrita no mesmo ano, Agostinho escreveu no interesse dos bispos Aurélio, Evódio, Possídio e Alípio. Novamente usando argumentos hauridos das Escrituras e enviando o livro do próprio Pelágio a Inocêncio, Agostinho expôs o cerne da questão pelagiana — a natureza do homem.[261] Embora pareça estranho afirmar que Agostinho, na companhia de seus colegas bispos, estava mentoreando o papa por meio de suas cartas, não obstante ele estava tentando influenciar Inocêncio com vistas à sã doutrina, como fizera com as cartas enviadas a João e a Cirilo. A correspondência de Agostinho viu-se eficaz, pois Inocêncio respondeu a cada carta atestando os bispos por seu compromisso com a sã doutrina e condenando os erros de Pelágio.[262]

Questões eclesiásticas práticas. Em 35 cartas, Agostinho mentoreou seus colegas clérigos, propiciando-lhes direção e discernimento sobre

---

[259] *Carta* 4*.2.5.
[260] *Carta* 176.1-3.
[261] *Carta* 177.1.7,8.
[262] *Cartas* 182,83.

215

assuntos práticos relacionados com a liderança da igreja.[263] Dez dessas cartas foram escritas para assessorar discípulos que tinham deixado Hipona para servir a igreja africana como bispos. Alípio foi o correspondente chave de Agostinho, recebendo seis cartas. Na *Carta* 29, escrita em 395, quando Agostinho ainda era presbítero, ele relatou a Alípio a penosa experiência de pregar às multidões no meio de sua batalha para reformar o festival denominado *laetitia*. Embora a carta revelasse um ministro partilhando uma experiência com outro ministro, indiretamente Agostinho inculcou em Alípio a necessidade de tratar desses problemas da igreja adotando as Escrituras como a autoridade final para a prática da igreja.[264]

Na *Carta* 83, redigida por volta de 404, Agostinho escreveu a Alípio sobre certo Honorato de Tiava, um dos monges de Hipona que tinha morrido. A igreja de Tiava, uma congregação que estava sob a supervisão de Alípio, estava exigindo que os bens de Honorato fossem trazidos de volta para a igreja. Embora atendendo ao pedido de Alípio, que solicitou ajuda quanto à aludida questão, certamente Agostinho honrou a jurisdição exercida por seu amigo sobre Tiava, tratando do problema em cooperação com Alípio. Como a questão era visivelmente urgente, Agostinho pediu a Alípio que assinasse uma carta que ele já tinha escrito para a igreja, desde que Alípio concordasse com o seu conteúdo. Agostinho também aproveitou a oportunidade para discutir alguns princípios relacionados com a questão — que os monges deviam resolver definitivamente a questão de suas propriedades antes de ingressarem em um mosteiro e que os clérigos deviam evitar a aparência do mal em questões relacionadas a dinheiro.[265]

---

[263] As *Cartas* 41 e 60, de Agostinho a Aurélio de Cartago, tratam de questões práticas da igreja. Uma vez que foram tratadas adequadamente na seção sobre mentoreado de colegas, não serão discutidas aqui.

[264] *Carta* 29.2-11. A repetição da frase de Agostinho, "adote o livro" *(codicem etiam accepi statimque... accepto codice recitaui)* na Carta 29.4.10 é significativa.

[265] *Carta* 83.1-4.

COMO AGOSTINHO ABORDA A FUNÇÃO DE MENTOR

Entre 419 e 423, Agostinho escreveu as *Cartas* 15* e 9* para assessorar Alípio em seu papel de juiz e líder do clero.[266] Um homem tinha raptado uma freira do convento, e os clérigos de Alípio reagiram surrando o homem. Este apelou para o papa Celestino, que exigiu que os clérigos fossem julgados e punidos por seus atos. Quando Alípio se preparava para lidar com a grotesca situação, seu velho amigo lhe escreveu para dar-lhe apoio e ânimo, como também para dar-lhe alguma orientação. Embora Agostinho não parecesse estar muito preocupado com os atos dos clérigos, exceto com a possibilidade de eles terem usado força excessiva, ele concitou Alípio a investigar os fatos antes de emitir juízo, um princípio que ele próprio observou repetidamente durante todo o seu ministério.[267]

Na *Carta* 22*, escrita por volta de 420, Agostinho mentoreou Alípio envolvendo-o em um ministério específico relacionado com seu treinamento prévio como advogado — enviando-o a Roma para interceder junto ao papa sobre questões da igreja.[268] Agostinho lhe pediu que falasse com o papa sobre o problema de recrutar clérigos de certas classes, sobre a possível necessidade de um defensor secular para a igreja, e sobre a nomeação do indigno Honório como bispo de Cesareia Mauritânia.[269] Enquanto Alípio ainda estava em Roma, Agostinho escreveu a *Carta* 10*, pedindo-lhe que recorresse a líderes seculares sobre a crise de sequestros e de escravidão que estava acontecendo na África. Tendo mantido sua prática de investigar minuciosamente toda questão, Agostinho supriu Alípio de um estatuto para auxiliá-lo em seus esforços.[270]

As *Cartas* 62 e 63, escritas em 402, Agostinho mandou a Severo de Milevo relatando-lhe sobre um diácono chamado Timóteo que tinha sido desonesto com Agostinho, Alípio e Samsúcio de Túris.[271] Timóteo

---

[266] A *Carta* 15* foi igualmente escrita para o clero que servia com Alípio em Tagaste.

[267] *Carta* 9*.1-3.

[268] A carta também foi endereçada ao bispo Peregrino de Thenas.

[269] *Carta* 22*.1,2.4.6,7.

[270] *Carta* 10*.2-4.6.

[271] Os três bispos foram coautores da *Carta* 62.

217

tinha começado como leitor na igreja de Subsana, perto de Hipona, foi para Milevo a fim de servir com Severo, e depois quis voltar para Subsana.[272] Na Carta 63, Agostinho esforçou-se para resolver a desagradável situação que envolvera um amigo chegado, partilhando que ele tinha corrigido Timóteo mediante "reprimendas, admoestações e orações".[273] Embora tenha deixado a decisão com Severo, pediu-lhe que liberasse Timóteo do seu compromisso com Milevo e o deixasse voltar para Subsana.[274]

Por volta de 401, Agostinho escreveu a *Carta* 245 a seu amigo que mais tarde seria seu biógrafo Possídio. Ele respondeu ao pedido de Possídio que o orientasse sobre como lidar com membros da igreja que usavam ouro, vestes caras, pintura na pele, e que usavam brincos como amuletos. Agostinho incentivou Possídio a não proibir as pessoas de se apresentarem deste ou daquele modo, mas que as movesse a considerarem o que as Escrituras ensinam sobre a verdadeira beleza e sobre o que é honroso entre maridos e esposas. Com relação aos amuletos, porém, ele lembrou a Possídio que ele tinha forte autoridade auferida da Escritura para denunciar tais superstições. Finalmente, Agostinho advertiu Possídio contra a ordenação de um homem que fora batizado como donatista.[275] Na *Carta* 23A*, provavelmente escrita para Possídio por volta de 419, Agostinho inquiriu Alípio sobre suas viagens à Itália no interesse da igreja africana.[276] Em outra atividade da igreja, Agostinho apoiou um certo bispo Donaciano e enviou uma cópia dos atos de absolvição do bispo Maurêncio. Finalmente, Agostinho dividiu com seu amigo seus recentes projetos de escrever.[277]

Agostinho escreveu onze cartas tratando especificamente de questões da liderança da igreja. Por volta de 402, ele redigiu a *Carta* 59

---

[272] *Cartas*, 62.2; 63.1.

[273] *Carta* 63.2.

[274] *Carta* 63.4.

[275] *Carta* 25.1,2.

[276] Quanto a argumentos sobre a autoria desta carta, ver CHADWICK, "New letters of St. Augustine", p. 448-449.

[277] *Carta* 23A*.1.3,4.

COMO AGOSTINHO ABORDA A FUNÇÃO DE MENTOR

destinada ao bispo Vitorino, que tinha travado algo como uma campanha contra Xântipo pela posição de primaz da Numídia. Enquanto incentivava Vitorino a resolver a questão diretamente com Xântipo, ele também o repreendeu pela maneira imprópria pela qual ele tinha tentado conseguir o ofício.[278] Agostinho escreveu a *Carta* 65 para Xântipo, que por fim veio a ser o primaz em 402. Em sua carta Agostinho estava de fato cientificando Xântipo do que tinha transpirado sobre um clérigo chamado Abundanciano, que fora achado culpado de desfalque e de imoralidade sexual. Ao mesmo tempo em que informava sobre o assunto, Agostinho estava indiretamente modelando sobre como lidar com este ou aquele clérigo, dedicando tempo para investigar minuciosamente a questão, removê-lo da sua posição no ministério e tratando-o de maneira compassiva.[279]

Em 422, Agostinho escreveu a *Carta* 209, destinada ao papa Celestino, com relação ao caído bispo Antonino de Fussala, que tinha sido removido da sua posição por Agostinho e depois tinha apelado para o papa Bonifácio.[280] Na carta Agostinho narrou o fato, primeiro relatando o grande fardo que ele tinha quanto à região de Fussala, área fortemente influenciada pelos donatistas.[281] Como Fussala se compunha primariamente de pessoas que falavam a língua púnica, Agostinho, certamente influenciado por Valério, foi convencido da necessidade de escolher um bispo que falasse essa língua.[282] Quando o primeiro que ele escolheu para bispo recusou ser ordenado, Agostinho precipitou-se e ordenou Antonino, um leitor que havia crescido no mosteiro de Hipona. Embora o propósito dessa carta fosse informar Celestino do que havia acontecido, Agostinho indiretamente influenciou o papa sobre como gerenciar a questão. Em reação a Antonino, Agostinho respondeu tanto com disciplina, como com graça. Ele escreveu:

---

[278] *Carta* 59.1.
[279] *Carta* 65.1.
[280] *Carta* 209.6-9.
[281] *Carta* 209.2.
[282] *Carta* 209.3.

> Nós mesclamos clemência com severidade em nossa sentença, para que, enquanto reservando para ele o ofício de bispo, não deixássemos inteiramente impunes ofensas que ele não deveria repetir, nem deveriam ser expostas para a imitação de outros. Portanto, ao corrigi-lo, foi preservada para o jovem, intocada, a posição do seu ofício, mas, ao mesmo tempo, como punição, restringimos seu poder, determinando que ele não mais governasse sobre aqueles com quem ele tinha tratado, para não suceder que, com justo ressentimento, eles não pudessem submeter-se à sua autoridade.[283]

Embora a autoridade de Antonino como bispo lhe tenha sido tirada, ele realmente não teve o seu título removido. De fato, Agostinho pensou depois que talvez ele próprio e os outros bispos númidas teriam sido muito misericordiosos em seu julgamento.[284] Segundo, a despeito da conduta de Antonino, Agostinho ainda o amava como filho e desejava tratá-lo com compaixão. Na carta Agostinho estava realmente apelando a Celestino que tratasse com compaixão, tanto Antonino como o povo de Fussala.[285] Finalmente, Agostinho assumiu a responsabilidade por sua má escolha. Admitiu que se precipitou em escolher Antonino, o que fez sob pressão, não querendo molestar o idoso primaz da Numídia, que já estava a caminho de Fussala.[286] Talvez, temesse dificuldades criadas pelo partido donatista rival, que era ativo em Fussala. Agostinho estava disposto a assumir a responsabilidade a ponto de renunciar a seu próprio ofício pelo erro cometido.[287]

Na *Carta* 78, escrita antes de 408 e destinada ao povo e ao clero de Hipona, Agostinho relatou o caso de um sacerdote chamado Bonifácio, que tinha acusado um monge de imoralidade e que depois foi acusado pelo próprio monge de igual pecado. Novamente Agostinho

---

[283] *Carta* 209.5.
[284] *Carta* 209.7.
[285] *Carta* 209.9.
[286] *Carta* 209.3.
[287] *Carta* 209.10.

COMO AGOSTINHO ABORDA A FUNÇÃO DE MENTOR

estabeleceu um modelo para o clero sobre como tratar de possível imoralidade, sendo completamente transparente acerca da questão e considerando o acusado inocente enquanto não houvesse prova de sua culpa.[288] De forma parecida, na *Carta* 13*, sem data, endereçada ao presbítero Restituto, Agostinho deu conselhos sobre como lidar com um diácono que tinha partilhado seu leito com uma freira. Além disso, como Agostinho estava investigando a questão, ele incentivou Restituto a considerar o diácono inocente enquanto não fosse comprovada a sua culpa. Contudo, se a congregação ficasse agitada, Agostinho concitou Restituto a ler a *Carta* 13* para a igreja.[289]

A *Carta* 85, redigida antes de 408, Agostinho escreveu a Paulo de Cataqua confrontando-o acerca do mundanismo, que tinha causado ofensa à igreja. Essa carta deve ter sido difícil para Agostinho, que considerava Paulo, um aluno do mosteiro clerical, como "não somente meu irmão, mas também meu colega". Embora a ofensa de Paulo não tenha sido mencionada explicitamente na carta, Agostinho deu a entender que a falta de arrependimento levaria a sua remoção como bispo: "Se o Senhor não o libertar de todos os seus interesses e fardos mundanos, e não o chamar de volta a uma genuína maneira episcopal de viver, essa ferida não poderá ser curada".[290]

Na *Carta* 236, escrita para Deutério de Cesareia, Agostinho indicou que estava enviando a Cesareia um subdiácono que estivera servindo na região de Hipona e que tinha se envolvido com a seita dos maniqueus. Agostinho, agindo com base em suas convicções favoráveis à sã doutrina, demonstrou intolerância por heresias. Porém, na *Carta* 219, escrita para os bispos Prócolo de Marselha e Cilênio da Gália, em 426, Agostinho lhes recomendou um monge chamado Lepório. Evidentemente, Lepório tinha fugido da Gália devido a suas ideias heréticas sobre a encarnação. Agostinho o recebeu em Hipona e investiu tempo mentorando-o, com vistas a um entendimento ortodoxo da

---

[288] *Carta* 78.2.8.
[289] *Carta* 13*.2,3. Na *Carta* 18*.1,2 ficamos sabendo que o diácono foi achado culpado.
[290] *Carta* 85.1.

encarnação, antes de mandá-lo de volta para a Gália com uma declaração de retratação da sua heresia, e de aceitação da ortodoxia.[291] Por meio dessa carta, Agostinho modelou a graça da restauração para os dois clérigos gauleses. Finalmente, na *Carta* 26*, sem data, endereçada a Honorato, Agostinho recusou-se a recomendar o indigno e inconfiável Donâncio para que fosse nomeado diácono em Suppa.[292]

Na *Carta* 84, escrita antes de 411 para Novato de Sitifis, Agostinho negou o pedido de Novato em favor do seu irmão Lucilo, um diácono que servia em Hipona. Novato pediu que Lucilo fosse transferido para Sitifis. Primeiro, Agostinho chamou a atenção para o seu fardo no ministério e para as necessidades da igreja, acima de quaisquer desejos pessoais. Ele escreveu: "Por amor à vida futura [...] colocamos as necessidades de nossa mãe, a igreja, antes das necessidades do nosso próprio tempo".[293] Segundo, Lucilo era um orador púnico, e sua capacidade linguística era muito necessária na região de Hipona. Novamente, segundo a influência de Valério, Agostinho deu importância a superar as barreiras do ministério buscando comunicadores capazes. Na *Carta* 28*, considerada na seção anterior, Agostinho assessorou o mesmo Novato em seu papel de juiz em um caso comum.[294]

A *Carta* 213, escrita em 9 de setembro de 426, contém os procedimentos seguidos por Agostinho para a nomeação do presbítero Eráclio para sucedê-lo como bispo. Com firme propósito, Agostinho empregou notários para registrarem o evento com o fim de evitar a confusão e as disputas que tinham ocorrido noutras igrejas durante a mudança da liderança. É evidente que Agostinho queria deixar a igreja de Hipona em boas mãos após sua morte. Ele escreveu: "Sei que as igrejas estão acostumadas a sofrer perturbação após o falecimento dos seus bispos, causada por partidos ambiciosos e contenciosos, e

---

[291] Sua declaração de ortodoxia deu-se no contexto do concílio de Cartago, em 418. Ver HEFELE, *Histoire des Conciles d'Après les Documents Originaux, Vol. II* (Paris: Letouzey et Ané, 1908), 2.1.215,16; e MANDOUZE, *Prosopographie*, p. 123.

[292] *Carta* 26*.1,2.

[293] *Carta* 84.1.

[294] *Carta* 28*.7.

COMO AGOSTINHO ABORDA A FUNÇÃO DE MENTOR

sinto que é meu dever tomar medidas para evitar que esta comunidade sofra".[295] Então, o registro da transferência da liderança de Hipona serviu como um bom modelo para outras igrejas seguirem. Dois aspectos da ordenação de Eráclio por Agostinho são dignos de nota: primeiro, Agostinho certificou-se de que o clero e a congregação de Hipona apoiavam a decisão de terem Eráclio como seu novo bispo. Segundo, ele rompeu com Valério nesse aspecto, e sustentou os cânones de Niceia não ordenando Eráclio como seu cobispo. Em vez disso, Eráclio continuou servindo como presbítero até à morte de Agostinho, centrado em tarefas administrativas e servindo como juiz, o que concedia a Agostinho maior liberdade para estudar e escrever.[296]

Para tratar de questões eclesiásticas práticas, Agostinho escreveu A *Carta* 36, em 397, endereçada ao bispo africano Casulano, respondendo a sua pergunta sobre se os crentes deveriam jejuar no dia de santo repouso semanal. Embora provendo uma resposta, Agostinho incentivou Casulano a usar sua própria "fina inteligência" *(ingenio)* para encontrar soluções para tais questões.[297] Conforme o ensino de Ambrósio, Agostinho aconselhou Casulano no sentido de que, em situações nas quais não há mandamento direto na Escritura, é aceitável seguir a tradição da igreja a que o interessado pertence.[298] Na *Carta* 61, escrita em 401, Agostinho fez advertência ao diácono Teodoro de Cartago, sobre admitir clérigo ex-donatista à comunhão.[299] Antes de 423, Agostinho escreveu a *Carta* 115, destinada a Fortunato de Cirta, pedindo-lhe, gentilmente, que entregasse uma carta ao governador relativa a certo Favêncio, que tinha procurado refúgio na igreja de Hipona e então foi preso. Com essa carta Agostinho envolveu, essencialmente, Fortunato nesse ministério de intercessão por um refugiado e de apelo às autoridades seculares. Na *Carta* 191,

---

[295] *Carta* 213.1.
[296] *Carta* 213.1-6.
[297] *Carta* 36.2.3.
[298] *Carta* 36.1.2; 36.14.32.
[299] *Carta* 61.1.

enviada ao presbítero Sixto, anteriormente considerada, Agostinho deu a contribuição de algumas percepções sobre como lidar com heresia na igreja. Ele insistiu no equilíbrio que deve existir entre ser gentil com os que precisavam receber instrução, e disciplinar os que intencionalmente propagavam falso ensino.[300]

Em 429, Agostinho endereçou a Carta 228, uma de suas últimas, a Honorato. Como fizera Quodvultdeus, Honorato tinha escrito perguntando como os clérigos deveriam reagir ao perigo apresentado pela invasão dos vândalos, e se era aceitável que eles fugissem, se necessário.[301] Agostinho respondeu decisivamente que, embora a segurança pessoal seja importante, o pastor jamais deve abandonar o seu rebanho. Quando os membros da igreja estão em necessidade do ministério, principalmente em tempos instáveis, o ministro deve estar presente. Agostinho também animou Honorato a não temer a morte, pois ele possuía a vida eterna.[302]

Na *Carta* 250, escrita antes de 420, Agostinho confrontou o jovem bispo Auxílio por excomungar um homem e toda a sua família. Ao mesmo tempo que insistiu para que o bispo mostrasse uma base nas Escrituras para a ação em questão, também incentivou-o a perdoar o excomungado. Finalmente, o idoso Agostinho lembrou a Auxílio que os bispos também cometem erros, de modo que eles devem admitir seus erros e seguir avante.[303] As *Carta* 253 e 254, redigidas em algum tempo depois de 395, Agostinho escreveu a Benenato, que se apressara em arranjar casamento para uma jovem que estava sob a tutela da igreja. Discutindo o assunto na *Carta* 254, Agostinho concluiu que a moça era jovem demais para casar-se. Ele enviou a *Carta* 3*, sem data, ao diácono Félix, aconselhando-o sobre uma mulher que tinha feito sua filha comprometer-se a manter sua virgindade durante um período de enfermidade e, posteriormente, quis que ela fosse liberada

---

[300] *Carta* 191.2.
[301] *Carta* 228.1.
[302] *Carta* 229.8.11.
[303] *Carta* 250.1.3; também *Carta* 1*.

do voto. Agostinho aconselhou Félix dizendo que a mulher deveria manter o juramento e que sua filha deveria tornar-se freira.[304]

Em 426, Agostinho escreveu a *Carta 7**, destinada a Faustino, um diácono que servia com ele em Hipona. Em resumo, Agostinho enviou Faustino a Novato de Sitifis, para deixá-lo ciente de uma doação previamente prometida pelo Conde Bonifácio e que tinha sido tomada por sua viúva. Agostinho queria que Novato apelasse diretamente à autoridade secular superior, o Conde Sebastian. Embora Faustino tenha sido envolvido nesse trabalho da igreja por comunicar-se com Novato sobre a questão, Agostinho deu instruções claras na carta sobre como ele deveria proceder. Ele confiou a Novato uma incumbência, e depois escreveu dando apoio e orientação.[305] Agostinho também escreveu a *Carta 8** ao bispo Vítor, com relação a uma questão financeira da igreja. Aparentemente, Vítor tinha adquirido para a igreja um terreno de uma senhora idosa que não o possuía legalmente, e seu filho reagiu exigindo da igreja a devolução da propriedade.[306] Inicialmente, Vitor se recusou a atender à solicitação do homem, mas Agostinho o incentivou a devolver o terreno e a ter o cuidado de não enredar a igreja em possíveis problemas legais.

Perspectiva do ministério. Agostinho escreveu duas cartas que partilhavam sua perspectiva do ministério. Como já foi observado, a motivação de Agostinho para o ministério estava encapsulada na palavra *fardo*. Por isso, não deve causar surpresa que as duas cartas em questão também comunicassem esse valor. Anteriormente, citamos a *Carta 48* endereçada ao presbítero e abade Eudóxio e seus monges de Caprária. Agostinho exortou os homens a servirem a igreja e a obterem um adequado equilíbrio entre vida ativa e vida contemplativa.[307] Indiretamente, Agostinho comunicou a mesma ideia ao bispo Memório de Apulia, por volta de 408, na *Carta 101*. Ele escreveu para desculpar-se por não poder enviar-lhe uma cópia corrigida de

---

[304] *Carta 3**.1.3; ver CHADWICK, "New letters of St. Augustine", p. 428.
[305] *Carta 7**.1,2.
[306] *Carta 8**.1.
[307] *Carta 48.3*

Sobre a música, uma série de livros de sua autoria produzidos cerca de vinte anos antes. Ele descreveu o período de sua vida durante o qual estava escrevendo essa obra como "o começo do nosso lazer, quando a minha mente estava livre de cuidados maiores e mais importantes". Contudo, depois de quase duas décadas como presbítero e bispo de Hipona, ele admitiu: "Depois que o fardo dos cuidados relacionados com a igreja me foram impostos, todas aquelas coisas fúteis fugiram de minhas mãos, de modo que agora dificilmente vou encontrar o manuscrito original".[308] Enquanto se desculpava por não poder atender à solicitação, Agostinho comunicou mais da sua filosofia ministerial do que qualquer outra coisa.

Com vistas ao crescimento espiritual. Três cartas mostram Agostinho mentoreando membros do clero com vistas ao crescimento espiritual. Em 397, Agostinho escreveu a *Carta* 38, destinada a Profuturo, na qual completou uma conversa prévia e exortou Profuturo a não se deixar levar pela ira e pelo ódio.[309] A *Carta* 64 a Quintiano, que já foi considerada em parte, Agostinho escreveu a esse presbítero cartaginês depois de um evidente conflito com o bispo Aurélio. Embora não usurpando a autoridade de seu amigo Aurélio, Agostinho procurou animar Quintiano — especialmente concitando-o à paciência.[310] Finalmente, Agostinho escreveu a *Carta* 125, endereçada a Alípio, em 411, em meio às consequências da controvérsia ocorrida em torno de Piniano em Hipona. Em reação às zombarias e às falsas acusações feitas pelos crentes de Hipona, Agostinho insistiu com seu amigo que tivesse uma vida de integridade exemplar diante dos seus acusadores. E mais, Agostinho animou Alípio a, por meio de seu bom exemplo, sanar a suspeita de Albina, mãe de Piniano, de que a igreja era gananciosa e que só estava interessada no dinheiro de seu filho.[311]

---

[308] *Carta* 191.1.3.
[309] *Carta* 38.2.
[310] *Carta* 64.1.
[311] *Carta* 125.1,2. Piniano era um leigo rico que os crentes de Hipona tentaram em vão ordenar. Logo depois disso, eles acusaram Alípio de tirar Piniano de Hipona e levá-lo para Tagaste.

Encorajamento. Agostinho enviou outras cinco cartas para encorajar vários clérigos em sua fé e em seu ministério. Ele endereçou a *Carta* 110 a Severo de Milevo, com agradecimentos a seu amigo de longa data por sua carta de encorajamento, e fortalecendo Severo no propósito de continuarem sua amizade.[312] Similarmente, o propósito de Agostinho como a *Carta* 192 de 418, destinada a Celestino, foi expressar fervor e amizade a seu cooperador no ministério.[313]

Em 409, Agostinho escreveu a *Carta* 111 para Vitoriano, a fim de encorajar esse presbítero que estava angustiado em face da violência da invasão dos vândalos. Agostinho iniciou sua carta mostrando empatia com Vitoriano em sua aflição e, ao mesmo tempo, lembrando-lhe que as Escrituras ensinam que ninguém deve ficar surpreso diante de tais acontecimentos. O missivista prosseguiu e encorajou Vitoriano citando dois santos modelos de firme resistência durante sofrimentos — o profeta Daniel e a sobrinha de Severo de Milevo. À luz dos modelos hauridos das Escrituras, Agostinho exortou Vitoriano a crer nas Escrituras, ensiná-las e resistir à murmuração, permanecendo firme na oração e crendo que Deus o livraria de dano.[314]

Em 410, Agostinho enviou a *Carta* 122 aos crentes de Hipona, leigos e clérigos. Pedindo desculpas por sua ausência, animou-os a perseverarem em meio a qualquer dificuldade temporal que acaso enfrentassem, firmados na glória eterna que os aguardava. Concluiu, exortando-os a continuarem na prática de boas obras, principalmente no cuidado dos pobres.[315] Finalmente, em 412, Agostinho endereçou a *Carta* 142 a Saturnino, a Eufrates e a um grupo que tinha voltado para a igreja católica vindo do partido donatista.[316] Agostinho alegrou-se com eles por sua boa decisão e os exortou a levarem

---

[312] *Carta* 110.1. A data da *Carta* 110 é incerta, e tem sido estabelecida entre 401 e 426.
[313] *Carta* 192.
[314] *Carta* 111.1-4.6,7.9
[315] *Carta* 122.1,2.
[316] A carta foi dirigida também aos leigos associados a esses clérigos.

adiante seus ministérios na igreja, e os incentivou a orarem por aqueles que ainda permaneciam no donatismo.[317]

Reconciliação. Nas duas últimas cartas mentoriais de Agostinho dirigidas a clérigos, ele ofereceu um modelo de humildade e de companheirismo iniciando a reconciliação com dois indivíduos que aparentemente ele tinha ofendido. A *Carta* 148, anteriormente considerada por seu valor teológico, Agostinho escreveu por intermédio de Fortunato de Sicca, para chegar a um bispo que ele tinha ofendido. Sem fazer rodeios quanto à sua posição teológica, ele repetidamente pede perdão ao bispo pela maneira pela qual ele se dirigira a ele, e demonstra o desejo de aprender desse homem.[318] Agostinho e Alípio escreveram a *Carta* 171 ao ex-colega de Hipona, Peregrino, pedindo-lhe que enviasse desculpas a um doutor chamado Máximo, a cuja carta eles não tinham podido responder devido a outros compromissos. Embora não houvesse indicação de que Máximo se sentira ofendido, Agostinho foi suficientemente sensível para fazer uma sondagem a respeito.

Livros

Possídio afirmou que Agostinho, mediante a ajuda de estenógrafos, assessorou líderes espirituais da África e de fora da África por meio de seus livros e tratados. Seus escritos foram conhecidos, durante sua vida, por toda a igreja de língua latina, e foram preservados na biblioteca de Hipona.[319] Alguns até foram traduzidos para o grego. Muitos foram inspirados pela prática de diálogo exegético nas discussões que se faziam durante as refeições no mosteiro de Hipona; outros, como observa Pellegrino, foram "escritos à solicitação (por vezes repetida e insistente) de pessoas que queriam receber esclarecimento sobre

---

[317] *Carta* 142.1.4.

[318] *Carta* 148.1.1.4; 148.5.18.

[319] POSSÍDIO, *Vida de Agostinho*, 7.3,4; 11.4; 18.10; 31.6; ver BARDY, "Les Origines", 212.

pontos de doutrina; ou surgiam em decorrência das urgentes exigências criadas por polêmica controvérsia com hereges e pagãos".[320]

É evidente que Agostinho acreditava que os livros eram uma inapreciável fonte de recursos para mentorear os clérigos, como também os leigos. Como foi observado em nosso exame das cartas de Agostinho, às vezes ele respondia a uma pergunta enviando um livro relevante de outro autor.[321] Todavia, tendo em vista o tempo que ele dedicava para escrever e a soma de material produzido, mesmo no meio de um ministério muito ativo, Agostinho acreditava que os seus livros também poderiam exercer um impacto mentorial. Ele resumiu essa convicção na *Carta* 151:

> Na medida em que me é dado lazer da obra exigida imperiosamente pela igreja, que meu ofício me obriga em especial a servir, resolvi dedicar, inteiramente, o tempo, se o Senhor quiser, ao trabalho de estudos pertinentes ao conhecimento eclesiástico; fazendo isso, penso que, se for do agrado da misericórdia de Deus, posso prestar algum serviço até mesmo a futuras gerações.[322]

Sem incluir seus sermões e suas cartas, a lista das obras preservadas de Agostinho chega a 117 títulos.[323] Nosso foco será considerar os livros que foram escritos expressamente para líderes espirituais, para oferecer-lhes recursos em seus ministérios, enquanto se possa argumentar no sentido de que todos os escritos de Agostinho podiam servir para edificar o clero. Em dezenove livros, Agostinho assessorou os clérigos nas áreas da teologia, da exegese e da apologética, com vistas a manter sã doutrina, a auxiliar em questões práticas da igreja e promover crescimento espiritual. Em resposta a algumas perguntas

---

[320] PELLEGRINO, *True Priest*, 46; também BARDY, "Les Origines", 196; e KEVANE, *Augustine the Educator*", p. 121.

[321] *Cartas* 197; 222; 240.

[322] *Carta* 151.13.

[323] O número foi obtido de "Augustine's Works", ATTA, xxxv-il.

LIÇÕES DE LIDERANÇA DE AGOSTINHO

dos seus correspondentes, ele incluiu outros dez livros, não originariamente destinados a clérigos, também para assessorá-los quanto a questões teológicas, exegéticas e doutrinárias.

Obras teológicas e exegéticas. Agostinho enviou oito obras teológicas e exegéticas a clérigos que lhe tinham escrito cartas. Na *Carta* 16*, ficamos sabendo que ele enviou dois sermões a Aurélio, o que parece ter sido uma prática regular pela qual auxiliava o bispo de Cartago.[324] Como foi observado na *Carta* 29*, ele não atendeu ao pedido que Paulino de Milão lhe fizera, ou seja, escrever *uma obra biográfica* rememorando alguns santos; contudo, Agostinho o remeteu ao corpo de sermões que ele já tinha pregado sobre mártires. A *Carta* 162, de Agostinho a Evódio, foi acompanhada por duas cópias de *A verdadeira religião*, de suas obras sobre Gênesis, bem como de seus diálogos romanos *Sobre a grandeza da alma* e *O livre-arbítrio*.[325] Na *Carta* 169, Agostinho também ofereceu a Evódio a cópia de uma porção concluída de A *cidade de Deus* e algumas de suas *Exposições em Salmos*. E juntamente com a *Carta* 23*, Agostinho enviou a Renato o seu livro *Sobre a natureza e origem da alma*, para assessorá-lo e a outros clérigos da Mauritânia Cesariense sobre a natureza da alma.[326] Muito embora nenhuma dessas obras tenha tido originalmente a intenção de mentorear os clérigos, Agostinho as enviou em resposta às necessidades desses líderes.

Durante o seu ministério em Hipona, Agostinho escreveu oito obras teológicas ou exegéticas com o propósito de assessorar membros do clero. Sua primeira obra, *Sobre a fé e o Credo*, foi uma revisão escrita do seu discurso aos bispos africanos no concílio de Hipona, em 393. Uma vez que um importante objetivo desse concílio era adotar uma versão latina do Credo Niceno, a obra de Agostinho foi, essencialmente, um comentário do Credo.[327] Embora tomando

---

[324] *Carta* 16*.1.

[325] Provavelmente foi *On the Literal Interpretation of Genesis*; *Carta* 162.2.

[326] *Carta* 190; ver BONNER, *"Anima et Eius Origine, De"*, ATTA, p. 22.

[327] Como Clancy observa, o Credo de Agostinho era uma mistura dos credos Niceno, Romano e Milanês. Quanto a outras obras relacionadas com o Credo produzido por

COMO AGOSTINHO ABORDA A FUNÇÃO DE MENTOR

tempo para atacar os hereges, muito provavelmente os maniqueus, Agostinho sugeriu que o entendimento do Credo era o passo inicial rumo ao entendimento das Escrituras.[328] Ele concluiu escrevendo:

> Esta é a fé que em poucas palavras é dada no Credo para os cristãos neófitos, para que estes a defendam. E essas poucas palavras são conhecidas dos crentes, para que, crendo, venham a sujeitar-se a Deus; para que, tendo-se sujeitado a Deus, vivam retamente; para que, vivendo retamente, tenham seu coração purificado; para que, com seu coração purificado, entendam o que creem.[329]

Uma vez que muitos bispos norte-africanos eram mal instruídos e mal equipados para ensinar, primeiro era necessário que ele os assessorasse com ensino sobre o Credo, para que pudessem ensinar apropriadamente suas congregações.

Uma segunda obra, o *Comentário inacabado sobre a Epístola aos Romanos*, era basicamente o registro das sessões de perguntas e respostas que ele manteve com alguns clérigos de Cartago, durante a leitura de Romanos 394 e 395.[330] Embora continuando a ensinar contra os maniqueus, Agostinho expôs seus pensamentos sobre a graça, a fé, o livre-arbítrio e a conversão, e também discutiu os quatro estágios da história da redenção.

Menos de um ano depois, em 396, Agostinho escreveu *A Simpliciano* respondendo às perguntas teológicas do seu ex-mentor, e, especificamente, falando sobre passagens de Romanos e de Reis. O aspecto mais notável desse livro é que, da primeira à segunda parte do livro 1, Agostinho mudou completamente seu conceito da graça, passando de

---

Agostinho, Ver *Sermões* 212-15; também CLANCY, Finbarr, *"Fide et Symbolo, De"*, ATTA, p. 360-361.

[328] *On Faith and the Creed*, 1.1; 2.2; 4.8,9; 6.13; 9.17, 20; 10.22.

[329] *On Faith and the Creed*, 10.25. Tradução inglesa extraída de www.newadvent.org/fathers/1304.htm

[330] *Reconsiderations*, 1.23.1; ver FREDRICKSEN, Paula, *"Expositio quarandum propositionum ex Epistula apostoli ad Romanos"*, ATTA, p. 345-346.

uma alta consideração pela liberdade humana a uma fé mais forte na soberania de Deus.[331] Comentando este desenvolvimento do seu pensamento em sua obra *Retratações*, Agostinho escreveu: "Quando quis resolver essa questão, labutei pela livre escolha da vontade humana, mas a graça de Deus acabou vencendo".[332]

Agostinho iniciou *Sobre oitenta e três diversas questões* por volta de 388, logo após seu regresso a Tagaste. Como foi observado anteriormente, durante os anos da sua preordenação, ele tratou amplamente de temas antimaniqueus ou filosóficos.[333] Contudo, de 391 a 396, ele assessorou líderes espirituais tratando de questões exegéticas relacionadas com a Escritura, principalmente com as cartas de Paulo".[334]

Em 422, Agostinho escreveu *Sobre cuidados com os mortos* em resposta à pergunta de Paulino de Nola sobre o valor de enterrar alguém perto do corpo de um santo. Embora Agostinho reconhecesse os benefícios das orações pelos mortos, ele disse que a nossa alma está, em última instância, nas mãos de Deus, e realmente não é afetada pelo local do sepultamento.[335]

Por volta de 428, Agostinho endereçou *Sobre a predestinação dos santos* a Próspero de Aquitânia, e a Hilário, dois monges gauleses que provavelmente foram ordenados clérigos e que estavam envolvidos no movimento monástico da Gália liderado por João Cassiano e Vicente de Lérins.[336] Refletindo o que veio a ser conhecido como posição semipelagiana, esses homens questionaram o ensino de Agostinho sobre a graça soberana em seu livro *Sobre correção e graça*, recorrendo às suas obras anteriores que atribuíam mais liberdade à vontade

---

[331] Ver WETZEL, *"Simplicanum, Ad"*, ATTA, p. 798.

[332] *Reconsiderations*, 2.1; tradução inglesa oriunda de WETZEL, *"Simplicanum, Ad"*, ATTA, p. 798.

[333] Ver PLUMER, Eric, *"Diversis quaestionibus octoginta tribus, De"*, ATTA, p. 276-277.

[334] *On Eighty-three Varied Questions*, p. 51-75; p. 82; ver PLUMER, *"Diversis quaestionibus octoginta tribus, De"*, ATTA, p. 276-277.

[335] *On the Care of the Dead*, 1.3; 2.4; 18.22; ver PLUMER, *"Cura mortuis gerenda, de"*, ATTA, p. 259.

[336] Ver BONNER, *"Praedestinatione sanctorum, De"*, ATTA, p. 669.

humana.[337] Se bem que Agostinho não fez rodeios sobre a sua posição relativa à soberania divina, ele explicou que antes de escrever *A Simpliciano* ele simplesmente não entendia o conceito de eleição pela graça, o qual lhe permitiu adotar e manter sua nova posição.[338]

Por volta de 426, Agostinho completou seus quinze livros *Sobre a Trindade*, que ele dedicou a Aurélio de Cartago. Agostinho começou a escrever essa obra por volta de 399, provavelmente como resultado das conversas de mesa no mosteiro de Hipona. Embora composta como oração e meditação, essa obra também sondava as profundezas da teologia sobre o Ser divino. Williams escreve: "A genialidade de [*Sobre a Trindade*] é sua fusão de especulação e oração, sua apresentação da teologia trinitária como, em última análise, nenhuma outra coisa senão a habilidade em destrinçar o que é ser convertido e passar a viver em Cristo".[339] Nos quatro primeiros livros, Agostinho fez exegese de passagens relacionadas com a encarnação, e, ao mesmo tempo, tratou de expressões das Escrituras relacionadas com a Trindade. Os livros 5 a 7 eram de natureza mais apologética e visavam as alegações arianas.[340] Nos oito livros finais, Agostinho, admitindo a inadequação da linguagem, considerou as analogias relevantes para a doutrina da Trindade. Ele teve também o cuidado de afirmar a igualdade dos membros da Divindade.[341] Nos livros de conclusão dessa obra, ele mostrou a relação da Trindade com o processo de santificação efetuado no crente. Williams acrescenta: "Aqui não estamos pensando em uma imagem que é simplesmente uma ajuda para mais acurada conceituação: a concretização da imagem é inseparável do processo geral de santificação".[342] Por meio dessa produção, Agostinho

---

[337] *Cartas*, 225 e 226; eles se referiam a suas obras *Expositions on six questions: Raised by pagans*, e *Commentary on statements in the Carta to Romans*. Ver BONNER, "*Praedestinatione sanctorum, De*", ATTA, p. 669.

[338] *On the predestination of the saints*, 3.7; 4.8.

[339] Ver WILLIAMS, Rowan, "*Trinitate, De*", ATTA, p. 850.

[340] Ibid., p. 846.

[341] *On the Trinity*, 15.19.33; ver WILLIAMS, "*Trinitate, De*", ATTA, p. 847.

[342] Ver WILLIAMS, "*Trinitate, De*", ATTA, p. 850.

LIÇÕES DE LIDERANÇA DE AGOSTINHO

assessorou Aurélio e os clérigos africanos com uma obra teológica que os auxiliou intelectual e espiritualmente. Ele a dedicou a Aurélio, mas também a remeteu a Evódio, a Deogracias e a Teodoro, em resposta às suas perguntas.[343]

O recurso final dado por Agostinho aos clérigos foi uma obra exegética intitulada *Sobre a doutrina cristã*. Iniciada em 396, logo depois da sua consagração como cobispo em Hipona, Agostinho completou o trecho final em 426, quando escrevia *Retratações*.[344] Kevane sugere que a obra se originou da solicitação de Aurélio e que foi destinada a servir clérigos, monges e cristãos em geral.[345] Como sucedeu com *Sobre a fé e o Credo*, essa obra era especialmente necessária porque faltavam à igreja norte-africana clérigos habilidosos na interpretação das Escrituras. Embora van der Meer se refira a *Sobre a doutrina cristã* como um manual para pregadores, e Kevane argumente que era essencialmente uma abordagem cristã para reforma da educação clássica, considerarei essa obra como um recurso mentorial para clérigos encarregados de comunicar a fé cristã.[346] Baseada na pressuposição de que as Escrituras têm autoridade e que o mestre deve ter coração piedoso, a obra compreendia quatro tomos, cujo propósito era ensinar hermenêutica para ajudar a beneficiar a igreja, e não para satisfazer a especulação dos eruditos.[347] Agostinho escreveu expressamente que sua intenção era atender a este objetivo:

> De modo [que] aquele que tiver posse das regras que tento estabelecer aqui, se encontrar uma passagem obscura, não precisará de um intérprete que descubra o segredo para ele, mas, firmando-se em certas

---

[343] *Cartas*, 174; 162; 173A.

[344] *Reconsiderations*, 2.4; ver O'DONNELL, *"Doctrina christiana, De"*, ATTA, p. 278.

[345] Ver KEVANE, "Augustine's *De Doctrina Christiana*: A Treatise on Christian Education", *Recherches Augustiniennes* 4 (1966): 100,1, 128; e LADNER, *Ideal of reform*, p. 373.

[346] Ver KEVANE, "Augustine's *De Doctrina Christiana*", p. 137.

[347] *On Teaching Christianity*, 2.8.31; 2.37.41; 2.7.9-11; 2.41.62; 3.1.; 4.15.32; 4.30.63; "Preface" 1.9; 1.35.39; 4.31.64.

COMO AGOSTINHO ABORDA A FUNÇÃO DE MENTOR

regras e seguindo certas indicações, chegará ao sentido oculto sem nenhum erro, ou ao menos sem cair em nenhum absurdo crasso. E, sendo assim, ver-se-á suficientemente, ao longo da obra propriamente dita, que ninguém poderá rejeitar com razão este meu empreendimento, que outro objetivo não tem, senão o de servir.[348]

No livro 1, Agostinho tratou da doutrina cristã em um estilo parecido ao de *Sobre a fé e o Credo*. No livro 2, procurou resolver as aparentes ambiguidades da Escritura empregando instrumentos como as línguas originais (grego e hebraico), a ciência e a filosofia.[349] No livro 3, ele chegou mais perto do texto da Escritura, dando alguma instrução sobre como discernir entre o sentido literal e o figurado de uma dada passagem. Também, fazendo uso crítico das regras de Ticônio, o donatista, Agostinho articulou seus próprios princípios hermenêuticos. No último livro, ele instruiu os líderes espirituais sobre como realmente transmitir uma mensagem. Claramente influenciado pelo exemplo e instrução de Ambrósio em *Dos deveres dos ministros*, o ex-professor de retórica não sacrificou o conteúdo nutritivo da mensagem por uma forma cintilante de apresentação.[350] Ele escreveu: "Mas devemos ter cautela quanto ao homem que multiplica absurdos eloquentes, tanto mais quando o ouvinte fica contente com o que não é digno de ouvir-se, e acha que, porque o orador é eloquente, o que ele diz só pode ser verdade".[351] Contudo, dado o coração piedoso do intérprete e orador, Agostinho não proibiu o pregador de usar elementos de retórica:

> Então, desde que a faculdade de eloquência está disponível para ambos os lados, e presta grande serviço reforçando tanto o errado como o certo, por que os bons homens não estudam para engajar-se

---

[348] *On Teaching Christianity*, "Preface", 9. Salvo indicação diversa, as traduções de *On Teaching Christianity* devem-se a www.newadvent.org/fathers/1202.htm

[349] Ver O'DONNELL, "Doctrina christiana, De", ATTA, 279.

[350] Ver AMBRÓSIO, *On the Duties of Ministers*, 1.101. Agostinho referiu-se ao exemplo de Ambrósio em *On Teaching Christianity*, 4.21.46.48.50.

[351] *On Teaching Christianity*, 4.5.7; também 2.36.54; 4.9.23; 4.10.24; 4.11.26; 4.12.28.

LIÇÕES DE LIDERANÇA DE AGOSTINHO

nessa prática do lado da verdade, quando homens maus a usam para obter a vitória das causas ímpias e indignas, e para fomentar a injustiça e o erro?[352]

Em vista disso, vê-se que, por meio de *Sobre a doutrina cristã*, Agostinho mentoreou líderes espirituais com alguma instrução sobre doutrina, com instrumentos para interpretar as Escrituras pelo que elas valem em si mesmas, e com instrução sobre como transmitir uma mensagem.

Recursos doutrinários apologéticos. Nas cartas de Agostinho observamos que ele enviou também quatro obras de natureza teológica, não originariamente destinadas ao clero, obras que foram incluídas como um recurso na luta contra as heresias.[353] Nas *Cartas* 24 e 25, Paulino agradeceu a Agostinho o envio que lhe fora feito de cópias de *A verdadeira religião, Sobre Gênesis, contra os maniqueístas*, e *Sobre a moral católica e a moral dos maniqueístas* para ajudá-lo em sua luta contra os maniqueus.[354] Paulino anotou que esses livros foram úteis "não somente para nossa instrução, mas também para benefício da igreja em muitas cidades".[355] E mais, junto com a *Carta* 31, Agostinho enviou a Paulino uma cópia de *O livre-arbítrio*, também com a intenção de assessorar Paulino nos desafios teológicos que ele enfrentava.[356]

Agostinho escreveu outras sete obras apologéticas tencionando ajudar líderes espirituais que estavam procurando manter a ortodoxia. Em 414, Paulo Orósio, um presbítero espanhol, veio a Hipona procurando ajuda de Agostinho na batalha contra o priscilianismo e o origenismo, que estavam fortes em sua terra natal. No ano seguinte,

---

[352] *On Teaching Christianity*, 4.2.3; também 4.4.6; 4.13.29; 4.18.37.

[353] Já observamos que Agostinho enviou *On True Religion* e *On Free Will* a Evódio com a *Carta* 162 como um recurso teológico para satisfazer à especulação de Evódio. Contudo, ao que parece, ele enviou esses livros a Paulino para assessorá-lo na luta contra as heresias.

[354] *Cartas*, 24.2; 25.2; 30.2.

[355] *Carta* 25.1.

[356] *Carta* 31,7.

como Paulo ia voltar para a Espanha, Agostinho enviou com ele um exemplar da obra *Contra os priscilianos*, uma completa refutação dessas heresias.[357] Em 416 ou 417, depois de receber as atas do concílio de Dióspolis, de Cirilo de Alexandria, Agostinho escreveu *Sobre os procedimentos de Pelágio*, um livro apologético contra os ensinos de Pelágio, e o enviou a Aurélio, bem como a Cirilo.[358] Em 420, Agostinho, respondendo a cartas de Juliano de Eclano, e de alguns pelagianos de Roma, escreveu *Contra duas cartas dos pelagianos* para o papa Bonifácio, a fim de informar e influenciar o papa quanto a essa heresia.[359] Como já foi observado, em 421 Agostinho enviou sua obra em seis volumes intitulada *Contra Juliano*, junto com a *Carta 207*, ao bispo Cláudio para ajudar esse líder da igreja italiana com uma réplica ao ensino de Juliano.[360]

Em acréscimo a suas cartas a Valentino e aos monges de Hadrumetum, Agostinho, por volta de 426-427, supriu esses homens das obras *O livre-arbítrio* e *Sobre correção e graça*.[361] Sendo um recurso teológico sobre a natureza e a vontade do homem, também serviu para persuadir Valentino e os monges a abandonarem o pelagianismo. Finalmente, em 428 ou 429, Agostinho escreveu *Sobre heresias*, um catálogo de heresias cuja produção foi induzida pelas repetidas solicitações de Quodvultdeus, de Cartago. Em razão da morte de Agostinho, ocorrida em 430, a obra nunca foi terminada.[362]

Recursos práticos para a igreja. Agostinho dedicou outras três obras ao fornecimento de recursos aos líderes espirituais para as questões práticas da igreja. Se bem que, certamente, essas obras tiveram ampla influência, todos os três livros foram inicialmente escritos para assessorar líderes da igreja de Cartago. Nos primeiros anos do seu

---

[357] Ver TESKE, *"priscillianistis, Contra"*, ATTA, p. 684.

[358] Ver BONNER, *"Gestis pelagii, De"*, ATTA, p. 382-383.

[359] Ver BONNER, *"duas epistulas pelagianorum, Contra"*, ATTA, p. 288-289.

[360] Ver BONNER, *"Julianum, Contra"*, ATTA, p. 480.

[361] *Cartas*, 214,15; 215A; ver BONNER, *"Gratia et Libero Arbitrio, De"*, ATTA, p. 400-401.

[362] *Cartas*, 221; 223; ver TESKE, *"Haeresibus, De"*, ATTA, p. 412-413.

ministério como bispo, em 399, Agostinho respondeu ao diácono Deográcias e a seu pedido de ajuda em seu trabalho de preparar novos crentes para o batismo, com *A instrução dos catecúmenos*. Diferentemente de sua resposta a algumas perguntas teológicas ou filosóficas, Agostinho contentou-se em acomodar-se a Deográcias e às suas necessidades.[363] Ele escreveu:

> Não somente pelo amor e serviço que de mim é requerido que eu lhe tenha, em função da amizade familial, mas também pelo que eu devo universalmente a minha mãe, a igreja, sinto-me constrangido a de modo nenhum recusar a tarefa, mas, antes, a assumi-la com pronta e devotada boa vontade. Pois, quanto mais extensamente eu desejo ver o tesouro do Senhor distribuído, mais se torna meu dever, se vejo que os despenseiros, que são meus colegas como servos, acham alguma dificuldade em desempenhar o que lhes cabe, fazer tudo o que está em meu poder a fim de que eles possam realizar fácil e expeditamente o que eles diligente e fervorosamente têm como seu objetivo.[364]

De modo similar aos seus pensamentos escritos em *Sobre a doutrina cristã*, Agostinho ensinou que o conteúdo da instrução deve começar com um resumo completo das Escrituras, e que as Escrituras devem atuar como a autoridade final para o entendimento espiritual.[365] Acreditando que o instrutor era um agente da graça de Deus, Agostinho enfatizou a necessidade de ensinar com um coração movido pela fé, pela esperança e pelo amor, como também por uma contagiosa e amorosa comunhão com Cristo.[366] O mestre deve ser humilde e até se dispor a aprender do seu catecúmeno, deve cultivar amizade com o seu discípulo, e, deve cuidar das necessidades pessoais

---

[363] Ver, por exemplo, as *Cartas*: 118; 159; 162; 164; 169.

[364] *On the Instruction of Beginners*, 1.2. Todas as traduções inglesas são provenientes de www.newadvent.org/fathers/1303.htm

[365] Por exemplo, Agostinho argumentou em favor da supremacia das Escrituras acima dos sonhos. Ver *On the Instruction of Beginners*, 3.6; 6.10.

[366] Ibid., 3.6; 4.8; 5.9.

e físicas do discípulo.[367] E mais, o instrutor não deve ensinar todos da mesma maneira, mas deve levar em conta os antecedentes educacionais do catecúmeno. Agostinho recomenda ao mestre que entreviste os candidatos ao batismo antes de começar o período de instrução: "Embora a mesma clareza se deva a todos, não se deve administrar o mesmo remédio a todos".[368] Finalmente, na segunda metade da obra, Agostinho demonstrou praticamente o ensino aos catecúmenos, fornecendo a Deográcias dois discursos modelos.[369]

As duas obras práticas restantes tinham o objetivo de auxiliar Aurélio em seu ministério de supervisão dos mosteiros de Cartago. Provavelmente entre 397 e 399, Agostinho escreveu a obra intitulada *Regra* — um guia para mostrar como os monges deveriam conviver em comunidade e como os superiores deveriam liderar.[370] Como o mosteiro de Hipona não tinha nenhuma regra escrita, e, evidentemente, funcionava em torno da regra simples dos apóstolos, Agostinho achou necessário articular, por escrito, um conjunto de princípios para assessorar outras comunidades monásticas da África. Por volta de 400, ele forneceu ajuda a Aurélio e aos monges de Cartago durante um tempo de crise através de seu livro *Sobre a obra dos monges*. Essencialmente, os monges não queriam fazer trabalho manual, e sim, passar o tempo lendo, viver de ofertas da igreja e adotar a moda de deixar crescer o cabelo.[371] Agostinho respondeu repreendendo os homens por sua preguiça e por suas práticas estranhas, e por torcerem as Escrituras a fim de nelas encontrar apoio para o estilo de vida por eles proposto.[372] Argumentando que nem todos os elementos do mosteiro deveriam ser separados para ensinar as Escrituras, ele advertiu os homens a se dedicarem a um trabalho ético que se conformasse às

---

[367] Ibid., 11.16; 12.17; 13.19.

[368] Ibid., 8.12; 9.13; 15.23.

[369] Ibid., 16-27.

[370] Ver LAWLESS, *"Regula"*, ATTA, p. 707-708.

[371] *On the Work of Monks*, 17.20; 3.4; 16.19; 33.41; ver BARDY, "Les Origines", p. 317.

[372] *On the Work of Monks*, 30.38; 31.39; 33.41.

LIÇÕES DE LIDERANÇA DE AGOSTINHO

Escrituras.[373] Com sua exortação ele também compartilhou seu compromisso pessoal com o trabalho.

> Não estamos pondo pesadas cargas sobre os seus ombros, enquanto nós mesmos não as tocamos nem com um dedo. Procuramos e reconhecemos o trabalho das nossas ocupações, e, em alguns de nós, também reconhecemos as fraquezas dos nossos corpos, e nas igrejas às quais servimos, aumenta o hábito de não tolerar que tenhamos tempo para os trabalhos aos quais os exortamos".[374]

Em resumo, Agostinho defendia o equilíbrio entre vida contemplativa e vida ativa.[375] Por meio dos livros *Regra* e *Sobre a obra dos monges*, Agostinho mentoreou Aurélio, bispo supervisor dos mosteiros de Cartago, bem como os próprios monges.

Encorajamento espiritual. Seria impossível considerar as obras mentoriais de Agostinho sem reconhecer a importância das suas confissões (*Confissões*). Embora tenha sido lida largamente nos dias de Agostinho, tanto pelos leigos como pelos clérigos, devemos lembrar que, provavelmente, a obra originou-se do pedido de Paulino de Nola, que desejava saber mais a respeito da jornada espiritual de Agostinho. Daí, por intermédio de *Confissões*, obra que se desenvolveu de suas cartas, o testemunho e o exemplo de Agostinho influenciaram Paulino e outros clérigos em direção à intimidade de Deus, à humildade, à transparência e a abraçar a jornada de toda a vida no progresso da fé.

Concílios da igreja

Seguindo os exemplos de Cipriano, Basílio e Ambrósio, Agostinho "participou sempre que pôde dos concílios que os santos bispos

---

[373] Ibid., 18.21; 3.4; 8.9; 13.14; 19.22; 22.6.25.
[374] Ibid., 29.37. Todas as traduções de *Sobre a obra dos monges* são da edição inglesa *On the Work of Monks*, e são provenientes de www.newadvent.org/fathers/1314.
[375] Ibid., 17.20.

COMO AGOSTINHO ABORDA A FUNÇÃO DE MENTOR

realizavam em várias províncias".[376] Em sua colaboração com Aurélio, Agostinho acreditava firmemente que os concílios tinham autoridade e eram necessários para transformar a igreja africana.[377] A *Carta* 22, Agostinho escreveu a Aurélio e falou sobre os desafios da igreja que precisavam ser "sanados... pela autoridade de um concílio" e "pela pesada espada dos concílios".[378] Pelo que se vê, a carta sugere também que Agostinho encorajou fortemente o bispo de Cartago a usar o manto completo da sua liderança [isto é, toda a sua autoridade], para convocar tais reuniões. Enquanto Agostinho acreditasse que os concílios poderiam mudar a igreja, também é certo que exercia uma influência mentorial sobre os bispos do norte da África mediante sua participação nos concílios. Entre 393 e 427, as evidências sugerem que Agostinho participou de 22 reuniões de bispos, a maior parte convocada por Aurélio, em Cartago, e uma meia dúzia de outras reuniões aconteceram na Numídia.[379] Farei um resumo dos concílios que Agostinho frequentou, considerando as questões tratadas e as resoluções tomadas, e em seguida examinarei como Agostinho mentoreou por meio deles.[380]

Temos mencionado repetidamente a presença de Agostinho no concílio de Hipona, em outubro de 393.[381] Tendo sido presbítero por

---

[376] POSSÍDIO, *Vida de Agostinho*, 21.1.

[377] Ver DOYLE, *The Bishop as Disciplinarian*, 249; e CROSS, F. L., "History and fiction in the African canons", JTS 12 (1961): p. 229.

[378] *Carta* 22.1.4; 22.1.2; ver CROSS, "History and fiction in the African canons", p. 229.

[379] No mencionado período, Aurélio presidiu mais de 25 concílios, em 393-394, 397 (duas reuniões), 399, 401 (duas reuniões), 402-405, 407, 408 (duas reuniões), 409-410, 411 (duas reuniões) 416, 418, 419, 421, 423, 424, 427. À parte dos concílios de 393 e 427 (ambos realizados em Hipona), como também o de 402 (Milevo), os demais se reuniram em Cartago. Agostinho esteve presente em todos os concílios, exceto nos de 408 (duas reuniões), 409, 411 (segunda reunião), 416, e possivelmente no de 421. Os concílios locais númidas tiveram lugar em 412 (Zerfa), 416 (Milevo), e 422 (Fussala). Ver PERLER, *Les Voyages*, p. 430-76.

[380] Devido à falta de evidências, não podemos discutir os concílios de junho de 397, abril de 399 e 427 (Hipona). Ver HEFELE, *Histoire des Conciles*, 2.1.99,100.

[381] CROSS ("History and fiction in the african canons", p. 229) sugere que a escolha de Hipona como um local de reunião testifica a influência de Agostinho na realização da reunião.

241

LIÇÕES DE LIDERANÇA DE AGOSTINHO

pouco mais de dois anos, Agostinho assessorou o clero de um modo exegético com seu ensino sobre o Credo, que posteriormente tomou a forma do livro intitulado *Sobre a fé e o Credo*. Seguindo um filão similar, ele provavelmente deu apoio ao cânone 38 do concílio, que atestava os livros das Escrituras canônicas.[382] Finalmente, à luz da sua correspondência com Aurélio e com Alípio, vê-se que Agostinho teve papel influente no fato do concílio adotar um cânone que proibia banquetes com a condescendência da igreja, o que efetivamente reformou o festival denominado *laetitia*.[383]

No ano seguinte, em junho de 394, os bispos africanos se reuniram em concílio em Cartago. Pouco se sabe sobre essa reunião, visto que as atas não foram preservadas, mas, ao que parece, Agostinho teve ainda outra ocasião para instruir os bispos, com base nas Escrituras, respondendo às suas perguntas sobre Romanos. Depois, essas respostas tomaram a forma do seu livro *Comentário inacabado sobre a Epístola aos Romanos*. Embora Perler mencione que, provavelmente, essa discussão não teve lugar no concílio propriamente dito, Agostinho envolveu-se na obra de equipar, de modo teológico e exegético, um grupo de líderes da igreja reunida.[384]

No segundo concílio de 397, reunido em agosto, o bispo de Hipona mais uma vez juntou-se a seus colegas na defesa e promoção dos livros das Escrituras canônicas. Como já foi observado, Agostinho referiu-se ao cânone 47 desse concílio e ao cânone 38 do concílio de 393 na admoestação feita ao presbítero Quintiano por ter lido livros não canônicos na igreja.[385]

Dois concílios se reuniram em Cartago, em 401, o primeiro em junho e o segundo em setembro. Entre os principais pontos tratados na reunião de junho, estava a preocupação com a falta de clérigos na

---

[382] *Carta* 64.3; ver comentário em WSA, 2.1.258 e HEFELE, *Histoire des Conciles*, 2.1.89.

[383] *Cartas*, 22; 29; ver BONNER, *St. Augustine*, p. 117; e HEFELE, *Histoire des Conciles*, 2.1.88.

[384] Ver PERLER, *Les Voyages*, p. 162; e HEFELE, *Histoire des Conciles*, 2.1.97.

[385] *Carta* 64.3; ver PERLER, *Les Voyages*, p. 222.

COMO AGOSTINHO ABORDA A FUNÇÃO DE MENTOR

igreja norte-africana, o que induziu uma carta que foi enviada ao papa e a alguns bispos italianos, procurando obter um acordo para ordenar clérigos oriundos do donatismo. O segundo ponto tratado foi a remoção do bispo Equítio, de Hipona Diarrita. Depois de um recesso de três meses, os bispos se reuniram em setembro. Conformando-se aos desejos dos bispos italianos, eles decidiram que os ex-donatistas não seriam ordenados, exceto em casos extremos.[386] Quanto à igreja de Hipona Diarrita, um grupo de vinte bispos, Agostinho e Alípio, foram comissionados para irem imediatamente restaurar a ordem na igreja e escolher um novo bispo.[387] Dois cânones importantes, pertencentes à liderança da igreja, também foram redigidos nessa reunião. O cânone 13 dava a um clérigo acusado o prazo de um ano para apelar das acusações feitas contra ele; já o cânone 14 proibia um monge de uma diocese de ser ordenado ou nomeado chefe ou diretor de um mosteiro de outra diocese. A *Carta* 60, de Agostinho para Aurélio, que tratou da questão de um monge deixar um mosteiro de uma diocese e depois ser ordenado em outra, efetivamente serviu como um lembrete do cânone 14.[388] A significativa resolução final do segundo concílio de 401 foi a implementação de uma estratégia missionária para converter a zona campestre, predominantemente donatista.[389]

O concílio de Milevo se reuniu em agosto de 402 e foi iniciado com a leitura das atas dos concílios de 393 e do último concílio de 401.[390] A questão chave com que se defrontou o concílio foi resolver a luta pelo poder entre Xântipo e Vitorino, sobre quem se tornaria o bispo sênior da Numídia. Agostinho certamente já tinha influenciado esse processo por meio da *Carta* 59, que ele tinha escrito a Vitorino antes do concílio. Perler sugere que o caso do diácono Timóteo, espinhosa

---

[386] *Cartas*, 61; 245.2.
[387] *Carta* 59.
[388] *Cartas*, 60; 65.
[389] *To Cresconius, a Donatist Grammarian*, 3.60.66; também FREND, *Donatist Church*, p. 252; PERLER, *Les Voyages*, p. 233-239; HEFELE, *Histoire des Conciles*, 21.126-29; e MANDOUZE, *Prosopographie*, p. 111.
[390] Ver PERLER, *Les Voyages*, p. 243; e HEFELE, *Histoire des Conciles*, 2.1.127.

LIÇÕES DE LIDERANÇA DE AGOSTINHO

questão que envolveu Agostinho e Severo de Milevo, também foi levantado nesse concílio.[391]

Entre 403 e 411, Agostinho participou de seis concílios em Cartago, os quais em grande parte extinguiram o cisma donatista. Em 403, Alípio, discípulo e amigo de Agostinho, começou a ter parte mais ativa, falando no interesse da delegação númida, da qual Agostinho era um delegado. O ponto principal era redigir um documento, provavelmente preparado por Agostinho, convidando os bispos donatistas de todas as cidades para uma conferência local, e assim, trazer os donatistas para a união da igreja.[392] Agostinho pôs em prática essa decisão do concílio comunicando-se com Proculeiano, sua contraparte donatista em Hipona.[393] Certamente Agostinho influenciou a reunião dos bispos desse modo, pois ele tinha sido iniciado no donatismo durante sete anos, até chegar ao concílio de 403.[394]

Em junho de 404, os bispos africanos se encontraram novamente com a finalidade de buscar uma solução para o problema donatista. Como muitos deles se sentiram frustrados por ter falhado na iniciativa da conferência anterior, decidiram apelar para as autoridades romanas, solicitando um edito de unidade imposta.[395] Agostinho e uma minoria dos bispos agiram no sentido de persuadir o concílio a simplesmente pedir proteção para os católicos, pedindo punição

---

[391] Como foi previamente observado, o caso sobre Timóteo foi o assunto das *Cartas*, 62,63, de Agostinho, destinadas a Severo, e foi o que induziu sua visita (com Alípio) para resolver a questão. Ver PERLER, *Les Voyages*, p. 243; HEFELE, *Histoire des Conciles*, 2.1.135; e MANDOUZE, *Prosopographie*, p. 1073.

[392] Ver PERLER, *Les Voyages*, p. 246; HEFELE, *Histoire des Conciles*, 2.1.155; e FREND, *Donatist church*, p. 252.

[393] *Cartas*, 88.7; 7.6; ver PERLER, *Les Voyages*, p. 249.

[394] *Cartas*, 33; 43,44; 49.

[395] O próprio Agostinho foi recusado por Proculeiano (*Carta* 88.7), como aconteceu com Possídio, que contatara sua contraparte donatista, Crispino *(Crispinus)* em Calama, tendo na verdade sofrido violenta reação dos seguidores de Crispino. Ver POSSÍDIO, *Vida de Agostinho*, 12.3-8; MANDOUZE, *Prosopographie*, p. 890-891; PERLER, *Les Voyages*, p. 251; e HEFELE, *Histoire des Conciles*, 2.1.156.

só para os elementos violentos do partido donatista.[396] Finalmente, Evódio, discípulo de Agostinho, e também Theasis, foram enviados ao tribunal romano de Ravena para apresentar os requerimentos do concílio de 404.[397]

Antes de Evódio e Theasis chegarem, Maximiano de Bagai, bispo que havia sido surrado pelos donatistas na igreja dele, viajou para Ravena e apelou diretamente ao imperador Honório.[398] Honório respondeu em fevereiro de 405 com um edito, forçando os donatistas a voltarem à unidade com a igreja católica, tornando efetivamente nulas e inúteis a influência de Agostinho e a decisão do concílio de 404. Um concílio de bispos reuniu-se em 405 e respondeu ao decreto de Honório enviando dois clérigos de Cartago para agradecerem ao imperador em pessoa por seu ato.[399] Apesar de não ser sua preferência, Agostinho, não obstante, executou ativamente a ordem para a união. Contudo, ele preferiu apelar aos donatistas, como tinha feito antes — pela persuasão, ensinando com base nas Escrituras e documentando completamente a história do cisma. Muitos dos seus sermões em 406 e 407, subsequentemente ao edito, também serviram como uma apologia contra a causa donatista.[400]

As evidências preservadas do concílio de 407, que se reuniu em junho, não fazem menção dos donatistas. Na verdade, o principal item da agenda foi a nomeação de sete bispos, estando entre eles Agostinho e Possídio, os quais foram enviados, depois do concílio, com a incumbência de emitir juízo sobre um ponto não especificado, relacionado com o bispo Maurêncio de Tubúrsico dos Númidas.[401]

---

[396] *Cartas*, 93.5.17; 185.7.

[397] PERLER, *Les Voyages*, p. 252; ver HEFELE, *Histoire des Conciles*, 2.1.155.

[398] *To Cresconius, a Donatist Grammarian*, 3.43.47; *Cartas*, 88.7; 185.7.27,28; ver PERLER, *Les Voyages*, p. 254-256.

[399] Ver PERLER, *Les Voyages*, p. 256-257.

[400] *Carta* 43; *Reconsiderations*, 2.27; ver PERLER, *Les Voyages*, p. 264.

[401] Ver PERLER, *Les Voyages*, p. 265; e HEFELE, *Histoire des Conciles*, 2.1.158.

Em junho de 410, Agostinho esteve presente no concílio de bispos, onde a grande questão era novamente os donatistas.[402] Em reação a um edito de tolerância concedendo mais liberdade às religiões no Império Romano, os bispos decidiram enviar quatro bispos, inclusive Possídio, a Ravena, para tentarem influenciar na revogação do decreto. Os enviados não somente tiveram êxito em sua missão; como também conseguiram com que Honório atendesse à solicitação de determinar a realização de uma conferência obrigatória de confrontação com os donatistas.[403] Certamente Agostinho teve significativa influência sobre a decisão desse concílio e sobre a delegação enviada a Honório, porquanto durante algum tempo os seus esforços tinham sido montados com vistas a garantir uma reunião com os donatistas.

Desde o início do concílio de 411, ficou evidente que o partido donatista seria derrotado. Embora a reunião tenha sido denominada conferência, Marcelino, o leigo católico e amigo de Agostinho, que presidiu à reunião, anunciou que o propósito do concílio era "confirmar a fé católica".[404] Embora os católicos certamente estivessem em vantagem, os líderes donatistas se mostraram audaciosos. Apesar de Marcelino ter prescrito que cada lado deveria ser representado por sete dos seus líderes, a delegação donatista inteira marchou para o local da reunião para a sessão de abertura.[405] O bispo donatista Petiliano exigiu, ademais, uma lista de chamada quanto a cada bispo católico e donatista, alegando que os católicos tinham inventado bispos que não existiam.[406] Após o segundo dia de reunião, os donatistas solicitaram um recesso para verificar os registros da lista de chamada. A seguir, Petiliano tentou difamar Agostinho

---

[402] Como foi observado, muito provavelmente, Agostinho não participou dos concílios de 408-409.

[403] Ver PERLER, *Les Voyages*, p. 277-278.

[404] FREND, *Donatist church*, p.275, p. 280.

[405] A conferência reuniu-se nos dias 01, 03 e 08; ver BROWN, *Augustine*, p. 332-333.

[406] No fim, os bispos católicos (tanto presentes como ausentes) somavam 286, ao passo que o contingente donatista somava 284; ver BROWN, *Augustine*, p. 332-333, e FREND, *Donatist Church*, p. 277.

COMO AGOSTINHO ABORDA A FUNÇÃO DE MENTOR

referindo-se a ele como maniqueu. Diferentemente de Alípio e de Possídio, que em certos momentos perdiam a compostura, Agostinho recusou-se a cair na armadilha de Petiliano, que envolvia acusação pessoal, e generosamente animou os donatistas a tomarem o tempo para verificar o registro, bem como para ponderarem nos argumentos que tinham para apresentar.[407] Quando foi reaberta a reunião, cinco dias mais tarde, o brio de Agostinho como apologista e retórico foi claramente exposto, quando ele derrotou magistralmente os líderes donatistas nos debates, focando a questão central, qual seja, as origens do cisma.[408] Embora Marcelino tenha favorecido os católicos na conferência, a acuidade teológica e a habilidade retórica de Agostinho só fortaleceram o veredicto contra os donatistas. Em consequência, os donatistas receberam ordem de renunciar seus edifícios eclesiásticos e a unificar-se com a Igreja Católica.

Após o concílio de 411, Agostinho trabalhou para pôr em prática a decisão de Marcelino. Fora encorajar a expropriação das propriedades e de consentir em uma modesta punição dos "circuncélios" (*Circumcellions* — monges ambulantes), o objetivo primário de Agostinho foi educar os donatistas.[409] Cópias das atas da conferência foram afixadas nas paredes da basílica donatista, em Cartago, e enviadas às capitais de cada província africana, sendo que Agostinho as tinha lido na igreja de Hipona durante a quaresma e tinha incentivado outros líderes a fazerem o mesmo.[410] Para tornar os procedimentos mais acessíveis aos menos instruídos, Agostinho escreveu um relato simplificado do concílio que intitulou *Resumo do encontro com os donatistas*, incluído em sua obra *Contra os donatistas*, como também nas *Cartas* 141 e 173.[411] Na *Carta* 141, em particular, Agostinho respondeu às acusações de que Marcelino tinha recebido dinheiro dos

---

[407] Ver FREND, *Donatist church*, p. 286; e BROWN, *Augustine*, p. 333-334.

[408] Ver FREND, *Donatist church*, p. 286; e PERLER, *Les Voyages*, p. 291.

[409] Ver FREND, *Donatist church*, p. 292, p. 294. Os *Circumcellions* eram uma facção donatista violenta que procurava ativamente o martírio.

[410] *Carta* 28*.2; ver FREND, *Donatist Church*, p. 290.

[411] *Carta* 139.3; ver PERLER, *Les Voyages*, p. 287, p. 305.

católicos em troca do seu veredicto por reiterar em escrito um claro resumo das origens do cisma. Perler defende a tese de que a pregação de Agostinho no ano seguinte ao da conferência também serviu para instruir os leigos sobre a posição católica.[412] Ao menos em duas oportunidades, Agostinho pregou nas congregações ex-donatistas de Hipona e de Cirta.[413]

Entre 416 e 418, Agostinho participou de dois importantes concílios, bem como de outras reuniões informais de bispos relacionadas com a controvérsia pelagiana. No concílio de Cartago, reunido em setembro de 416, Agostinho não esteve presente, então, os bispos sugeriram que ele pesquisasse as questões teológicas relacionadas com o ensino de Pelágio, com vistas a desenvolver uma apologética. Esse concílio foi provocado pela chegada de Paulo Osório, como também por notícias acerca de Pelágio.[414] Logo depois do concílio de Cartago, os bispos númidas se reuniram para um concílio local, em Milevo, a fim de discutirem sobre Pelágio. Escrevendo no interesse do concílio, Agostinho endereçou a *Carta* 176 ao papa Inocêncio, apresentando-lhe a posição africana quanto ao erro do ensino de Pelágio. Acrescentada à carta, Agostinho incluiu uma cópia da sua obra *Sobre a natureza*.[415] No verão de 416, Agostinho reuniu-se com Aurélio, Alípio, Evódio e Possídio em Cartago para discutirem a controvérsia. Provavelmente, ele redigiu a *Carta* 177, endereçada a Inocêncio, a favor desse grupo.

As reuniões e os concílios africanos de 416 foram eficazes na influência que exerceram sobre Inocêncio, quando ele condenou tanto Pelágio como seu discípulo Celéstio.[416] Todavia, Inocêncio

---

[412] Ver PERLER, *Les Voyages*, p. 287-89, p. 293-98.

[413] Apesar das atas terem desaparecido, por certo Agostinho participou de um concílio local númida em Zerta, em 412, o qual se reuniu para discutir a reação donatista ao concílio de 411. Ver *Cartas* 139.2; 144; FREND, *Donatist Church*, p. 290-291; e PERLER, *Les Voyages*, p. 306-307.

[414] *Carta* 213.5; ver PERLER, *Les Voyages*, p. 331.

[415] Ver PERLER, *Les Voyages*, p. 332; e McSWAIN, James, *"Milevus, Council of"*, ATTA, p. 562.

[416] *Cartas*, 181-83; ver BROWN, *Augustine*, p. 282

COMO AGOSTINHO ABORDA A FUNÇÃO DE MENTOR

morreu pouco tempo depois, e foi substituído por Zózimo, que, precipitadamente, revogou a decisão do seu predecessor e absolveu Celéstio. Os bispos africanos reagiram com uma reunião informal em 417, em Cartago, para discutir uma resposta à decisão de Zózimo. Isso montou o palco para o concílio de Cartago, de maio de 418 — reunião da qual participaram, no mínimo, duzentos bispos.[417] O concílio produziu nove cânones que tratavam do pecado original, do batismo e da graça, seguramente com base na obra e no pensamento de Agostinho, que já tinha publicado livros que tratavam desses pontos. O concílio conseguiu convencer Zózimo, que por fim revogou sua decisão sobre esse assunto.[418]

O concílio de 418 também comissionou um grupo, que incluiu Agostinho, Alípio e Possídio, para seguir os rastros dos movimentos donatistas no norte da África. A tarefa dada ao grupo foi uma viagem a Cesareia Mauritânia, em 418, para contatar o bispo donatista Emérito, que se negava a unir-se à Igreja Católica. Agostinho não só pregou à congregação da basílica de Emérito, como também fez um debate público com o bispo, na esperança de convertê-lo. Os vãos esforços de Agostinho foram registrados em sua obra *Procedimentos a respeito de Emérito*.[419]

A tarefa final do concílio de 418 foi tratar do problema relacionado com o monge gaulês Lepório. Como foi mencionado anteriormente, Lepório fugiu da Gália por suas ideias heréticas sobre a encarnação. Contudo, depois de passar tempo com Agostinho, ele renunciou à sua heresia, e provavelmente fez uma declaração pública da sua ortodoxia nesse concílio. Com a bênção dessa reunião de bispos, Agostinho o enviou de volta à Gália, a seu lugar no mosteiro.[420]

---

[417] Ver PERLER, *Les Voyages*, p. 339; e HEFELE, *Histoire des Conciles*, 2.1.189-91.

[418] Ver HEFELE, *Histoire des Conciles*, 2.1.192-94; ver PERLER, *Les Voyages*, p. 342-345.

[419] Ver MANDOUZE, *Prosopographie*, p. 62. Para mais informações sobre a região de Cesareia Mauritânia), ver Mapa 101 na obra editada por TALBERT, Richard, *Barrington Atlas of the Greek and Roman World* (Princeton: Princeton University Press, 2000). Também PERLER, *Les Voyages*, p. 295-296.

[420] *Carta* 219; ver HEFELE, *Histoire des Conciles*, 2.1.215,16.

LIÇÕES DE LIDERANÇA DE AGOSTINHO

Os bispos africanos se reuniram outra vez em maio de 419, primariamente para tratar do caso de Apiaro, um presbítero de Sicca que foi excomungado por Urbano, um dos discípulos de Agostinhos procedente do mosteiro clerical de Hipona. Apiaro recorreu diretamente ao papa Zózimo, caracterizando violação do cânone 17 do concílio de 418, que proibia os clérigos de mandar para além-mar suas querelas. Infelizmente para os bispos africanos, Zózimo tomou o lado de Apiaro, defendendo o direito do presbítero de apelar, com base em dois cânones do concílio de Niceia.[421] Agostinho e Alípio mostraram-se dispostos a aceitar o veredicto de Zózimo sobre o caso, uma vez que era possível verificar aqueles cânones nicenos, ausentes da sua cópia de Cartago.[422] Então Alípio escreveu aos bispos de Constantinopla, Alexandria e Antioquia solicitando uma cópia mais fiel dos cânones, e, enquanto isso, uma comissão adrede nomeada, que incluiu Alípio, Agostinho e Possídio, permanecia em Cartago, esperando os resultados da investigação.[423] Cinco meses depois, duas cópias dos cânones chegaram a Cartago, uma vinda de Cirilo de Alexandria, e a outra de Ático de Constantinopla, e nenhuma delas continha os cânones citados por Zózimo.[424] Em vista disso, mediante paciente e completa pesquisa, Agostinho e dois discípulos orientaram esse importante concílio e ajudaram a influenciar a política sobre como a igreja na África e em Roma deveriam proceder em relação aos líderes disciplinados e seus apelos.[425]

---

[421] Ver PERLER, *Les Voyages*, p. 351.

[422] Devemos notar também o respeito que Agostinho, Alípio e os bispos africanos tinham por Zózimo e por seu ofício, uma vez que o papa tinha falecido no fim de 418. Por isso o relatório e as descobertas que fizessem seriam endereçados a seu sucessor, Bonifácio.

[423] Possídio também contribuiu para a discussão sobre Apiaro. Ver PERLER, *Les Voyages*, p. 354-355; e MANDOUZE, *Prosopographie*, p. 894.

[424] Ver PERLER, *Les Voyages*, p. 360.

[425] De acordo com o concílio de Cartago, reunido em 424, Apiaro, que tinha sido transferido para a igreja de Thabraca, mais uma vez foi disciplinado localmente, mas então apelou para o papa Celestino, que lhe deu apoio. Por fim, Apiaro confessou seus maus procedimentos, e os bispos africanos escreveram a Roma expressando mais

COMO AGOSTINHO ABORDA A FUNÇÃO DE MENTOR

Em 422, Agostinho e um concílio local de bispos númidas reuniram-se em Fussala para emitir juízo sobre o caso do imoral bispo Antonino. Como foi observado anteriormente, Agostinho modelou para seus colegas uma generosa, ainda que firme, abordagem na disciplina aplicada a um líder caído. Mas Agostinho também assumiu a responsabilidade por sua infeliz escolha quando separou Antonino para esse ministério, ao mesmo tempo tomando como prioridade cuidar dos males sofridos pelo rebanho de Fussala.[426]

Embora pouco saibamos sobre o concílio de Hipo, reunido em 427, este foi, provavelmente, o derradeiro concílio eclesiástico de Agostinho, e talvez se reuniu em Hipona por causa do seu mau estado de saúde.[427] Só esse gesto já demonstrava o grande respeito que Aurélio e os bispos africanos tinham por Agostinho.

Os concílios africanos que Agostinho frequentou ocuparam-se largamente de deliberar sobre questões teológicas e exegéticas (393, 394, agosto de 397); confrontar cisma e heresia (403-405, 410, 411, 416, 418); reformar a prática da igreja (393); e tratar de problemas que envolviam líderes da igreja (junho/setembro de 401, 402, 418, 419, 422, 424). Como foi que Agostinho mentoreou os clérigos no contexto dos concílios eclesiásticos africanos? Primeiro, serviu como recurso teológico e exegético para os bispos que necessitavam receber instrução. É evidente que Agostinho desempenhou esse papel em seus dois primeiros concílios, em 393 e 394, nos quais ele ensinou o Credo Niceno e respondeu a perguntas sobre a Epístola aos Romanos.

Segundo, ele serviu como um eficaz modelo para resolver controvérsias doutrinárias. No concílio de 403, ele tomou a vanguarda, iniciando conferências locais com clérigos donatistas, a fim de conquistá-los para a Igreja Católica. Por meio do concílio de 410, sua

---

uma vez as suas preocupações com apelos ultramarinos de líderes que tinham sido disciplinados. Ver HEFELE, *Histoire des Conciles*, 2.1.215; e PERLER, *Les Voyages*, p. 379.

[426] Ver PERLER, *Les Voyages*, p. 372-373.

[427] Ver ibid., p. 385.

LIÇÕES DE LIDERANÇA DE AGOSTINHO

influência foi sentida, quando os bispos católicos tiveram permissão para realizar uma conferência compulsória com os donatistas. No concílio de 411, suas superiores habilidades para debates e para apologética, não somente foram essenciais para a derrota imposta ao contingente donatista presente no concílio, mas também serviram como um modelo para seus colegas, para fazerem o mesmo. Seu impacto foi fortemente sentido na articulação dos cânones do concílio de 418, os quais ajudaram a derrotar o movimento pelagiano.

Terceiro, Agostinho mentoreou os clérigos norte-africanos conduzindo-se pessoalmente com sabedoria, paciência e mantendo o foco. No concílio de 404, quando a maioria dos bispos, frustrada, solicitava um edito obrigatório para os donatistas, com vistas à união, Agostinho prevaleceu sobre os bispos, levando-os a somente pedirem às autoridades romanas proteção. Mesmo depois do impositivo edito de Honório, em 405, Agostinho ainda apelou aos donatistas pela persuasão e pelo ensino, e não pela compulsão. Quando ele se defrontou pessoalmente com Petiliano e sua atrevida delegação em 411, ele se recusou a dar resposta às acusações que lhe fizeram ou a deixar-se afetar por suas manobras. Antes, demonstrou paciência e esperou pela oportunidade de martelar os pontos centrais do cisma. Nesse aspecto, Agostinho agiu como Ambrósio tinha agido no concílio de Aquileia em 381. Agostinho também demonstrou concentração no foco, no concílio de 419, quando ele e Alípio pacientemente pediram uma cópia mais confiável dos cânones de Niceia, a fim de responderem efetivamente à defesa de Apiaro feita por Zózimo. Também se fez modelo de generosidade e bondade para seus colegas, firmando e confirmando a ortodoxia de Lepório, o herege corrigido, em 418.

Quarto, Agostinho influenciou os clérigos por meio de suas cartas, dos seus livros, dos seus sermões, e por atos que se seguiam à obra ou às decisões de concílios. Depois das reuniões de 393 e 394, Agostinho publicou *Sobre a fé e o Credo* e uma obra inacabada, o *Comentário inacabado sobre a Epístola aos Romanos*, para servirem como um recurso final para os bispos. Em seguida à reunião de 401, a *Carta* 60, de Agostinho para Aurélio, essencialmente lembrou ao bispo de Cartago as decisões tomadas sobre a ordenação de monges.[428] Depois dos concílios centrados nos donatistas, de 403 a 411, Agostinho produziu um significativo número de cartas, livros e sermões para dar apoio às decisões dos concílios.[429] Como foi observado, Agostinho fez afixar o relato dos procedimentos do concílio de 411 nas paredes das basílicas donatistas das capitais provinciais do norte da África, e também incentivou seus colegas de diversas cidades a lerem tal relato em suas igrejas durante a quaresma.[430] A redação dos textos originais das *Cartas* 176 e 177, logo depois do concílio de Milevo, em 416, e da reunião informal de bispos em Cartago, no mesmo ano, serviu para articular a posição africana contra Pelágio e para influenciar o papa Inocêncio nessa questão.[431] Os esforços de Agostinho para executar as decisões dos concílios também incluíram viagens como membro de alguma comissão adrede nomeada para lidar com certas questões. Viajou para Hipona Diarrita em 401, para Tubúrsico dos Númidas em 407, e para Fussala em 422, para tratar de problemas da liderança da igreja. Depois do concílio de 418, ele viajou com uma equipe de bispos para Cesareia Mauritânia a fim de converter o bispo donatista Emérito.

Finalmente, ao que parece, Agostinho teve influência mentorial por meio dos concílios eclesiásticos, envolvendo seus discípulos pessoais no trabalho das reuniões. Começando no concílio de 403, Alípio começou a ter mais voz. No concílio de 411, ele foi o orador chave a favor da posição católica, depois de Agostinho.[432] Em 418, Alípio viajou com Agostinho para reunir-se com Emérito. Em 419, demonstrou seu treinamento em leis solicitando cópias mais fidedignas dos

---

[428] Agostinho também se referiu às decisões, tomadas com determinante autoridade, dos concílios nas seguintes cartas mentoriais: *Cartas* 63.2; 64.3; 65.2; 78.4; 215.2; 1*; 26*.1.

[429] As *Cartas* 88 e 76 foram escritas depois de 403. *A summary of the meeting with the donatists*, *Against the donatists*, e *Cartas* 141 e 173 foram escritos depois de 411.

[430] *Cartas*, 139; 185; 28*.2; ver FREND, *Donatist church*, 290; e MANDOUZE, *Prosopographie*, p. 496.

[431] Agostinho incluiu a obra de Pelágio *On Nature* junto com a *Carta* 176.

[432] Ver MANDOUZE, *Prosopographie*, p. 56, p. 59, p. 60.

253

LIÇÕES DE LIDERANÇA DE AGOSTINHO

cânones de Niceia. Possídio também fez tais viagens. Acompanhou Agostinho a Tubúrsico dos Númidas em 407, foi enviado para procurar influir em decisões legais em Ravena a favor dos bispos africanos em 410, participou no debate com os donatistas em 411, e juntou-se a Agostinho e a Alípio em Cesareia Mauritânia em 418. Ele também contribuiu para a discussão no concílio de 419 e permaneceu em Cartago com Agostinho e Alípio para concluir o trabalho daquela reunião. Evódio também foi enviado pelos bispos africanos para representar os desejos deles em Ravena após o concílio de 404. Os concílios de 416, o grupo informal de bispos que se reuniu com Aurélio e com Agostinho para discutir mais amplamente a questão pelagiana, incluiu Evódio, Possídio e Alípio. Todos estes três discípulos também foram listados na saudação que consta nas *Cartas* 176 e 177 endereçadas ao papa Inocêncio.

Apesar de Agostinho nunca ter se tornado o bispo sênior de Cartago ou da Numídia, sem dúvida ele foi o bispo africano mais influente do seu tempo. Na verdade, Aurélio, não ameaçado por Agostinho, fazia uso de sua posição como bispo de Cartago para convocar concílios da igreja africana e para prover a seu amigo uma plataforma para exercer seus dons.[433] Assim, mais pela influência e persuasão do que pela posição, Agostinho mentoreou os bispos africanos no contexto dos concílios por meio de suas habilidades como teólogo brilhante e apologista paciente e bondoso. Depois dos concílios, sua influência continuava por meio dos seus escritos, do seu ensino e de suas visitas pessoais. Também se vê que ele multiplicou sua influência por envolver cada vez mais os seus discípulos, que haviam se tornado líderes da igreja, no trabalho dos concílios.

Visitas pessoais

Agostinho é conhecido por sua aversão por viagens, especialmente por mar. Ele escreveu a Paulino de Nola em 408: "Pois não

---

[433] Ver BARDY, "Les origines", p. 168.

COMO AGOSTINHO ABORDA A FUNÇÃO DE MENTOR

gostamos das causas e necessidades que nos forçam a empreender viagens através do mar".[434] Depois que voltou para a África em 388, nunca mais viajou por mar.[435] Todavia, as condições das viagens por terra também deixavam a desejar. Apesar de os romanos terem construído algumas excelentes estradas, mesmo na África, no tempo de Agostinho o viajante seria afortunado se cobrisse 74 quilômetros em um dia.[436] Muito embora cavalos, carruagens puxadas por cavalos e um tipo de carruagem com assentos estivessem disponíveis, Agostinho e outros clérigos, mais frequentemente, viajavam montando burros. Circunstâncias que tornavam a viagem por terra mais difícil eram condições de extremo frio, rotas não bem assinaladas e a presença de bandidos, ladrões, e dos circuncélios (*circumcellions*).[437]

Contudo, durante o período em que serviu como presbítero e bispo de Hipona, Agostinho atravessou milhares de quilômetros através das províncias do norte da África. Se ele não gostava de viajar, por que passava tanto tempo na estrada? Porque um aspecto do seu fardo quanto ao ministério era deixar sua igreja de Hipona, para atender às necessidades da igreja mais ampla, do norte da África. Ele não somente participava dos concílios da igreja africana, mas também viajava para colocar em prática as decisões dos concílios. Possídio acrescentou que Agostinho também viajou para oferecer recursos (doutrinários e práticos) a diversas igrejas norte-africanas por meio da pregação.[438] Como Perler registra, Agostinho pregou, ao menos, 53 sermões em outras oito cidades fora de Hipona

---

[434] *Carta* 95.1; também *Cartas*, 1221.1; 124.1.

[435] Algumas das viagens que Agostinho fez a outras províncias africanas poderiam ter sido feitas por mar; ver PERLER, "Les Voyages", p.25.

[436] Por conseguinte, a viagem que Agostinho fez de Cartago a Cesareia Mauritânia em 418, uma distância de quase 1.100 quilômetros, provavelmente durou ao menos quinze dias; ver PERLER, "Les Voyages", 31.347.

[437] POSSÍDIO, *Vida de Agostinho*, 12.1,2; ver PERLER, "Les Voyages", p. 32-40; p. 48-53.

[438] POSSÍDIO, Vida de Agostinho, 12.1.

LIÇÕES DE LIDERANÇA DE AGOSTINHO

entre 393 e 424.[439] Enquanto muitos foram pregados durante a realização de algum concílio, outros foram proferidos em viagens que envolviam negócios da igreja e durante o tempo que passava com amigos e discípulos por ele visitados. O cânone 33 do segundo concílio de Cartago, de 397, estipulava que quando um bispo visitasse a igreja de um colega, este deveria convidá-lo para pregar e presidir à eucaristia.[440] Os colegas de Agostinho, entre eles Aurélio, Alípio, Florêncio, Severo, Antonino, e possivelmente Possídio, Paulo, Profuturo, Evódio e Urbano, se beneficiaram em ter o bispo de Hipona, em visita, pregando em suas igrejas. Quando esteve de passagem em Bulla Régia em 399, Agostinho começou o seu sermão contando que o bispo local "me reteve, me ordenou, insistiu comigo e me forçou a lhes dirigir a palavra".[441]

Enquanto sacrificava suas preferências pessoais por viajar para atender às necessidades da igreja, Agostinho certamente continuou um ministério mentorial, principalmente aos seus ex-alunos do mosteiro de Hipona, viajando com eles, detendo-se para visitá-los durante as viagens. Agostinho comunicou, em *Exposições em Salmos* 119, que era o encontro com um amigo no final de uma viagem que fazia a dureza da viagem valer à pena.[442] Seus comentários dirigidos ao bispo Novato na *Carta* 84, acerca da dor por separar-se do seu amigo Severo, também sugerem que suas visitas pessoais eram uma ocasião edificante para Agostinho.[443] Com a finalidade de fazermos uma apreciação do seu contato com seus discípulos de Hipona, faremos breve resumo das viagens que ele fez com alguns

---

[439] Ele pregou em Bulla Régia (399); em Milevo (409); em Útica (410, 412, 417); em Hipona Diarrita (410, 411, 419); em Fussala (411); em Tagaste (414 ou 415); e em Cesareia Mauritânia (418); 134 dos seus sermões datados foram pregados em Cartago (397, 399, 401, 403-405, 410, 411, 413, 416-419, 423). Ver PERLER, "Les Voyages", p. 438-477.

[440] Ver HEFELE, *Histoire des Conciles*, 2.1.115.

[441] *Sermão* 301A.9; ver PERLER, "Les Voyages", p. 108.

[442] *Expositions in Psalms*, 119.6; ver PERLER, "Les Voyages", p. 35.

[443] *Carta* 84.1; ver PERLER, "Les Voyages", 14.55.

desses amigos, como também das suas prováveis visitas aos locais de ministério deles.

Alípio e Possídio. Em 305, Agostinho e Alípio fizeram a viagem rumo oeste, para Cirta, por ocasião da consagração de Profuturo como bispo. A viagem deve ter levado vários dias e incluiu uma parada em Tubúrisco dos Númidas para se encontrarem com o bispo donatista Fortúnio.[444] Em 400, Agostinho e Alípio viajaram novamente juntos para Cirta, com o objetivo de realizar um serviço não especificado para a igreja.[445] Como foi observado anteriormente, Agostinho e Alípio estavam entre os vinte bispos que foram para Hipona Diarrita depois do concílio de 401 a fim de restabelecer a ordem e escolher um novo bispo.[446] Em 402, em seguida a um desentendimento entre Agostinho e Severo sobre o diácono Timóteo, Agostinho e Alípio foram a Subsana, onde Timóteo estivera servindo anteriormente, para examinar a questão.[447] Em 407, Alípio e Possídio viajaram com Agostinho de Cartago para Tubúrisco dos Númidas para investigar as questões que giravam em torno do bispo Maurêncio.[448] Em 418, os dois também fizeram uma significativa viagem com Agostinho e outros para Cesareia Mauritânia.[449] Finalmente, em 421, Agostinho e Alípio viajaram para Tubunas para se encontrarem com o oficial romano Bonifácio.[450]

Quando Alípio acompanhou Agostinho a Cirta em 395 e em 400, é bem provável que Agostinho tenha feito uma parada em Tagaste, sua terra natal, na ida, ou na volta, para Hipona.[451] Em 402, Agostinho visitou Alípio, para juntos resolverem a questão relacionada com

---

[444] *Carta* 44.1; ver PERLER, "Les Voyages", p. 208-210.

[445] MANDOUZE (*Prosopographie*, p. 57) sugere que foi outro encontro com donatistas. Ver *Carta* 53; e PERLER, "Les Voyages", p. 231.

[446] PERLER, "Les Voyages", p. 86.

[447] *Cartas*, 62,63; ver PERLER, "Les Voyages", p. 242, 243; e MANDOUZE, *Prosopographie*, p. 58.

[448] Ver PERLER, "Les Voyages", p. 265.

[449] POSSÍDIO, *Vida de Agostinho*, 14.3; ver PERLER, "Les Voyages", p. 86, p. 346.

[450] *Cartas*, 44.3.6; 220.3; ver PERLER, "Les Voyages", p. 86, p. 472.

[451] Ver PERLER, "Les Voyages", p. 231.

LIÇÕES DE LIDERANÇA DE AGOSTINHO

Honorato, um monge que vivia em Hipona e que era da igreja de Tiava, perto de Tagaste. Como a questão era delicada, Agostinho não só advertiu Alípio sobre o problema por carta, mas também lhe fez uma visita pessoal.[452] Em 407, Agostinho e Possídio provavelmente fizeram uma parada em Tagaste para passar algum tempo com Alípio, antes ou depois dos três terem viajado para Tubúrsico dos Númidas.[453] Em 414, Agostinho viajou também para Tagaste para participar de um concílio local da igreja númida, onde certamente se hospedou na residência de Alípio, pregando ao menos quatro sermões na igreja de Tagaste.[454]

Assim como, provavelmente, Agostinho se deteve em Tagaste quando estava a caminho de Cirta, também parece provável que Alípio e Agostinho passaram algum tempo com Possídio em Calama, antes de continuar para Cirta, ou em seu retorno.[455] A visita mais importante de Agostinho a Possídio em Calama foi em 408, logo após o violento ataque que Possídio sofreu na igreja por parte dos pagãos da sua cidade.[456] Uma vez que as autoridades locais não defenderam Possídio do ataque, Agostinho o aconselhou a ir a Ravena e apelar para o imperador.[457] Embora Agostinho tenha dado esse conselho a Possídio, parece que essa viagem a Calama foi, antes de mais nada, para encorajar seu amigo e discípulo nesse difícil período. Agostinho deu tão forte prioridade a essa visita a Possídio que, provavelmente, essa foi a razão pela qual ele esteve ausente dos concílios de Cartago, de 408 e 409.

Severo. Enquanto participava do concílio de 402 em Milevo, Agostinho hospedou-se na casa de Severo. Alguns meses antes, Agostinho tinha ido a Subsana para tratar da questão do diácono Timóteo,

---

[452] *Carta* 83; ver PERLER, "Les Voyages", p. 241, 242 e MANDOUZE, *Prosopographie*, p. 58.

[453] Ver PERLER, "Les Voyages", p. 265.

[454] Ver ibid., p. 325, p. 326, p. 462, p.463.

[455] Ver ibid., p. 232.

[456] *Carta* 91; ver PERLER, "Les Voyages", p. 266-269; e BONNER, *St. Augustine*, p. 125.

[457] Ver MANDOUZE, *Prosopographie*, p. 891.

COMO AGOSTINHO ABORDA A FUNÇÃO DE MENTOR

questão que afetou sensivelmente Severo, como as *Cartas* 62 e 63 de Agostinho atestam. A ocasião do concílio de Milevo e a oportunidade que Agostinho teve de visitar o seu amigo parecem ter sido de crucial importância para a continuidade do relacionamento de ambos.[458] As evidências sugerem que Agostinho e Severo continuaram mantendo contato seguido, pois Agostinho tornou a visitar Severo em 408 ou 409 e pregou dois sermões àquela congregação.[459] Provavelmente Agostinho ficou na casa de Severo durante o concílio de 416, que se reuniu em Milevo.

Profuturo e Fortunato. Como foi observado, Agostinho e Alípio viajaram para estar com Profuturo em Cirta, em 395, quando este foi ordenado bispo.[460] No ano seguinte, Agostinho e Profuturo viajaram juntos através da Numídia, possivelmente tendo encontros com líderes donatistas, sem bem que o motivo principal da viagem não é claramente conhecido. Durante essa viagem os dois discutiram o tema da ira, tema que Agostinho trouxe à baila outra vez em sua carta a Profuturo em 397.[461] Em 400, provavelmente pouco antes do falecimento prematuro de Profuturo, Agostinho e Alípio visitaram mais uma vez aquele que era seu amigo desde os tempos de Hipona. Em 402, provavelmente em seu regresso de Tiava, Agostinho visitou Fortunato, ex-discípulo de Hipona, que foi ordenado bispo de Cirta depois da morte de Profuturo.[462] É possível que Agostinho tenha parado em Cirta para visitar Fortunato quando voltava de Milevo para casa em 409, como também em seu retorno do concílio de Zerta, reunido em 412.[463]

Evódio, Bonifácio e Antonino. Em 410, Agostinho pode ter se detido em Uzalis para passar algum tempo com Evódio, quando

---

[458] Ver ibid, p. 242, p. 243.

[459] Ver ibid., p. 272, p. 273,

[460] *Carta* 53; ver PERLER, "Les Voyages", p. 210, p. 231.

[461] *Carta* 38.2; ver PERLER, "Les Voyages", p. 86; e MANDOUZE, *Prosopographie*, p. 930.

[462] *Carta* 78; ver PERLER, "Les Voyages", p. 245.

[463] *Carta* 144; ver PERLER, "Les Voyages, p. 273,p. 274, p. 309.

estava viajando entre Hipona e Hipona Diarrita.[464] Agostinho esteve com Evódio para investigar pretensos milagres envolvendo relíquias do mártir Estêvão.[465] Embora não haja clareza quanto ao motivo da visita, Agostinho visitou Bonifácio em Cataqua em 414 ou 415.[466] Agostinho viajou para Fussala a fim de remover Antonino, seu discípulo desde Hipona, de sua posição no ministério, enquanto procurava curar as feridas sofridas pela congregação de Fussala.[467]

CONCLUSÃO

Durante quase quarenta anos, Agostinho esteve ativamente envolvido no trabalho de mentorear líderes espirituais em Hipona, ao redor da África, e, às vezes, fora da África. Como mostramos neste capítulo, suas principais estratégias mentoriais incluíam o mosteiro, cartas, livros, participação nos concílios da igreja e visitas pessoais. Que conclusões podemos tirar das formas mentoriais de Agostinho? Primeiro, seu mentoreado era caloroso e pessoal. Vê-se que o tom dos seus livros e de suas cartas é coerente com a descrição dele feita no mosteiro, nos concílios eclesiásticos e nas visitas pessoais. Como já foi observado, as cartas simplesmente facilitavam conversas pessoais. Segundo, observamos Agostinho fazendo uso de todas as suas estratégias mentoriais, desde os primeiros estágios do seu ministério até sua morte.

Agostinho combinava múltiplas abordagens mentoriais dentro do mesmo contexto. Temos observado que Agostinho enviava diversas cartas acompanhadas de livros visando assessorar clérigos.[468] Também mostramos que ele escrevia cartas para líderes espirituais antes das reuniões de concílios da igreja, oferecendo seus pensamentos sobre assuntos pendentes, e também dava seguimento aos concílios com

---

[464] Ver PERLER, "Les Voyages", p. 280.

[465] *A cidade de Deus*, 22.8; ver PERLER, "Les Voyages", p. 380.

[466] *Carta* 149; ver PERLER, "Les Voyages", p. 326-328; e MANDOUZE, *Prosopographie*, p. 150.

[467] *Cartas*, 209; 20*; ver PERLER, "Les Voyages", p. 369-373.

[468] *Cartas*, 24,25; 31; 162; 169; 173A; 174; 207; 214,15; 215A; 16*; 23*; 29*.

COMO AGOSTINHO ABORDA A FUNÇÃO DE MENTOR

cartas, ratificando ou pondo em prática as decisões dos concílios.[469] Ao falarmos sobre o seu envolvimento nos concílios, mencionamos que ele viajava e fazia visitas pessoais, pondo em prática as decisões do concílio. Muitas vezes essas visitas eram feitas na companhia de discípulos ou incluíam uma parada para visitar um discípulo. Também mostramos que nos dois casos delicados dos negócios da igreja que envolveram Alípio e Severo, Agostinho não somente escreveu cartas sobre cada questão, mas também fez visita pessoal a esses discípulos.[470] Depois de sua visita a Profuturo em 396, ele lhe escreveu uma carta no ano seguinte lembrando-lhe o que tinham discutido.[471] Agostinho também assessorou os que vinham passar algum tempo com ele no mosteiro de Hipona, dando-lhes livros e cartas quando eles iam embora. Foi o que aconteceu com os monges de Hadrumetum, como também com Paulo Orósio.[472]

Mediante sua multiforme abordagem do trabalho mentorial, Agostinho dava orientação e encorajamento espiritual, repreensão e disciplina, conselho sobre como gerenciar as questões da igreja, exortação com vistas à manutenção da sã doutrina, bem como ajuda teológica e exegética para o ensino das Escrituras e para a luta contra a heresia. Em muitos casos, ele se punha à disposição e trabalhava ao lado de líderes de todos os níveis do ofício clerical, dando-lhes recursos para ajudá-los a cumprir seus ministérios em benefício da igreja.

---

[469] *Cartas*, 22; 59; 60; 139; 141; 173; 176,77; 185; 219; 28*.

[470] Cartas, 83; 62,63.

[471] *Carta* 38.2.

[472] Agostinho, despedindo-se dos monges, os entregou as *Cartas* 214,15; 215A, como também as obras *On Grace and Free Will* e *On Admonition and Grace*, ao passo que Paulo deixou Hipona levando de presente *Against the priscillianists*.

CAPÍTULO **5**

PENSAMENTOS DE AGOSTINHO SOBRE A FUNÇÃO DE MENTOR

Construindo sobre a abordagem mentorial de Agostinho para líderes espirituais delineada no capítulo anterior, passamos a articular os seus pensamentos sobre o trabalho mentorial. Consoante a nossa prática, primeiro vamos extrair estes princípios, claramente observáveis e repetidos, de suas formas mentoriais. Somado a isso, suas convicções sobre mentoreado, articuladas em seus escritos e em seus sermões, servirão para complementar a observação do seu comportamento e para a elaboração de um argumento em prol de uma série de princípios mentoriais. Ao considerarmos os pensamentos de Agostinho sobre mentoreado à luz do modelo do Novo Testamento apresentado no capítulo primeiro, ficará claro que os seus princípios eram muito coerentes, embora em níveis diferentes, com esse modelo. Em decorrência disso, os seus princípios mentoriais também incluíam o contexto de grupo, o discípulo como mentor, seleção ou escolha, a relação mentor-discípulo, sã doutrina, formação e apresentação de modelos de instrução e de ação e envolvimento no ministério, liberação de líderes (delegação de encargos e ofícios), e oferecimento de recursos (teológicos, exegéticos e práticos). Como resultado, confirmarei a afirmação de que Agostinho deixou um legado que impactou a igreja no período subsequente à sua morte e o faz até hoje.

O GRUPO

A vida de Agostinho foi caracterizada por amizade e pela presença constante de companheiros. Amigos como Alípio, Nebrídio e Evódio desempenharam um papel chave em sua jornada espiritual, mas, além disso, a sua experiência como cristão e líder na igreja incluiu uma comunidade de irmãos que buscavam progredir juntos. Quando Agostinho mentoreava líderes espirituais, ele estava, sem dúvidas, comprometido com o contexto de grupo.

O modelo de Agostinho no grupo

O capítulo 4 mostrou que Agostinho mentoreava homens em um contexto de grupo — sendo o mosteiro a mais evidente forma. Dedicamos consideração ao progresso do itinerário monástico de Agostinho, partindo de uma condição mais filosófica e contemplativa em Cassicíaco e em Tagaste, para outra mais centrada na igreja, preocupado com o fardo do ministério em Hipona. Em cada estágio ele era o primeiro a juntar os homens na busca de crescimento espiritual por meio de disciplinas tais como: oração, cântico de Salmos, leitura, diálogo, trabalho e prestação de serviço. Por mais de quarenta anos viveu em uma comunidade de homens que pensavam espiritualmente de forma semelhante. De 395 a 430, ele serviu como bispo-monge, mentoreando outros líderes espirituais no contexto de um ministério exercido em benefício da igreja.

Também mostramos que Agostinho mentoreava um grupo por meio da sua participação e influência nos concílios da igreja africana, entre 393 e 427. Ele influenciava os líderes reunidos da igreja

PENSAMENTOS DE AGOSTINHO SOBRE A FUNÇÃO DE MENTOR

articulando sã doutrina, fazendo uso de argumentos amenos apresentados aos inimigos da igreja com paciência e com sabedoria, e servindo apoiado em forças-tarefas realizadas logo após a diversos concílios.

Agostinho também mentoreou durante suas viagens. Viajando para um concílio da igreja ou de volta dele, servindo apoiado em uma força-tarefa para efetivar as decisões dos concílios ou visitando um dos que tinham sido seus alunos em Hipona, em cada caso registrado ele estava na companhia de um pequeno grupo de discípulos ou de líderes da igreja.

As epístolas mentoriais de Agostinho também dão evidência de um mentoreado exercido em um contexto de grupo. Aproximadamente, 25 de suas cartas a clérigos foram endereçadas a dois ou mais destinatários.[1] Seu incentivo, suas exortações e seus recursos para ajuda visavam grupos de líderes espirituais. Além dos destinatários mencionados, suas cartas eram copiadas, e assim, provavelmente, tinham ampla influência, abrangendo outros clérigos e grupos de clérigos. Ele também foi coautor de ao menos 23 cartas, produzindo-as junto com clérigos colegas. Com destinatários que incluíam clérigos, o papa, líderes donatistas e autoridades seculares, Agostinho redigiu dez cartas com Alípio, uma com Possídio, cinco delas com os "irmãos com ele" e sete com outros clérigos.[2] Pelo envolvimento desses grupos de líderes espirituais em seu ministério de redação de cartas, indiretamente ele os estava mentoreando. Finalmente, Agostinho indicou em

---

[1] *Cartas*, 31; 42; 45; 80; 95 (Paulino e Theresia); *Carta* 48 (Eudóxio e monges de Caprária); *Carta* 62 (Severo e irmãos); *Cartas*, 78; 122 (clérigos e fiéis de Hipona); *Cartas*, 83; 15*; 22* (Alípio e outros); *Cartas*, 84; 28* (Novato e irmãos); *Carta* 115 (Fortunato e irmãos); *Carta* 142 (Saturnino e Efrata); *Cartas*, 159; 162 (Evódio e irmãos); *Cartas*, 173A; 25* (Deográcias, Teodoro e outros); *Cartas*, 214,15 (Valentino e monges de Hadrumetum); *Carta* 219 (Prócolo e Cilênio); *Cartas*, 253,54 (Benenato e irmãos).

[2] *Cartas*, 41; 53; 62,63; 69,70; 170,71; 186; 188 (com Alípio); *Carta* 137 (com Possídio); *Carta* 110 (com "irmãos"); também *Cartas*, 125; 159; 162; 254; *Cartas*, 88; 128,29; 141; 176,77; 219 (com vários outros clérigos); Possídio e Alípio estavam entre os clérigos listados nas saudações das *Cartas* 176,77, endereçadas ao papa Inocêncio.

265

LIÇÕES DE LIDERANÇA DE AGOSTINHO

sua correspondência com Paulino de Nola, que ele partilhava as cartas que recebia de Paulino com os clérigos e monges que viviam com ele.[3]

Agostinho mentoreou também, em um contexto de grupo, por meio dos seus livros. Os diálogos teológicos e filosóficos à mesa, em Tagaste e em Hipona, o ajudaram a esclarecer seu pensamento para a produção de obras como *Sobre oitenta e três diversas questões* e *Sobre a Trindade*.[4]

O ensino de Agostinho ao grupo

De acordo com o comprometimento de Agostinho com o crescimento espiritual mediante comunidade e com base em seus sermões, em *Exposições em Salmos* e em outros escritos, é possível observar quatro temas que revelam o pensamento de Agostinho sobre o grupo, mais especificamente, sobre como mentorear líderes espirituais. São eles: o grupo deve viver junto, em união; a própria comunidade é um meio de crescimento espiritual; o crescimento é facilitado pela amizade cristã; e o grupo é um modelo para a igreja. Apesar de grande parte do que Agostinho ensinava sobre o crescimento em comunidade estar ligado ao mosteiro, a meta aqui é esclarecer os princípios monásticos relevantes ao trabalho de mentorear líderes.[5]

---

[3] *Cartas*, 31.2; 42.2.2.

[4] Ver BARDY, Gustave, *Saint Augustin: L'homme et l'oeuvre*, Tème éd. (Paris: Bibliothèque Augustinienne, 1948), p. 196.

[5] Para entender mais sobre a teologia monástica de Agostinho, ver BROCKWELL, Charles, "Augustine's Ideal of Monastic Community: A paradigm for his doctrine of the church", *Augustinian Studies* 8 (1977); FISKE, Adele, "St. Augustine and friendship", *Monastic Studies* 2 (1964), p. 127-135; LAWLESS, George, "Augustine's first monastery: Thagaste or Hippo?"; MCGUIRE, Brian Patrick, *Friendship and Community*; MELLET, M., *L'itineraire et L'ideale monastique de Saint Augustin* (Paris: Desclée De Brouwer, 1934); SAGE, A., *La regle de Saint Augustin commenté par ses écrits* (Paris: La Vie Augustienne, 1961); SAGE, A., "La contemplation dans les communautés de vie fraternelle", *Recherches Augustiniennes* 8 (1971): p. 245-302; BAVEL, Tarsicius Van, *La communauté selon Augustin: Une grâce pour notre temps*, trad. M. J. Schuind (Bruxelles: Éditions Lessius, 2003): VERHEIJEN, Luc, "Saint Augustin: Un moine devenu prêtre et evêque", and ZUMKELLER, *Augustine's Ideal of the religious life*.

PENSAMENTOS DE AGOSTINHO SOBRE A FUNÇÃO DE MENTOR

Vivendo juntos. Ao estabelecer o mosteiro clerical, Agostinho fez a escolha de viver entre as pessoas da igreja e seus clérigos, como também entre os monges. Na *Carta* 95, ele escreveu a Paulino sobre o seu desejo de viver entre os cidadãos da Jerusalém celestial, para benefício deles.[6] Em *Exposições em Salmos*, ele se referiu ao mosteiro como uma "vida comum" (*uita communis*), acrescentando: "Você não pode manter-se separado do gênero humano, enquanto você viver entre os homens".[7] Ladner afirma que o compromisso de Agostinho de viver em comunidade, no contexto de prestação de serviço à igreja, definiu sua postura monástica. Ele escreve: "Para Agostinho, o verdadeiro monasticismo é cenobítico, não eremítico, e também é apostólico, ou, na terminologia moderna, é misto antes que puramente contemplativo".[8]

A inspiração de Agostinho para tal vida comum veio do exemplo dos apóstolos na Igreja Primitiva. Como foi observado, antes de existir uma regra monástica articulada, Agostinho e seus companheiros simplesmente viviam de acordo com os preceitos de Atos 4.31-35.[9] Um aspecto importante do modelo apostólico era que irmãos viviam juntos em união. Agostinho escreveu: "E, que significa 'em união'? Ele diz: "e eles tinham uma só alma e um só coração para com Deus'".[10] No mesmo ensino ele procurou esclarecer o que significa um monge viver em comunidade. Ele escreveu:

> Pois *monos* quer dizer "um só", e não apenas "um" em qualquer sentido. (...) Portanto, eles vivem de tal modo em união que formam

---

[6] *Carta* 95.5,6; ver *Sermões*, 355.1; ver MANDOUZE, André, em Bouësse, p. 138.

[7] *Expositions in Psalms*, 99.12; 54:9, tradução inglesa apud G. D. Ladner, *Idea of Reform*, p. 340.

[8] LADNER, *Idea of Reform*, p. 340.

[9] POSSÍDIO, *Vida de Agostinho*, p. 5; *On the Works of Monks*, 17.20, 25, 32, 38; *Expositions in Psalms*, 132.2; *Sermões*, 356.1; também ZUMKELLER, *Augustine's Ideal*, p. 131.

[10] *Expositions in Psalms*, 132.2; tradução inglesa extraída da obra de ZUMKELLER, *Augustine's Ideal*, p. 398; também CLARK, Mary, *Augustine* (Washington, DC: Georgetown University Press, 1994), p. 88. [Tradução direta da parte citada de Atos 4.32.]

LIÇÕES DE LIDERANÇA DE AGOSTINHO

um só homem, de sorte que realmente possuem o que foi escrito: "uma só alma e um só coração". (...) Eles têm muitos corpos, mas não muitas almas; têm muitos corpos, mas não muitos corações. Eles são corretamente chamados *monos*, isto é, "unicamente um".[11]

Agostinho ainda ilustrava essa união de coração e mente referindo-se ao grupo como templo de Deus. Em *A cidade de Deus* ele escreveu: "Somos, todos juntos, seu templo, como cada um o é pessoalmente, pois Deus condescende em habitar na comunidade de todos os homens como habita em cada um de nós".[12]

O grupo como meio de crescimento. Vivendo com os seus discípulos, ele, à semelhança de Basílio, acreditava que o próprio grupo era um meio vital de crescimento espiritual, pois o único voto prescrito em sua *Regra* era o de comprometimento com o viver comunal.[13] Como Agostinho concebia a comunidade como meio de crescimento? Primeiro, ele acreditava que as disciplinas ascéticas eram essenciais para os cristãos, principalmente para os monges, fazerem progresso espiritual, e que o melhor ambiente para esse compromisso era o mosteiro.[14] O indivíduo era fortalecido na oração, no jejum, na leitura, no estudo, no trabalho, na prestação de serviço, graças ao suporte e ao sentimento de responsabilidade do grupo. Os membros da comunidade não oravam simplesmente perto uns dos outros, nem perguntavam se eles tinham orado naquele dia; na verdade, eles estavam habituados a pôr em prática essa e outras disciplinas espirituais corporativamente. Por conseguinte, o grupo se mobilizava para fazer o que o indivíduo era demasiado fraco para fazer por si mesmo. Por essa razão Agostinho insistia com os monges que fossem pacientes com os mais jovens e mais fracos em sua fé, e que não os abandonassem:

---

[11] *Expositions in Psalms*, 132.6; tradução inglesa extraída da obra de ZUMKELLER, *Augustine's* Ideal, p. 400.

[12] *A cidade de Deus*, 10.32; tradução inglesa extraída da obra de ZUMKELLER, *Augustine's Ideal*, p. 130; também *Carta* 187.13.38; *Sermões*, 336.1.1; 337.1.1; e *Rule*, 1.8.

[13] *Rule*, 1.2-4, 8; também CLARK, *Augustine*, p. 89.

[14] Ver MANDOUZE, *L'aventure*, p. 167-168.

268

PENSAMENTOS DE AGOSTINHO SOBRE A FUNÇÃO DE MENTOR

> Aquele que faz bom progresso se retirará, não permitindo nenhuma companhia humana? Que seria se, antes desse indivíduo fazer progresso, ninguém quisesse tolerá-lo? (...) Então, que o seu amor preste atenção, diz o apóstolo: *[que andeis...] com toda humildade e mansidão, com paciência, suportando-vos uns aos outros em amor, procurando cuidadosamente manter a unidade do Espírito no vínculo da paz.*[15]

Segundo, o grupo nutria seus membros buscando intimidade com Deus. Clark afirma que o empreendimento monástico fundava-se no anelo do indivíduo por conexão com Deus. Assim, a comunidade veio a ser uma alma coletiva, contemplativa, faminta de Deus, enquanto seus membros compartiam as alegrias e as tristezas da experiência uns com os outros.[16]

Finalmente, o grupo habilitava cada um dos seus membros a aguçar-se, não só espiritual, mas também intelectualmente, em especial no sentido de apropriar-se solidamente da teologia. Agostinho estimulava a formação teológica deles, mediante seu ensino regular e metódico, no mosteiro. Os líderes espirituais e os monges da comunidade eram, ainda mais, movidos a desenvolver-se mediante diálogo e discussões nas horas de refeição. Se bem que as preleções de Agostinho certamente eram importantes e comunicavam muito conteúdo à comunidade, os membros do grupo eram desafiados a raciocinar, a articular e a fazer debates por meio do diálogo, o que os tornava pensadores e teólogos mais capazes.

O papel da amizade cristã. O terceiro aspecto do pensamento de Agostinho sobre crescimento espiritual no grupo era o papel da amizade cristã. No *Sermão* 299D, ele declarou que duas coisas na vida eram essenciais: saúde e amizade — sendo esta última a mais

---

[15] [Efésios 4.1-3.] *Expositions in Psalms*, 99:9; tradução inglesa extraída da obra de ZUMKELLER, *Augustine's Ideal*, p. 388.

[16] *Expositions in Psalms*, 99.5; também CLARK, *Augustine*, p. 88-89.

importante.[17] Apesar de Agostinho ser motivado pessoalmente pela amizade, certamente seus pensamentos sobre o assunto foram influenciados pela preocupação com a amizade no mundo romano dos séculos quarto e quinto.[18] Apesar de um completo corpo de erudição ter se dedicado a Agostinho e à amizade, meu interesse é focar suas ideias sobre a amizade relacionadas especificamente com o crescimento espiritual.[19]

Antes de sua conversão e durante os seus anos iniciais como cristão, Agostinho sustentou amplamente a ideia romana clássica de amizade (*amicitia*), que se baseava no interesse e na experiência comum, e muitas vezes incluía alguma busca de sabedoria ou de um entendimento compartilhado da virtude. O envolvimento de Agostinho como ouvinte na seita dos maniqueus e a sua tentativa de uma experiência comunal com amigos buscando a "vida feliz" (*uita beata*), revelam suas inclinações iniciais para a *amicitia*.[20] Embora também caracterizada por afeto e por simpatia humana, a amizade clássica era

---

[17] *Sermão* 299D.1; também BURT, Donald, *Friendship and Society: An Introduction to Augustine's Practical Philosophy* (Grand Rapids: Eerdmans, 199), p. 57.

[18] Ver LAWLESS, *Monastic Rule*, p. 5.

[19] Ver BROCKWELL, "Augustine's Ideal of Monastic Community"; BURT, *Friendship and Society*; COLLINGE, William J., "The role of christian community life in Augustine's apologetics", *Augustinian Studies* 14 (1983): p. 63-73; CASSIDY, Eoin, "The recovery of the classical ideal of friendship in Augustine's portrayal of *caritas*", em Thomas finan and Vincent Twomey, editores, *The Relationship Between Neoplatonism and Christianity* (Dublin: Four Courts, 1992), p. 127-140; FISKE, "St. Augustine and Friendship"; LAWLESS, *His Monastic Rule*; LIENHARD, Joseph T., "Friendship in paulinus of Nola and Augustine", *Augustiniana* 1 (1990): p. 279-296; McGUIRE, *Friendship and Community*; McNAMARA, Mary A., *Friendship in St. Augustine* (Staten Island, NY: St. Paul, 1964); MONAGLE, John, "Friendship in St. Augustine's Biography: Classical Notion of Friendship", *Augustinian Studies* 2 (1971): p. 81-92; BAVEL, Tarsicius Van, *La communauté selon Augustin: Une grâce pour notre temps*, trad., trans. M. J. Schuind, Bruxelles; Éditions Lessius, 2003; WHITE, Caroline, *Christian Friendship in the Fourth Century* (Cambridge: CUP, 1992); ZUMKELLER, *Augustine's Ideal*.

[20] Ver CASSIDY em Finan e Twomey, 129; LIENHARD, "Friendship in Paulinus de Nola and Augustine", p. 291; e LAWLESS, *Augustine of Hippo and his Monastic Rule*, p. 5.

iniciada pela escolha que o indivíduo fazia de um companheiro com afinidade mental e de sentimentos.[21]

Quando Agostinho amadureceu como cristão e líder espiritual, seus escritos mais tardios revelam um rompimento com a noção de *amicitia*, pois ele começou a descrever a amizade como *caritas*, um amor a Deus e ao próximo segundo o modelo visto na Trindade.[22] Brockwell afirma que, em relação à vida comum de Agostinho entre monges e líderes espirituais, *caritas* era "o cerne motivacional da comunidade monástica".[23]

Dada essa breve definição, como a amizade cristã se distinguia da amizade clássica? Primeiro, para Agostinho *caritas* era o conceito grego de *agape*, segundo o qual o amigo era amado por ser amigo e porque Cristo habitava nele.[24] Segundo, ao invés da simpatia humana ou um interesse comum prover a base da amizade, *caritas* era um laço recebido como dom do Espírito Santo.[25] Em vista disso, como Deus outorgou esse nível de relação aos cristãos, sua escolha desempenhava um papel mínimo, ou nenhum, na iniciação de uma amizade. Terceiro, *caritas* estava focada completamente em Deus e, portanto, não constituía em si própria um alvo a alcançar. Ademais, também era um amor que ansiava que outros encontrassem Deus e experimentassem a salvação.[26] Quarto, enquanto *amicitia* era impelida por um interesse comum, *caritas* era caracterizada por uma fé comum e por um acordo entre pessoas que criam nas realidades divinas. Finalmente, algumas

---

[21] Ver CASSIDY, "Recovery", p. 129; LIENHARD, "Friendship in Paulinus of Nola and Augustine", p. 290-291; e LAWLESS, *Monastic Rule*, p. 5.

[22] Ver CASSIDY, "Recovery", p. 132, p. 134; *On the Catholic and Manichean Ways of Life*, 1.33.73; *On Eighty-three Varied Questions*, 83.71.1; também ZUMKELLER, *Augustine's Ideal*, p. 104, p.127.

[23] Ver BROCKWELL, "Augustine's Ideal", p. 97.

[24] *Confissões*, 6.16.26; *Sermões*, p. 336, p. 349; *On the Trinity*, 8.10; BURT, *Friendship and Society*, p. 57; CASSITY, "Recovery", p. 138; e LIENHARD, "Friendship", p. 292.

[25] Ver LIENHARD, "Friendship", p. 291, p. 293; *A cidade de Deus*, 19.8; e CASSIDY, "Recovery", p. 129.

[26] *Confissões*, 4.9.14; *On Teaching Christianity*, 1.27,28; BURT, *Friendship and Society*, p. 62; e CASSIDY, "Recovery", p. 130, p. 133, p. 137.

LIÇÕES DE LIDERANÇA DE AGOSTINHO

características que se observam na amizade cristã incluíam confiança, espírito de serviço, levar as cargas uns dos outros, e estimular uns aos outros com vistas à prática das boas obras.[27]

Quais eram os resultados da amizade cristã? Primeiro, *caritas* resultava em união, em "um só coração em Deus" (*cor unum in Deum*), que era a meta primordial da vida comum no mosteiro.[28] Segundo, amizade cristã, em geral, era uma experiência maravilhosa e tinha um fruto abençoado para os crentes. Em seu sermão sobre o Salmo 132, Agostinho disse: "Ali ordenou Deus sua bênção; ali os que vivem em harmonia louvam o Senhor".[29] Finalmente, *caritas* redundava em crescimento espiritual para os membros da comunidade. Brockwell escreve: "Quanto mais alguém colocava o bem da comunidade antes dos seus interesses pessoais, mais rapidamente ele progredia na vida espiritual".[30]

Embora Agostinho não tenha abandonado plenamente a noção clássica de amizade que caracterizava a sua vida anterior, não obstante, a noção de *caritas* transformou os seus motivos e o seu propósito para a amizade.[31] Com a relação dos membros da Trindade como seu modelo, Agostinho acreditava que *caritas* trazia união e unidade de coração e mente ao grupo, o que facilitava a busca da perfeição espiritual. Brown está certo em afirmar que Agostinho gozou mais companheirismo pessoal com seus amigos e discípulos nos anos iniciais do seu ministério em Hipona, visto que posteriormente muitos eram separados para servirem à igreja na África.[32] Contudo, Agosti-

---

[27] Ver *Carta* 258; LIENHARD, "Friendship", p. 292; *A cidade de Deus*, 10.3.2; *Sermões*, 34.4; 358.4; *On the Trinity*, 9.4.6; BURT, *Friendship and Society*, p. 62, p. 63, p. 66; e CASSIDY, "Recovery", p. 132, p. 137; p. 139.

[28] *Rule*, 1.1; também *Carta* 258.1; ZUMKELLER, *Augustine's Ideal*, p. 124; e CASSIDY, "Recovery", p. 139.

[29] *Expositions in Psalms*, 132.13; tradução inglesa extraída da obra de ZUMKELLER, *Augustine's Ideal*, p. 404; também *A cidade de Deus*, 19.13.1; CASSIDY, "Recovery", p. 138.

[30] Ver BROCKWELL, "Augustine's Ideal", p. 100.

[31] Ver LIENHARD, "Friendship", p. 293.

[32] Ver BROWN, Peter, *Santo Agostinho, uma biografia* (Berkeley: University of California Press, 1967, 2000), p. 467.

nho continuou a cultivar a amizade cristã com esses homens por meio de cartas e visitas, como também com novos monges que estavam se juntando a ele em Hipona.

O grupo como um modelo para a igreja. Assim como a Trindade era modelo de amizade cristã para a comunidade monástica, assim também Agostinho acreditava que o grupo, no mosteiro, seria um modelo para a igreja. Apesar de os monges terem escolhido um estilo de vida verdadeiramente recluso, para serem protegidos das influências pecaminosas do mundo, ainda assim estavam muito integrados na vida da igreja, o que significa que eles não eram resguardados dos problemas da mesma.[33] Considerando a igreja como "mãe" do mosteiro, Agostinho acreditava que, em última análise, o mosteiro existia pra servir à igreja.[34]

Em que a comunidade monástica servia de modelo para a igreja? Embora considerada como um grupo mais consagrado, em um certo sentido, essa comunidade simplesmente vivia a vida comum de uma pessoa crente — um cidadão da Nova Jerusalém.[35] Como os monges viviam e serviam à plena vista da igreja, Agostinho queria inculcar nos leigos que esse modo de viver não estava reservado para os "superespirituais", mas era acessível ao membro comum da igreja. Segue-se, pois, que a igreja também podia ser uma comunidade edificada sobre a amizade cristã, tendo um só coração e uma só mente. Cassidy comenta: "A concretização da verdadeira amizade nada mais é que levar à fruição o corpo de Cristo".[36]

O MENTOR COMO DISCÍPULO

Agostinho demonstrou compromisso pessoal com crescimento espiritual desde a época da sua conversão até o fim da sua vida.

---

[33] Ver BROCKWELL, "Augustine' Ideal of Monastic Community" p. 108; e VAN DER LOF, L. Johann, "The Threefold Meaning of *Servi Dei* in the Writings of Saint Augustine", *Augustinian Studies* 12 (1981): p. 58.

[34] *Tractates on the Gospel of John*, 13.12; ver VAN DER LOF, "Threefold Meaning", p. 57.

[35] *Sermões*, 355.1; 356.1; também VAN DER LOF, "Threefold Meaning", p. 58.

[36] CASSIDY, "Recovery", p. 140; também MANDOUZE, *L'aventure*, p. 218.

LIÇÕES DE LIDERANÇA DE AGOSTINHO

Por conseguinte, ele mentoreou outros líderes espirituais inspirando-os com seu próprio exemplo e provendo um modelo para eles imitarem. Uma vez Agostinho disse à sua congregação de Hipona: "Para vocês eu sou bispo, com vocês sou um cristão".[37] Quando argumentarmos a favor deste segundo princípio do mentoreado como se vê em Agostinho, consideraremos como Agostinho demonstrou um permanente desejo de crescer espiritualmente, como também o que ele cria e ensinava acerca do mentor ser discípulo.

O exemplo de Agostinho, de um mentor como discípulo

A primeira maneira pela qual observamos Agostinho atuar como discípulo foi em seu compromisso de ter uma vida ascética no contexto de uma comunidade. Ele acreditava que um estilo de vida ascético era a abordagem mais estratégica para a completitude da perfeição, e que a comunidade de monges propiciava o necessário sentimento de responsabilidade e apoio.[38] Muito embora seus livros terem tido ampla circulação, ele ter sido muito requisitado como pregador e ter sido o bispo africano mais influente do seu tempo, Agostinho nunca deixou de sentir necessidade de um grupo de homens vivendo sob a regra dos apóstolos. Nesse sentido, sua postura como contínuo discípulo era parecida com a de Pacômio.

Segundo, à semelhança de Simpliciano, Agostinho continuou a crescer, mantendo-se humilde quanto ao que ele não sabia ou não entendia, e solicitando a contribuição de outros. Observamos em sua famosa correspondência com Jerônimo que Agostinho pedia a contribuição dele sobre os seus argumentos, enquanto reconhecia o benefício recebido dos livros de Jerônimo.[39] Mesmo durante os períodos de significativa divergência, Agostinho mantinha a postura humilde de um aprendiz do seu contemporâneo de Belém.[40] Ele até enviou um discí-

---

[37] *Sermão* 340.1; também *Expositions in Psalms*, 126.3.44.
[38] *Carta* 211.12; ver MANDOUZE, *L'aventure*, p. 167-168.
[39] *Cartas*, 28.4.6; 40.2.2; 71.
[40] *Cartas*, 67.2; 82.2.15; 82.5.34.

PENSAMENTOS DE AGOSTINHO SOBRE A FUNÇÃO DE MENTOR

pulo para estudar sob Jerônimo e depois voltar a Hipona para partilhar o que aprendera.[41] Apesar de Agostinho, mais jovem, ter ultrapassado a posição de Jerônimo na hierarquia clerical, não deixou que o orgulho pela posição bloqueasse a sua aprendizagem e o seu crescimento.[42]

Em sua correspondência com Paulino de Nola, Agostinho também solicitava livros, fazia numerosas perguntas teológicas e, em geral, comunicava-se mantendo a postura de um aprendiz.[43] Enquanto respondia para Simpliciano perguntas teológicas, Agostinho também pedia a seu ex-mentor contribuições sobre o que ele tinha escrito. Ele até pediu a Aurélio sua avaliação sobre o rascunho inicial da obra *Sobre a doutrina cristã*.[44]

O compromisso de Agostinho com aprendizagem constante não se limitava à interação com outros líderes espirituais. Em suas cartas ao leigo Januário, que tratavam de vários assuntos, Agostinho confessou seu entendimento limitado.[45] No livro *A instrução dos catecúmenos*, Agostinho advertiu Deográcias dizendo que o líder espiritual não precisava ter resposta para todas as perguntas para ser capaz de ensinar um catecúmeno. De fato, ele concitou o mestre a estar aberto para aprender com seus alunos.[46] Ele também mostrou grande humildade como aprendiz extraindo itens das regras hermenêuticas do bispo donatista Ticônio, quando articulou suas ideias sobre interpretação escriturística em sua obra *Sobre a doutrina cristã*.[47] Apesar de ter passado grande parte do seu ministério pelejando com os donatistas,

---

[41] *Carta* 73.2.2.

[42] *Carta* 82.33.

[43] *Cartas*, 31.7,8; 80; 95; 149.3.34.

[44] *Cartas*, 37.3; 41.2.

[45] *Carta* 55.35; também BACCHI, Lee, *The theology of the ordained Ministry in the Letters of Augustine of Hippo* (San Francisco: International Scholars, 1998), p. 103-105.

[46] *On the Instruction of Beginners*, 11.16; também VAN DER MEER, Frederick, *Augustine the Bishop. Church and Society at the Dawn of the Middle Ages*, tradução de B. Battershaw e G. R. Lamb (Londres: Sheed and Ward, 1961), p. 8.

[47] *On Teaching Christianity*, 3.1.30.42-37.56; também DOYLE, Daniel, "The Bishop as Teacher", em PAFFENROTH, Kim e HUGHES, Kevin, *Augustine and Liberal Education* (Aldershot, UK: Ashgate, 2000), p. 91.

Agostinho reconheceu que, ainda assim, havia algo que se poderia aprender dos eruditos dessa seita.

Uma terceira maneira observável pela qual Agostinho foi um crescente discípulo foi o seu desenvolvimento teológico. Ao longo do seu livro *A Simpliciano*, ele mudou seus conceitos sobre graça, renunciando a seu favorecimento do livre arbítrio do homem para atribuir maior importância à soberania de Deus.[48] Ele relatou humildemente sua jornada teológica aos clérigos gauleses Próspero e Hilário em *Sobre a predestinação dos santos*.[49] Já perto do fim da sua vida, Agostinho parece ter se desenvolvido em suas ideias sobre milagres e sobre o papel das relíquias no culto cristão.[50]

Um quarto meio pelo qual Agostinho cresceu espiritualmente foi através da escrita. Na *Carta* 143, ele declarou a Marcelino: "Confesso francamente que, por conseguinte, eu me esforço para ser um dos que escrevem, porque os que o fazem me causaram algum progresso, e eles, pelo que se escreve, fazem mais progresso".[51] Em *Sobre a Trindade* ele acrescentou: "Confesso que eu mesmo, por meio dos escritos, aprendi muita coisa que eu não sabia".[52] Como um discípulo em crescimento pondo os frutos do seu estudo em forma publicada, ele considerava uma obra terminada como um estágio da conversação em andamento, rumo a um entendimento das realidades divinas. Assim como pediu avaliação de Jerônimo, de Simpliciano e de Aurélio, ele também recorria a todos os seus leitores nesse sentido, como ele mesmo diz: "Certamente, pois em todos os meus escritos eu desejo não somente um leitor piedoso, mas também um leitor

---

[48] *Reconsiderations*, 2.1; também WETZEL, James, "Simplicanum, Ad", ATTA, p. 798.

[49] *On the Predestination of the Saints*, 3.7; 4.8.

[50] *A cidade de Deus*, 22.8; *Cartas*, 227; 29*; *Reconsiderations*, 1.13.7; também BROWN, *Augustine*, p. 418-419; e VAN DER MEER, *Augustine the Bishop*, p. 544.

[51] *Carta* 143.2; tradução inglesa oriunda de www.newadvent.org/fathers/1102.htm Ver também BROWN, *Augustine*, p. 354.

[52] *On the Trinity*, 3.1.1; todas as traduções de *Sobre a Trindade* são da edição inglesa *On the Trinity*, e extraídas de www.newadvent.org/fathers/1301.htm.

que me corrija francamente".[53] De acordo com Possídio, o fato de Agostinho ter mantido, até o fim de sua vida, o hábito de ler e escrever contribuiu para que continuasse a crescer espiritualmente: "Não muito tempo antes de sua morte, ele fez revisão dos livros que tinha ditado e publicado, quer na época de sua conversão, quando ainda era um leigo, quer durante os anos em que foi presbítero e depois bispo. Revisou e corrigiu tudo que estava em desacordo com a regra da igreja".[54] Enquanto tomava tempo para editar seus livros e para classificá-los para a biblioteca de Hipona, Agostinho publicou *Retratações*, que reconsiderou e esclareceu cuidadosamente sua posição sobre uma série de assuntos.

Finalmente, Agostinho demonstrou compromisso em crescer, também como discípulo demonstrando humildade e transparência. Sua humildade era evidente em sua correspondência, como também em sua conduta durante os concílios da igreja. Embora altamente reverenciado como bispo, sua transparência como alguém que continuava a lutar contra o pecado foi um ressonante tema das *Confissões*. Durante os últimos dez dias de sua vida, ele "tinha os poucos Salmos davídicos redigidos em folhas fixadas na parede oposta a seu leito; então, enquanto jazia enfermo, ele olhava para os Salmos transcritos, lia-os e chorava contínua e copiosamente".[55] Rompendo com sua prática normal de receber visitas, ele passou os dias finais em oração.

O ensino de Agostinho sobre o mentor como discípulo

Além do seu comportamento que podia ser observado, Agostinho manteve esses princípios sobre mentoreado em seus escritos. Em sua resposta às perguntas de Dulcitis, escrita em 424, ele expressou sua preferência por aprender acima de ensinar: "De minha parte [...] gosto mais de aprender do que de ensinar [...] o dulçor da verdade

---

[53] *On the Trinity*, 3.1.2; BROWN, *Augustine*, p. 270.
[54] POSSÍDIO, *Vida de Agostinho*, 28.1.
[55] Ibid., 31.2.

LIÇÕES DE LIDERANÇA DE AGOSTINHO

deve, então, convidar-nos a aprender, e as necessidades da caridade devem forçar-nos a ensinar".[56] Satisfeito em permanecer como aprendiz, como o foram Cipriano e Ambrósio, Agostinho foi motivado a extremar-se em amor pela igreja. Conforme crescia em estatura como bispo e pregador, ele afirmava que o ministro deve ser sempre um estudante na escola de Cristo.[57] Por volta de 415, ele escreveu a Jerônimo: "Embora seja mais correto que os idosos sejam mestres, mais que aprendizes, não obstante, é mais correto que aprendam e não continuem ignorando o que lhes cabe ensinar a outros".[58] Ele insistia que o pregador eficiente deve experimentar a realidade da fé que ele defende: "Pois, se o ministro [de Deus] não for ardoroso como fogo quando prega, não ateará fogo naquele a quem ele prega".[59]

"Fazendo progresso" (*proficere*). Zumkeller escreve: "De acordo com Agostinho, a vida interior do cristão consiste na renovação permanentemente progressiva da imagem de Deus no homem", resultando na "perfeição do amor [...] isto é, do amor a Deus e, em Deus, do amor ao próximo".[60] Em seu livro *Sobre o Credo e os catecúmenos*, Agostinho enfatizou a necessidade que o homem tem de crescimento espiritual comparando-o com o exemplo perfeito de Cristo.[61] Ainda noutra obra ele exorta o cristão a fazer progresso porque o próprio Senhor Jesus cresceu em sabedoria e no favor (ou na graça) de Deus durante a sua vida no corpo.[62] Em *Sobre a perfeição da justiça humana*,

---

[56] *On Eight Questions from Dulcitus*, 2.6; tradução inglesa derivada da obra de LADNER, *Ideas of reform*, p. 338.

[57] *Sermões*, 49.2; 91.5; 101.4; 137.13,14; 179.7; 270.1; 340.1; 355.2; *Expositions in Psalms*, 66.10; 126.3; *A cidade de Deus*, 19.19; CRESPIN, Rémi, *Ministère et Sainteté* (Paris: Études augustiniennes, 1965), p. 183-184; George Howie, *Educational Theory and Practice in Saint Augustine* (Nova York: Teachers College Press, 1969), p. 221; e VERHEIJEN, Luc, "Saint Augustin: Un moine devenu prêtre et evêque", p. 307.

[58] *Carta* 166.1.1.

[59] *Expositions in Psalms*, 103.2.4; tradução inglesa oriunda da obra de LADNER, *Idea of Reform*, p. 338.

[60] ZUMKELLER, *Augustine's Ideal*, p. 103-104.

[61] *On the Creed, to the Catechumens*, 3.8.

[62] *On Eighty-three Varied Questions*, 75.2; Lucas 2.40.

PENSAMENTOS DE AGOSTINHO SOBRE A FUNÇÃO DE MENTOR

ele até argumentou que, em vista da imperfeição humana e da constante luta contra o pecado, o propósito desta vida era pelejar continuamente para alcançar a perfeição.[63] Em apoio ao seu argumento, Agostinho referiu-se a Filipenses 3:12-15, a mesma passagem dada como referência ao modelo do Novo Testamento no capítulo 1, para mostrar que o mentor é discípulo.[64] Sendo assim, quando ele escrevia a respeito da sua necessidade e da necessidade dos líderes espirituais e dos cristãos em geral de crescerem continuamente como discípulos, muitas vezes ele descrevia esse processo empregando a expressão "fazendo progresso" (*proficere*).

Vista interna das ruínas da Basílica da Paz, incluindo a abside e a cadeira episcopal, de onde Agostinho pregava.

Em *Confissões*, Agostinho registrou que os crentes precisavam continuar a crescer após o seu batismo: "Pois mesmo quando as pessoas foram batizadas e iniciadas, e se submeteram a estes sacramentos,

---

[63] Ver ZUMKELLER, *Augustine's Ideal*, p. 105.
[64] Ver *On the Perfection of Human Righteousness*, 8.19.

LIÇÕES DE LIDERANÇA DE AGOSTINHO

não significa que avançaram, que suas almas se elevaram a um novo nível, que se moveram da doutrina elementar para a maturidade.[65] Sua pregação também desafiava os crentes a progredirem diariamente em sua fé.[66] No *Sermão* 82, ele contou que o seu coração se deleitava ao ver pessoas experimentarem uma transformação de vida resultante da sua pregação.[67] Em *A instrução dos catecúmenos*, ele escreveu que o desejo de um recém-convertido de crescer dava ao ministro uma esperança que sobrepunha a decepção causada por outros que se apartavam da fé.[68]

Como os cristãos faziam progresso espiritual? Primeiro, Agostinho argumentava que eles progrediam em sua fé por observarem os bons e os maus exemplos. Em *Sobre o significado do Gênesis*, Agostinho escreveu que Deus, soberanamente, fazia uso de maus exemplos para animar os crentes a buscarem crescimento espiritual. Às vezes, exemplos iníquos estavam presentes até dentro da igreja![69]

Segundo, Agostinho afirmava que o progresso acontecia como fruto da obra e da graça de Deus na vida do crente.[70] Em uma de suas homilias sobre 1João, ele argumentou que, visto que o homem, naturalmente, não consegue amar seu próximo, o crente deve ficar na confiante dependência de Deus, para que este torne real esse amor em sua vida.[71] De forma parecida, os monges, os clérigos ou os servos de Deus devem pôr sua confiança em Deus, buscando nele forças para manterem um estilo de vida ascético.[72] Se bem que, em última instância, o progresso dependia da graça e da obra de Deus, Agostinho

---

[65] *Confissões*, 13.20.28; também Hebreus 6:1-3.

[66] *Sermões*, 16A.1; 22.8; 169.15.18.

[67] *Sermão* 82.12.15; também *On Teaching Christianity*, 4.6.9; 4.53; DOYLE, "Bishop as teacher", p. 85.

[68] *On the Instructiopn of Beginners*, 14.21.

[69] *On the Literal Interpretation of Genesis*, 11.14; também *Sermão* 5.8.

[70] *On the Spirit and the Letter* 2.4; *Sermões*, 156.12.13; 227.1; On nature and grace, p. 58, p. 68.

[71] *Tractates on the First Letter of John*, 9.2.

[72] *Confissões*, 10.31.45.

PENSAMENTOS DE AGOSTINHO SOBRE A FUNÇÃO DE MENTOR

concitava os cristãos a reagirem ativamente, pondo sua confiança no poder de Deus para verem o crescimento espiritual acontecer.[73]

Terceiro, Agostinho acreditava que o crescimento espiritual acontecia pela obediência às Escrituras ensinadas na comunidade da fé.[74] Como foi observado, Agostinho alegrava-se ao ver membros da igreja abandonando práticas pecaminosas por obediência às Escrituras. Na *Carta* 36, Agostinho fez elogiosa afirmação ao presbítero Casulano por seu crescimento nas Escrituras, o que o habilitou a ensinar e a ser uma bênção para a igreja: "Pois muito me alegro por seus estudos e por suas palavras, e eu desejo que você faça progresso em sua juventude, e que seja abundante na Palavra de Deus para edificar a igreja, e o exorto nesse sentido".[75] Apesar de Agostinho não ter desempenhado seu papel de juiz, Possídio deu indicações de que ele cumpria fielmente o seu ministério a fim de influenciar as partes envolvidas, com base nas Escrituras, o que as ajudaria a realizar progresso espiritual.[76]

Quarto, Agostinho, à semelhança de Pacômio, ensinava que o progresso espiritual ocorria por meio de um estilo de vida ascético seguido em comunidade. Se bem que as disciplinas espirituais individuais eram importantes, o grupo propriamente dito, como temos argumentado, também era um significativo meio de crescimento. Agostinho recomendava também o celibato, particularmente no caso das virgens e das viúvas, e o trabalho manual como disciplinas ascéticas que ajudavam o progresso.[77]

Quinto, como Agostinho acreditava que o sofrimento levava ao melhor de todos os mundos, para ele o progresso espiritual era

---

[73] *Expositions in Psalms*, 45.12; *Carta* 214.7; *Tractates on the First Letter of John*, 9.2; *Sermão* 34.8; *On Teaching Christianity*, 3.10.14.

[74] *Sermões*, 82.12.15; 227.1; *Carta* 36.1.1; *Expositions in Psalms*, 69.6; *Tractates on the First Letter of John*, 3.1; *On Instruction of Beginners*, 7.11; POSSÍDIO, *Vida de Agostinho*, 19.3,4; *On Teaching Christianity*, 4.6.9; 4.53.

[75] *Carta* 36.1.1.

[76] POSSÍDIO, *Vida de Agostinho*, 19.3,4.

[77] *Expositions in Psalms*, 99.9, 12; *On the predestination of the saints*, 4.8; *On the Good of Widowhood*, 18.22; *On Holy Virginity*, 22.22; *On the Work of Monks*, 17.20.

LIÇÕES DE LIDERANÇA DE AGOSTINHO

realizado por meio da dor, do sofrimento e das dificuldades. Em um sermão sobre o Salmo 29, Agostinho lembrou a seus ouvintes a promessa de Paulo a Timóteo de que "todos os que querem viver uma vida piedosa em Cristo Jesus sofrerão perseguições".[78] Sofrimentos e dureza realmente vieram por atrocidades, como a invasão dos vândalos, mas também vieram em um nível pessoal, quando o crente em crescimento era escarnecido ou até amesquinhado por seu progresso espiritual.[79]

Finalmente, o crente fazia progresso na fé por manter uma esperança futura. A promessa de ressurreição, do céu e da vida eterna encorajava aquele que peregrinava pela cidade terrena a lidar com as durezas da vida e a perseverar na fé. O progresso também era obtido pela renúncia das coisas deste mundo e pela meditação nas coisas celestiais e eternas.[80]

Imitação. Porque Agostinho acreditava e defendia, através do seu exemplo, que o mentor devia ser discípulo, outros o consideravam um modelo para o modo cristão de viver e de exercer o ministério. Nesse sentido, ele se ligava a Jesus, a Paulo, a Pacômio, a Cipriano, a Basílio e a Ambrósio como líderes que mentoreavam seus discípulos pela imitação.

Possídio declarou que, muito embora Agostinho tenha sido maravilhosamente dotado para a pregação, o ensino e a defesa da fé, seu maior impacto foi sobre aqueles que o observaram de perto: "Acredito, porém, que aproveitavam bem mais os que podiam ouvi-lo falar na igreja e o viam ali presente, principalmente se estavam familiarizados com seu modo de viver entre seus companheiros humanos".[81] Possídio concluiu sua obra com um voto no sentido de "emulá-lo e imitá-lo no presente mundo e de saborear com ele as promessas de Deus todo-poderoso no mundo por vir".[82] Paulino também se referiu

---

[78] *Expositions in Psalms*, 29.2.8; 2Timóteo 3:12.

[79] Expositions in Psalms, 118.20.1; 123.6; e *Carta* 167.3.12.

[80] *Sermão* 170.11; *Carta* 2*.6; *On holy virginity*, 22.22; e *Expositions in Psalms*, 119.3; 122.3;

[81] POSSÍDIO, *Vida de Agostinho*, 31.9.

[82] Ibid., 31.11.

aos discípulos de Agostinho, em Hipona, como seus "imitadores na fé e na virtude".[83] Apesar de Agostinho assessorar seu amigo com cartas, em certa ocasião Paulino enviou alguns dos seus discípulos a Hipona para receberem outro tipo de carta, a oportunidade de observar, em primeira mão, a fé e o exemplo de Agostinho.[84] E Severo escreveu que Agostinho o tinha ensinado a amar Deus e o próximo por seu exemplo: "Já fiz algum progresso por imitar você, de modo que desejo ser a espécie de homem que você é [...] você nos levou a amar o nosso próximo, o que para nós é o primeiro passo rumo ao amor de Deus".[85]

Fora esses testemunhos dos colaboradores e discípulos de Agostinho, como Agostinho mentoreava pelo exemplo? Primeiro, ele praticava o que pregava. Em *Sobre a obra dos monges*, ele exortou os monges a trabalharem e lhes lembrou o seu próprio trabalho: "Não estamos impondo fardos pesados e não os estamos lançando sobre os seus ombros, enquanto nem com um dedo os tocamos".[86] Segundo, ele era um modelo de serviço para os clérigos. Na saudação da *Carta* 217, escrita quando se aproximava o fim da sua vida, Agostinho referiu-se a si próprio como um "servo dos servos de Cristo".[87] Terceiro, ele deixou um exemplo mentorial por meio de sua *Regra*. Embora articulada em meio ao itinerário monástico de Agostinho, em 399, sua regra monástica, à semelhança da de Pacômio, encapsulou muito do que ele era como monge e líder espiritual. Como Monceaux escreve: "Com justiça, a *Regra* de Agostinho é reconhecida como sendo o seu legado aos que desejam imitá-lo nessa vida".[88] Finalmente, por meio de suas *Confissões*, Agostinho constituiu-se em um modelo de trans-

---

[83] *Carta* 24.2.
[84] *Carta* 31.2; ver BROWN, *Augustine*, p. 152.
[85] *Carta* 109.2.
[86] *On the Work of Monks*, 29.37.
[87] *Carta* 217; também *Sermão* 340.1; JOURJON, Maurice, "L'evêque et le peuple de Dieu selon saint Augustin", p. 157-158.
[88] Ver MONCEAUX, Paul, "Saint Augustin et Saint Antoine: contribution à l'histoire du monachisme", em *Miscellanea Agostiniana*, 2.61-89 em ZUMKELLER, *Augustine's Ideal*, p. 94.

LIÇÕES DE LIDERANÇA DE AGOSTINHO

parência, de humildade e do andar pela fé em todo tempo, modelo próprio de um líder espiritual.

Agostinho também acreditava que a imitação de santos exemplos resultava em crescimento espiritual. Ele pregava que o fundamento da vida cristã era a imitação de Cristo. No *Sermão* 304, ele declarou: "Se verdadeiramente o amamos, imitemo-lo. Porquanto não podemos dar melhor fruto do amor do que o exemplo da nossa imitação".[89] Essa imitação não excluía a possibilidade de sofrimento e até de martírio.[90] Ao encorajar os monges e as freiras a manterem disciplina, o voto de celibato inclusive, Agostinho os concitava a imitarem os exemplos de Cristo e de Maria.[91]

Por meio de sua pregação, Agostinho também apresentava os exemplos de santos e mártires como modelos para imitação. Como foi observado, Agostinho recusou-se a atender ao pedido de Paulino de Milão, de escrever sobre a vida dos mártires porque já tinha pregado mais de cem sermões comemorando o testemunho de muitos que tinham sofrido e morrido por sua fé.[92]

Anteriormente, argumentamos que Agostinho via a comunidade monástica como um modelo para a igreja. É evidente, pelo *Sermão* 355, que ele queria que a igreja imitasse os membros do mosteiro de Hipona: "Penso que o nosso modo de viver está claro para que vocês o vejam; assim é que, às vezes, talvez eu também me atreva a dizer o que o apóstolo disse, se bem que, naturalmente, não posso ser comparado com ele: "Sede meus imitadores, como também eu sou de Cristo".[93] Em *Carta* 41,

---

[89] *Sermão* 304.2.2; tradução inglesa extraída da obra de ZUMKELLER, *Augustine's Ideal*, p. 114; também *Sermão* 96.7.9.

[90] *Carta* 228; *Tractates in the Gospel of John*, 123.3; também PELLEGRINO, Michelle, *The True Priest: The Priesthood as Preached and Practiced by St. Augustine*, tradução de Arthur Gibson (Langley, UK: St. Paul, 1968), p. 168.

[91] *On holy virginity*, p. 26, p. 27; ver ZUMKELLER, *Augustine's Ideal*, p. 114.

[92] *Carta* 29*.1; *Sermão* 46.9; *Expositions in Psalms*, 36.3.20; *Tractates in the Gospel of John*, 123.5; *Against Faustus, a Manichee*, 20.21; também HAMILTON, Louis, "Possídio' Augustine and Post-Augustinian Africa", JECS, 12 (2204): 92.

[93] *Sermão* 355.1; também CRESPIN, Rémi, *Ministère et Sainteté* (Paris: Études Augustiniennes, 1965), p. 187.

284

PENSAMENTOS DE AGOSTINHO SOBRE A FUNÇÃO DE MENTOR

Agostinho indicou a Aurélio que era bom que os membros da igreja imitassem os clérigos, particularmente os que pregavam.[94] Embora Agostinho tenha desejado que a igreja imitasse os clérigos, que imitavam Cristo, ele também disse que a comunidade monástica de Hipona tinha começado com "irmãos de boa vontade, meus companheiros na pobreza, que, como eu, nada possuíam e que me imitavam".[95] Enquanto correspondia à iniciativa de Agostinho como mestre e líder espiritual no princípio do experimento de Hipona, não há indicação de que os membros do mosteiro do jardim ou do mosteiro clerical, alguma vez, cessaram de imitar Agostinho. Liderando com humildade e transparência, Agostinho queria que seus homens o imitassem; e quando a igreja de Hipona imitava a comunidade monástica, também imitava Agostinho.[96]

À semelhança de Pacômio, Antônio, Basílio e Ambrósio, o exemplo de Agostinho foi preservado mediante biografia. Embora partindo do gênero "homem santo", que caracterizou as descrições de Antônio e de Ambrósio, por certo a obra de Possídio foi um deliberado instrumento mentorial para o clero. Baseou-se no contexto do ministério diário de Agostinho no trato com hereges, na participação nos concílios da igreja, vivendo em um mosteiro e cumprindo os deveres próprios do ministério da igreja. Além disso, Possídio decidiu incluir o texto completo da carta de Agostinho ao bispo Honorato, um recurso prático para ajudar a conduzir a igreja durante perseguição, o que é significativo, porque a carta tomou um quinto de toda a obra. Hamilton escreve: "A singularidade da biografia de Agostinho provém de quem eram seus visados ouvintes ou leitores africanos e do seu propósito prático (em distinção do propósito devocional ou litúrgico)".[97] Como Possídio tinha convivido com Agostinho, tinha

---

[94] *Carta* 41.1; também Rousseau, "Augustine and Ambrose: The Loyalty and Single-mindedness of a Disciple", p. 159.

[95] *Sermão* 355.2.

[96] Ver VERHEIJEN, "Saint Augustin", p. 315; e ROUSSEAU, "Augustine and Ambrose: The Loyalty and Single-mindedness of a Disciple", p. 159.

[97] HAMILTON, Louis, "Possídio' Augustine and Post-augustinian Africa", p. 92-97.

LIÇÕES DE LIDERANÇA DE AGOSTINHO

observado a qualidade da sua vida e tinha desejado imitar seu exemplo, ofereceu a mesma oportunidade aos clérigos da África e de fora desta por meio do seu livro *Vida de Agostinho*.

SELEÇÃO DE DISCÍPULOS

Embora dezenas de líderes espirituais tenham se juntado a Agostinho no mosteiro e na igreja durante seus quarenta anos em Hipona, as evidências de como ele selecionava homens, como também seus pensamentos sobre seleção, na verdade são limitadas. Contudo, ao que parece, seu modo de selecionar discípulos assemelhava-se ao modo como se desenvolveu seu pensamento sobre a amizade cristã.

Antes da sua conversão, o carisma e a personalidade de Agostinho atraíram amigos que pensavam de forma parecida a ele e os levaram a juntar-se a ele na seita dos maniqueus, a pensar em uma comunidade interessada na busca de uma "vida feliz" e a unir-se a ele para um retiro no campo, na propriedade de Verecundo. Agostinho, que era inclinado à amizade (*amicitia*), reunia amigos que partilhavam os mesmos interesses.

Sobre sua conversão, Possídio escreveu que Agostinho "resolveu com seus companheiros, servir a Deus".[98] Nesse ponto, o seu carisma natural, ligado ao zelo da fé recém-encontrada, continuou a atrair outros. Lawless escreve: "Nesse meio tempo, este impulso monástico dado ao jovem Agostinho manifestou-se em seu infatigável anseio por Deus, e no caráter intensamente pessoal das suas experiências, a tal extremo que o seu temperamento dado a conseguir prosélitos atraía outros, movendo-os a partilhar suas vidas com ele.[99] Posteriormente, a decisão de voltar para a África e de estabelecer uma comunidade de "servos de Deus" em Tagaste foi tomada junto com amigos.[100] A seleção de discípulos em Cassicíaco e em Tagaste, em muitos aspectos, nada mais

---

[98] POSSÍDIO, *Vida de Agostinho*, 2.1.
[99] Ver LAWLESS, *Monastic Rule*, p. 34.
[100] POSSÍDIO, *Vida de Agostinho*, 3.1.

era do que o fato de Agostinho inspirar um grupo de amigos de iguais sentimentos e pensamentos a irem em busca de um interesse comum.

Apesar do mosteiro do jardim de Hipona inicialmente refletir os valores da amizade clássica presentes em Cassicíaco e em Tagaste, o método pelo qual Agostinho selecionava homens parece que mudou quando de sua ordenação como bispo e do estabelecimento do mosteiro clerical.[101] Uma vez que muitos dos seus amigos que o tinham seguido a Cassicíaco, Tagaste ou Hipona, estavam sendo enviados para servir outras igrejas na África, Agostinho viu-se desejoso de receber novos monges e clérigos que fossem iniciados, com vistas a estarem com ele. Certamente, dentro desse grupo havia homens com os quais Agostinho não tinha laços naturais, o que fez com que a amizade cristã (*caritas*) tivesse ainda maior valor na seleção feita por Agostinho. Quando Agostinho recebeu as preferências dos discípulos de Paulino de Nola, de monges de Hadrumetum, de Paulo Orósio, dos bispos Paulo e Eutrópio, como também outros que se ligaram ao mosteiro indefinidamente, seu método de seleção lembra o precedente estabelecido por Pacômio.

Na verdade, Agostinho tinha altos padrões de santidade para seus discípulos, como os *Sermões* 355 e 356, indicam. Contudo, a única condição externa que ele exigia de um monge ou de um clérigo em potencial era a renúncia de propriedades, incluindo o voto de viver uma vida comum. Incapaz de prever no que daria qualquer discípulo, Agostinho, como Valério, preferia acreditar no melhor e dar ao discípulo em potencial o benefício da dúvida. Em seu ensino sobre o Salmo 99, ele relatou: "Para reconhecer em alguém um homem mau, você deve primeiro testá-lo dentro do mosteiro. Portanto, como você deixaria fora o homem que está pronto a entrar e que seria testado mais tarde, mas não poderá ser testado se não entrar? São ímpios todos os que você mandar embora?"[102]

---

[101] *Sermão* 355.1.
[102] *Expositions in Psalms*, 99.11; tradução inglesa extraída da obra de ZUMKELLER, *Augustine's Ideal*, p. 389.

LIÇÕES DE LIDERANÇA DE AGOSTINHO

A RELAÇÃO MENTOR-DISCÍPULO

Uma vez que a amizade era de suprema importância para Agostinho, segue-se, logicamente, que a relação entre mentor e discípulo era um aspecto importante do seu trabalho mentorial. As relações de Agostinho eram caracterizadas por sua demonstração de disciplina e autoridade espiritual, mediante sua postura como pastor, e mediante um mentoreado de colegas.

Disciplina e autoridade

Como mostramos, Agostinho cultivava uma atmosfera de disciplina e de santidade no mosteiro clerical. Ele exigia que os homens renunciassem às propriedades pessoais e se comprometessem a ter uma vida comum. Não se permitia que as mulheres chegassem perto do mosteiro, nem que os monges se aventurassem a ir a lugares de tentação. Mexericos não eram permitidos, principalmente durante as refeições, e a agenda diária era caracterizada por um rigoroso programa de disciplinas e de vida ascética. Quanto a Agostinho, o superior dava orientação espiritual aos monges, com base em sua autoridade espiritual.[103] Ele escreveu:

> O superior deve ser obedecido como um pai, com o respeito que se lhe deve, para que Deus não seja ofendido na pessoa dele, e, ainda mais respeito se deve ao ministro que leva sobre si a responsabilidade por todos vocês. Mas cabe, principalmente ao superior, ver que esses preceitos sejam observados e, se nalgum ponto houver negligência, cuidar que a transgressão não seja ignorada de forma relaxada, mas seja punida e corrigida.[104]

---

[103] POSSÍDIO, *Vida de Agostinho*, 5.1; 26.1-3; 22.6; *Sermão* 355.2; *Rule*, 1.2-4, 8; 4.4,5; 2-4.

[104] *Rule*, 7.1,2; tradução inglesa apud http://ccat.sas.upenn.edu/jod/augustine/ruleaug. html

288

As cartas de Agostinho, em geral, tinham um tom bondoso, porém, também eram usadas para encorajar líderes, assemelhando-se à sã doutrina, pois exortava-os ao crescimento espiritual e admoestava-os a serem fiéis em seus ministérios. Vê-se, pois, que Agostinho escrevia partindo de uma postura de autoridade espiritual com a intenção de influenciar e persuadir.

Agostinho acreditava que o bispo devia ter autoridade sobre a igreja e sobre os clérigos e os monges da mesma. Como alguém que teria que prestar maiores contas no Dia do Juízo do que os outros clérigos, era preciso que o bispo exercesse sua autoridade para ajudar os necessitados de cura espiritual, protegendo, assim, a igreja de más influências.[105] Agostinho utilizava essa autoridade para lidar com líderes espirituais, especialmente líderes que tinham sofrido queda moral. Durante o seu ministério como bispo, ele tratou dessas questões com seus próprios clérigos em Hipona, como também com líderes pertencentes à sua esfera de influência na Numídia. Seguindo minuciosa investigação durante a qual se presumia que o acusado era inocente até provar o contrário, Agostinho expunha o pecado a toda a igreja, convidava as partes ofensoras a arrepender-se e excomungava os clérigos que se recusassem a fazê-lo.[106]

Pastor

Embora falando a seus discípulos baseado na autoridade de sua posição como bispo, sua verdadeira eficiência como líder vinha por meio do seu exemplo, testificado por Possídio como um modelo para imitação.[107] Por isso, ele também falava aos líderes espirituais com a

---

[105] *On the Catholic and Manichean Ways of Life*, 1.32.69; também BROWN, *Augustine*, p. 200; e BACCHI, *Augustine's Ideal*, p. 80-82.

[106] *Sermões*, 355.6; 356.14,15; *Against the letters of Petilianus*, 4.43,44; *Cartas*, 65; 78; 82,83; 85; 209; 236; 248; 251; 267; também BATTENHOUSE, Roy W., *A Companion to the Study of St. Augustine* (New York: Oxford University Press, 1955), p. 75; CRESPINn, *Ministère*, p. 190-95; e DOYLE, *Bishop as disciplinarian*, p. 277, p. 310.

[107] POSSÍDIO, *Vida de Agostinho*, 24.2.

LIÇÕES DE LIDERANÇA DE AGOSTINHO

postura de um pastor, de alguém que cuidava do rebanho. Em suas cartas aos clérigos, nas quais tratava de assuntos práticos da igreja, de exortação a crescimento espiritual e de encorajamento em geral, o tom de Agostinho refletia o cuidado de um pastor. Isso também ficou evidente em suas referências a Paulo Orósio e a Quodvultdeus como "meu querido filho" e como "meu santo filho", respectivamente, na introdução das obras nas quais ofereceu recursos a esses discípulos para ajudá-los na luta contra heresias.[108] Na *Carta* 213, ele indicou que para Eráclio ele tinha sido uma figura paterna.[109]

Agostinho também pastoreou líderes prestando-lhes serviço. Como um servo para a igreja e para Cristo, ele ministrava sendo um "servo para os servos de Cristo".[110] Embora o superior, no conceito de Agostinho, tivesse autoridade espiritual dentro do contexto monástico, felicidade pessoal e necessidade de ser servido por outros não figuravam dentro dessa autoridade. Antes, o superior fazia uso de sua posição para servir os irmãos, como se vê na comunicação que ele faz na *Regra*:

> O superior, de sua parte, não deve considerar-se afortunado no exercício da sua autoridade, mas em seu papel como alguém que serve vocês com amor. Aos olhos de vocês, ele ocupará o primeiro lugar entre vocês pela dignidade do seu ofício, mas com temor diante de Deus, será como o menor entre vocês. Ele deve mostrar-se como exemplo de boas obras para com todos [...] ele deve lutar para ser amado por vocês, antes que temido.[111]

Já mostramos que Agostinho mentoreava os monges e os clérigos ensinando e facilitando o diálogo. Contudo, visto que ele pensava

---

[108] *Against the Priscillianists*, 1.1; *On Heresies*, prefácio, 1; também *Carta* 222.
[109] *Carta* 213.6.
[110] *Carta* 134.1; *Against Faustus a Manichee*, 22.56; *Sermões*, 3.9.63; 46.2; 339; 340.1; *On the Work of Monks*, 29.37; ver *Carta* 217; e MANDOUZE, "L'aventure", p. 139.
[111] *Rule*, 7.3; também *Confissões*, 10.4.6; *On the Work of Monks*, 29.37; *Carta* 23.1; também VERHEIJEN, "Saint Augustin", p. 315.

PENSAMENTOS DE AGOSTINHO SOBRE A FUNÇÃO DE MENTOR

em mestre como uma ajuda ao "mestre interior" em ação dentro do discípulo, Agostinho considerava o mentor como um servo no processo de aprendizagem e discipulado.[112] Paffenroth escreve que, para Agostinho, "o mestre só existe como ocasião, não como condição".[113]

Agostinho também demonstrou a postura de pastor estendendo graça aos clérigos. Em alguns casos, essa graça era quase chocante, no caso de líderes imorais e de hereges. Já mostramos a brandura e a compaixão de Agostinho para com Antonino após a maneira abusiva como este tratara o rebanho de Fussala.[114] Quando a controvérsia pelagiana fervia, as convicções de Agostinho sobre a graça e sobre o livre-arbítrio não o impediam de amar os seus adversários teológicos. Na *Carta* 146 ele escreveu a Pelágio: "Queira o Senhor recompensá-lo com as bênçãos, pela posse das quais você esteja bem para sempre e viva eternamente com o Eterno, meu senhor grandemente amado e meu irmão de quem tenho muita saudade".[115] Sabemos pela *Carta* 219 e pelas atas do concílio de Cartago, reunido em 418, que Agostinho foi generoso para com o herege Lepório, que se corrigira. Por ter encorajado os líderes da igreja da Gália a recebê-lo de volta à comunhão, ele ofereceu um modelo da graça restauradora àqueles clérigos.[116] Também, quando escreveu ao jovem bispo Auxílio, Agostinho confrontou amavelmente seu colega por sua dura excomunhão de uma família. Sua intervenção generosa e humilde também ensinou Auxílio acerca da graça, articulando seus princípios sobre excomunhão.[117]

Uma última forma pela qual Agostinho mentoreava como pastor era ensinando pacientemente os seus discípulos. Nos *Sermão* 47 ele

---

[112] *On the teacher*, 14.45.

[113] PAFFENROTH e HUGHES, *Liberal education*, p. 10.

[114] *Carta*, 209.5.9.

[115] *Carta* 146; tradução inglesa apud www.newadvent.org/fathers/1102.htm; também *Carta* 43.1; e DOYLE, The Bishop as Disciplinarian, p. 277.

[116] Ver HEFELE, Charles J., *Histoire des Conciles d'Après les Documents Originaux, Vol. II* (Paris: Letouzey et Ané, 1908), 2.1.215,16.

[117] *Cartas*, 250.1-3; 1*.

defendeu que o pastor devia instruir pacientemente o seu rebanho com base nas Escrituras[118] Ainda mais, os livros e as cartas de Agostinho, que tratavam exaustivamente das questões relacionadas com líderes espirituais, também testificavam que Agostinho estava comprometido com o referido princípio em suas relações com líderes espirituais. No mosteiro clerical, um lugar hospitaleiro, com as portas abertas para visitantes, Agostinho dedicava tempo para instruir Paulo Orósio, Lepório e os monges de Hadrumetum, e outros que vinham estudar com ele.

Mentoreado de colegas

O compromisso de Agostinho com o mentoreado de colegas se evidenciava quando ele colaborava com homens como Aurélio, durante os concílios da igreja africana. Também já observamos cartas trocadas entre Agostinho e colegas como Paulino, Simpliciano, Aurélio e Jerônimo. Temos mostrado que Agostinho facilitava o diálogo nas horas de refeição no mosteiro, ocasiões nas quais ele era desafiado pelos homens a desenvolver suas ideias sobre vários assuntos teológicos, enquanto também lhes infundia muita coisa.

Muito embora sendo ele claramente a figura de autoridade ou de pastor, a linguagem de Agostinho na comunicação com outros líderes espirituais, ainda assim, era fraternal. Isso ficava evidente nas saudações das suas cartas e nas dedicatórias de algumas obras. Enquanto não cause surpresa que Agostinho se dirigia a colegas como Paulino, Jerônimo e Aurélio como "irmão" (*frater*), é algo extraordinário que ele saudava tantos outros clérigos da mesma maneira.[119] Em uma

---

[118] *Sermão* 47.9; também HOWIE, *Educational theory*, p. 145.

[119] *Cartas* 27; 31; 42; 45; 95 (a Paulino). Agostinho realmente se dirigia a Paulino e à sua esposa tratando-os como "irmãos" (*fratribus*). Na *Carta* 95, ele também lhes chama "codiscípulos" (*condiscipulis*). *Cartas* 28; 40; 67; 71; 73; 82; 19* (a Jerônimo). *Cartas* 41; 60; 174; 16*; *On the Trinity* (prólogo); *On the Work of Monks*, 1.1 (a Aurélio). *Cartas* 36; 38; 48; 61-64; 74; 78; 80; 83-85; 92A; 101,2; 110,11; 115; 122; 125; 142; 148,49; 159; 162; 164; 171; 173A; 177-79; 196; 190-2; 194; 196; 202A; 207; 212;

carta ele saudou Saturnino e Eufrates como "irmãos presbíteros" (*fratribus presbyteris*), o que é notável, porque eles eram ex-donatistas que se uniram à Igreja Católica e foram separados para servirem como líderes.[120] Ele se dirigiu a Jerônimo, a Aurélio e a um grande número de outros clérigos como "copresbítero" (*compresbytero/consacerdoti*); Alípio e outros eram tratados como "cobispo" (*coepiscopo*); e um pequeno grupo de líderes era chamado "codiácono" (*condiacono*).[121]

SÃ DOUTRINA

Quando Agostinho foi ordenado para o presbiterato, em 391, seu primeiro pedido a Valério foi que lhe concedesse um ano sabático para estudar as Escrituras, o que, em última instância, serviu para prepará-lo para seu papel primordial no ministério — a pregação.[122] Agostinho esperava, igualmente, que outros bispos e presbíteros fossem treinados para a pregação.[123] Possídio descreveu Agostinho como um mestre que cumpriu seu ministério em meio a uma constante luta contra os pagãos e seus afins, e com os maniqueus, os donatistas, os pelagianos e os arianos.[124] Certamente, Agostinho considerava as Escrituras como tendo autoridade para a fé e prática cristã, e cria firmemente que ensiná-las era a sua contribuição mais importante

---

214,15; 215A; 219; 224; 228; 236,37; 245; 249; 250; 252-54; 269; 3*-6*; 8*-10*; 15*; 22*,23*; 25*; 26*; 28*,29*; *On the Instruction of Beginners*, 1.1; *On Admonition and Grace*, 1.1 (a outros clérigos).

[120] *Carta* 12.

[121] Ver *Cartas* 28; 40; 67; 71; 73; 82; 19* (Jerônimo); *Cartas* 36; 38; 64; 92A; 102; 111; 174A; 191; 194; 25* (outros clérigos); *Cartas* 41; 60; 174; 16*; *On the Trinity*, prólogo (Aurélio); *Cartas* 59; 62,63; 65; 74; 84,85; 110; 115; 125; 159; 178; 219; 245; 250; 254; 269; 4*; 6*; 28* (outros clérigos); *Cartas* 83; 98; 101; 149; 162; 164; 171; 179; 186; 190; 196; 202A; 207; 212; 228; 236,37; 5*; 26* (Alípio e outros clérigos); *Cartas* 192; 222; 224; 249; 3*; 29* (codiáconos).

[122] *Carta* 21; *Confissões*, 11.2.2.

[123] *On Teaching Christianity*, 4.4.5; também Eugene Kevane, *Augustine the Educator* (Westminster, MD: Newman, 1964), 117, 212; e van der Meer, *Augustine the Bishop*, 405.

[124] Possídio, *Vida de Agostinho*, 1-18; ver Hamilton, "Possídio' Augustine", 88.

como ministro. Esta resolução em prol da sã doutrina só foi vitalizada pelos desafios causados pelas heresias.

O exemplo de Agostinho com a sã doutrina

Como Agostinho demonstrou o valor de manter a sã doutrina ao mentorear líderes espirituais? Primeiro, já notamos seu envolvimento nos concílios da igreja africana entre 393 e 427, nos quais ele mentoreava os clérigos provendo-lhes ensino muito necessário, derivado das Escrituras, servindo de modelo de como lidar de maneira astuta e, contudo, generosa com hereges, e colocando em prática as decisões dos concílios mediante visitas, cartas e livros. Segundo, ele escreveu 31 cartas assessorando líderes espirituais sobre questões teológicas, e outras dezoito incentivando outros líderes a manterem sã doutrina. Terceiro, Agostinho escreveu oito livros com orientações teológicas, visando em especial certos clérigos, anexando outros oito livros já terminados com cartas em resposta às perguntas de outros clérigos. Ele produziu também sete obras apologéticas e doutrinárias, especificamente para líderes espirituais, e enviou outras quatro obras completas junto com cartas. Quarto, por meio de debates públicos e correspondência com hereges, ele apresentava um modelo de defesa da sã doutrina para seus colegas de ministério.[125] Finalmente, seus sermões, quer pregados em Hipona quer noutra cidade, frequentemente eram dirigidos contra os maniqueus, os donatistas, ou os pelagianos, e dessa forma propiciavam um modelo para outros líderes espirituais sobre como sustentar a sã doutrina em sua pregação.[126]

O pensamento de Agostinho sobre sã doutrina

Os escritos de Agostinho mencionam "sã doutrina" (*sana doctrina*) cerca de trinta vezes, a maior parte em sua comunicação com

---

[125] Possídio, *Vida de Agostinho*, 6; 7.1; 9; 12-14; 16-18.
[126] Ibid., 9.2; também Bardy, *Saint Augustin*, 252.

maniqueus, com pelagianos e com aqueles que tinham sido afetados por essas heresias. Em que Agostinho acreditava acerca da sã doutrina? Primeiro, ele expunha meras opiniões e ideias errôneas sobre Deus, enquanto, ao mesmo tempo, falava claramente sobre os atributos de Deus. Na *Carta* 188, Agostinho e Alípio insistiram com Juliano que evitasse opiniões contrárias à graça de Deus ou à sã doutrina.[127] Em seu comentário do Evangelho de João, Agostinho afirmou que a cobiça espiritual e o doentio fascínio por palavras e ideias arrastaram homens para falso ensino.[128] Sua jornada pessoal como um retórico que passou nove anos entre os maniqueus, tornou-o extremamente sensível a palavras eloquentes, às quais faltava a substância da verdade espiritual. Nos debates com o maniqueu Fausto, ele argumentou que a sã doutrina afirmava e sustentava a existência do Filho de Deus e a participação divina do Filho na Trindade.[129]

Segundo, Agostinho acreditava que havia um elo natural e neces-sário entre sã doutrina e vida santa. Em *Sobre fé e obras*, ele afirmou que, devido à sã doutrina, o crente pode viver a santidade associada ao batismo, pois a sã doutrina chama o cristão para conformar seus pensamentos e suas ações aos ensinos da Escritura.[130] Em suas res-postas a perguntas sobre o Evangelho de Mateus, Agostinho afirmava que a Palavra de Deus, transmitida mediante sã doutrina, transforma o coração e a conduta dos hipócritas.[131] E na *Carta* 208, Agostinho escreveu sobre a integridade do bom pastor em conduzir o seu reba-nho com sã doutrina e com santo viver, dignos de imitação.[132]

---

[127] *Carta* 188.1.1; também *Carta* 92.4.

[128] *Tractates on the Gospel of John*, 97.3; também *Against Faustus, a Manichee*, 21.16; e *Against Secundinus, a Manichee*, 26.2.

[129] *Against Faustus, a Manichee*, 5.6. Para mais informações sobre como a sã doutrina esclarece os atributos de Deus, ver *Against Faustus, a Manichee*, 15.5; *On the nature of the Hood*, 40; *Against Julian, an Unfinished Book*, 2.217; *On Genesis, Against the Manichees*, 2.8.11.

[130] *On Faith and Works*, 26.48; 5.7.

[131] *Questions on the Gospels*, 1.8.

[132] *Carta* 208.5.

Terceiro, Agostinho ensinava que a sã doutrina propiciava um guia para a adequada prática da vida cristã. A *Carta* 262 ele escreveu a uma mulher que decidira adotar o estilo de vida celibatário sem o consentimento do seu marido. Agostinho assinalou que ela havia ignorado a sã doutrina por não consultar o que a Escritura ensina sobre o celibato.[133] Em *Sobre o bem da viuvez*, ele insistiu, similarmente, que as decisões sobre perpétua virgindade e viuvez devem ser guiadas pelo entendimento da sã doutrina.[134] E ele replicou à alegação de Fausto, que dizia que os cristãos sacrificavam aos mártires, afirmando que tal prática não era cristã porque contrariava a sã doutrina.[135]

Finalmente, Agostinho afirmava que a sã doutrina era a doutrina da própria Escritura. *Sana doctrina* segue a *hugiainouse didaskalia* discutida no modelo do Novo Testamento no capítulo 1. Em *Sobre heresias*, Agostinho rejeitou um grupo chamado Severiani por ser herético, em parte porque negava o Antigo Testamento.[136] Agostinho comunicou também a Fausto que o que tornava o seu ensino errôneo era a sua rejeição das Escrituras:

> Com isso você abandona a sã doutrina e faz dela fábulas ímpias; e, em sua perversidade e em seu alheamento da sociedade dos santos, você rejeita a instrução do Novo Testamento, o qual, como já mostramos, contém declarações semelhantes às que você condena no Antigo Testamento.[137]

No mesmo debate, Agostinho afirmou que a sã doutrina se baseava nas Escrituras, em oposição às fábulas de Fausto.

---

[133] *Carta* 262.2; 1Coríntios 8:1-5.
[134] *On the Good of Widowhood*, 6.9; 15.19.
[135] *Against Faustus, a Manichee*, 20.21.
[136] *On Heresies*, 24.
[137] *Against Faustus, a Manichee*, 22.21; tradução inglesa apud www.newadvent.org/fathers/140622.htm; também *Against Faustus*, 12.27; 15.5; *On Adulterous Marriages*, 4.4; *Against Julian, an Unfinished Book*, 2.217; *On Genesis, Against the Manichees*, 2.8.11.

A opinião de Agostinho sobre as Escrituras

Agostinho considerava a sã doutrina como constituindo essencialmente os ensinos da Escritura, mas Agostinho só aceitava as Escrituras canônicas (*Scripturas canonicas*) — a "lista autorizada de livros pertencentes ao Antigo Testamento e ao Novo Testamento", confirmados no concílio de Hipona, em 393, e no segundo concílio de Cartago, em 397.[138] Em *Sobre a doutrina cristã* ele fez questão de listar os livros canônicos antes de passar ao fundamental ensino sobre a interpretação da Escritura.[139]

Implícito em sua distinção como canônicas, as Escrituras tinham autoridade sobre todas as outras expressões da verdade. Primeiro, eram superiores aos escritos dos filósofos. Na *Carta* 82, Agostinho comparou as obras dos filósofos com as Escrituras: "São sem valor, não porque tudo o que eles dizem é falso, mas porque põem sua confiança em muitas teorias falsas e, quando se veem falando a verdade, são alheios à graça de Cristo, que é a verdade propriamente dita".[140]

Segundo, Agostinho afirmava que as Escrituras canônicas tinham precedência até sobre os escritos dos mais íntegros líderes cristãos. Apesar de fazer referência positiva às obras de Ambrósio, Jerônimo, Atanásio e Gregório de Nazianzo na *Carta* 148, Agostinho escreveu a Fortunato: "Afinal de contas, não devemos considerar os escritos de pessoa alguma, ainda que católica e altamente louvada, como estando no mesmo nível das Escrituras canônicas".[141] Em *Sobre o batismo,* Agostinho advertiu os líderes donatistas contra verem nos escritos de Cipriano de Cartago uma base autorizada para o seu cisma. Apesar de ter grande consideração por Cipriano, Agostinho

---

[138] BECKWITH, R. T., "Canon of the Old Testament", NBD, p. 166; e HEFELE, *Histoire des Conciles*, 2.1.89; também *Carta* 64.3.

[139] *On Teaching Christianity*, 2.8.12,13; também *To Catholic Members of the Church*, 19.51.

[140] *Carta* 82.2.13; também *Carta* 101.2; *A cidade de Deus*, 19.19; e BROWN, *Augustine*, p. 265.

[141] *Carta* 148.4.15.

escreveu: "Mas quem pode deixar de perceber que o cânon sagrado da Escritura, tanto do Antigo como do Novo Testamento, está confinado dentro dos seus próprios limites, e que ali ele permanece em uma posição absolutamente superior a todas as cartas subsequentes dos bispos?".[142]

Terceiro, Agostinho acreditava que as Escrituras tinham autoridade sobre as palavras de qualquer líder cristão e sobre os atos de qualquer concílio. Em *Aos membros da Igreja Católica,* ele depressa rejeitou o ensino cismático dos bispos donatistas ao compará-lo com as Escrituras.[143] Esse princípio também esteve em ação em sua famosa disputa exegética com Jerônimo, sobre se Paulo mentiu em Gálatas acerca dos atos de Pedro. Ele escreveu: "Pois eu considero absolutamente desastroso acreditar que há alguma mentira nos livros sagrados, isto é, que aqueles homens que nos deram e puseram por escrito aquela Escritura mentiram em seus livros".[144] Em resposta à asserção de Jerônimo de que havia uma mentira nas Escrituras, Agostinho o acusou de elevar a autoridade de Pedro acima da das Escrituras.[145] Em *Sobre o batismo*, Agostinho argumentou que as Escrituras tinham autoridade sobre as decisões dos concílios da igreja, enquanto que em *Contra duas cartas dos pelagianos*, ele escreveu que as Escrituras punham às claras as decisões erradas tomadas por um concílio de bispos que apoiava Pelágio.[146]

As Escrituras tinham autoridade no sentido de definirem as disputas doutrinárias, principalmente em face das ideias heréticas. Agostinho insistia com os donatistas que a maneira própria de entender a natureza da igreja, como também a base para a razão pela qual o rebatismo era desnecessário, podiam ser encontradas nas Escrituras.[147] Comunicou aos pelagianos que a questão do pecado original poderia

---

[142] *On Baptism*, 2.3.4; tradução inglesa apud www.newadvent.org/fathers/14082.htm
[143] *To the Members of the Catholic Church*, 11.28.
[144] *Carta* 28.3.3.
[145] DOYLE, *"Augustine as teacher"*, p. 85.
[146] *On Baptism*, 2.3.4; *Against two letters of the pelagians*, 4.8.20.
[147] *To the Members of the Catholic Church*, 3.6; 18.47; 20.56; 24.69.

PENSAMENTOS DE AGOSTINHO SOBRE A FUNÇÃO DE MENTOR

ser resolvida por meio das Escrituras.[148] Finalmente, em seu tratado destinado a Maximino, Agostinho demonstrou à sua contraparte ariana que um apropriado entendimento da natureza de Deus
também podia ser encontrado nas Escrituras.[149]

Uma vez que Agostinho via as Escrituras canônicas como a autoridade mais alta para o ensino cristão e sua prática, ele demonstrava essa
convicção usando-as como sua fonte primária de recursos para os seus
escritos e para a sua pregação. Comentando os escritos de Agostinho,
Possídio falou de "livros e sermões que fluíam da maravilhosa graça de
Deus, que o inspirava, livros e sermões repletos de abundantes argumentos e baseados na autoridade das Escrituras Sagradas".[150] Como
Agostinho advertia os cristãos contra a atribuição de muita importância às palavras de um bispo, ele instava com a sua congregação a
considerar as Escrituras como superiores às suas próprias palavras. No
Sermão 356, ele ilustrou essa convicção começando o sermão relendo
uma passagem já lida por um diácono. Ele explicou: "Dá-me mais
prazer, como vocês veem, ler estas palavras do que argumentar em
favor da minha tese com minhas próprias palavras".[151] Na verdade, os
sermões e os escritos de Agostinho estavam saturados de palavras da
Escritura. Hamman observa que nas obras de Agostinho contam-se
umas quarenta mil referências à Escritura, representando cada capítulo e cada livro do Antigo e do Novo Testamentos. Hamman conclui:
"A Escritura passou a ser seu pensamento, sua vida e seu ensino".[152]

À semelhança de Ambrósio, Agostinho não somente atribuía autoridade aos livros canônicos; na verdade ele ensinava que era necessário
que fossem interpretados apropriadamente por um bispo ou um presbítero habituado a andar nas veredas da santidade. Tanto Ambrósio

---

[148] *On the Merits and Forgiveness of Sins* and *on Infant Baptism*, 3.6.12.

[149] *Against Maximinus, an Arian*, 2.22.2.

[150] POSSÍDIO, *Vida de Agostinho*, 7.3.

[151] *Sermão* 356.1; ver BROWN, *Augustine*, p. 451.

[152] HAMMAN, André, *Études Patristiques: Méthodologie, Liturgie, Histoire, Théologie*
Paris: Beachesne, 1991), p. 274 (tradução nossa [de Smither]); também VAN DER
MEER, *Augustine the Bishop*, 343; e KEVANE, *Augustine the Educator*, p. 117, p. 233.

como Agostinho foram arrastados para batalhas teológicas por causa de grupos heréticos que usavam mal ou ignoravam as Escrituras. Ele trabalhou muito para prover seus colegas clérigos da obra *Sobre a doutrina cristã*, uma fonte de recursos grandemente voltados para os princípios e meios como diretrizes para a interpretação da Escritura. Como sabemos pela calorosa troca de correspondência entre Agostinho e Jerônimo, a tarefa de interpretar os livros canônicos não era "como alguém jogar nos campos [desportivos] das Escrituras, mas sim como alguém que, ofegante, anseia por ar nas montanhas".[153] Em resumo, entender e ensinar a verdade da Escritura era coisa séria para Agostinho, e compunha grande parte do fardo do seu ministério.

No início, Agostinho solicitou a Valério um tempo para estudar as Escrituras, mas a sua fome de crescer no conhecimento das Escrituras nunca cessou.[154] As Escrituras tinham autoridade para o crescimento espiritual de Agostinho e dos líderes espirituais que ele mentoreava. As Escrituras eram o principal meio de estudo nos mosteiros de Hipona para líderes espirituais. Agostinho escreveu que Possídio "era alimentado por meio do nosso ministério, não com aquela literatura que os escravos de vários desejos chamam liberal, mas com o pão do Senhor".[155] Esse programa de treinamento formava "veneráveis homens de continência e saber", cujo "zelo pela propagação da palavra de Deus aumentava",[156] e eles eram enviados para servir as igrejas do norte da África.

CRIANDO UM MODELO E ENVOLVENDO-SE NO MINISTÉRIO

Agostinho realizou seus deveres como presbítero e bispo quando viveu em comunidade no mosteiro de Hipona. Ali ele ministrou com seus

---

[153] *Carta* 82.1.2.
[154] Ver *On Eight Questions from Dulcitius*, 2.6; *Sermões*, 49.2; 91.5; 101.4; 137.13,14; 17.9.7; 270.1; 340.1; 355.2; *Expositions in Psalms*, 66.10; 126.3; *A cidade de Deus*,19.19; e *Carta* 166.1.
[155] *Carta* 101.1; ver BROWN, *Augustine*, p. 129-130; e ROUSSEAU, "Augustine and Ambrose", p. 156-58.
[156] POSSÍDIO, *Vida de Agostinho*, 11.3,4; também MARTIN, *"Clericatus Sarcina (ep. 126.3)"*, p.2.

PENSAMENTOS DE AGOSTINHO SOBRE A FUNÇÃO DE MENTOR

clérigos, e com outros bispos africanos, durante períodos de viagem. Enquanto Possídio afirmava que a qualidade da vida de Agostinho como cristão era digna de imitação, o próprio Agostinho servia de modelo para outros clérigos sobre como serem líderes cristãos eficientes. Seus colegas de ministério o observavam em seus papéis de pregador, líder eclesiástico, liturgista, juiz e administrador das propriedades, e eles o viam administrar nos concílios da igreja, escrevendo, debatendo com inimigos teológicos da igreja, e viajando em benefício dela.

Agostinho como um exemplo de envolvimento no ministério

Como Agostinho envolvia homens no ministério? Primeiro, fazia uso de clérigos de todos os níveis de posição para partilharem da direção da assembleia reunida para culto. Como fazia Valério, ele separava presbíteros para pregarem, como também para presidirem os sacramentos. Às vezes, Agostinho enviava presbíteros a outras igrejas para ali ministrarem, pois as necessidades da diocese estavam aumentando constantemente. Diáconos também prestavam assistência durante a eucaristia e instruíam os catecúmenos. Leitores liam as Escrituras e conduziam o cântico de Salmos. À semelhança de Cipriano e de Ambrósio, muitos dos leitores de Agostinho eram moços que foram promovidos a posições mais altas entre os clérigos, conforme o tempo de experiência e a fidelidade da parte deles.[157]

Segundo, Agostinho envolvia líderes no trabalho do mosteiro clerical. Como observamos no capítulo anterior, cada ano Agostinho escolhia um superintendente que tinha autoridade administrativa e financeira sobre o mosteiro.[158] A outros monges eram confiadas tarefas como distribuir as dádivas ou doações feitas ao mosteiro; tomar conta das roupas, dos calçados e dos livros da comunidade; supervi-

---

[157] Ver ZUMKELLER, *Augustine's Ideal*, p. 44, p. 193; CRESPIN, *Ministère*, p. 180; e BARDY, *Saint Augustin*, p. 196.
[158] POSSÍDIO, *Vida de Agostinho*, 24.1.

LIÇÕES DE LIDERANÇA DE AGOSTINHO

sionar a cozinha; e cuidar dos enfermos.[159] Como acontecia com a igreja, o trabalho do mosteiro passou a exigir tanto dele que Agostinho envolveu, intencionalmente, mais monges em sua direção, para que ele não viesse a negligenciar outros aspectos do seu ministério.[160]

Terceiro, Agostinho envolveu muitos clérigos em seu ministério de escrever. Como já observamos, 23 das cartas de Agostinho tiveram membros do clero como seus coautores. Mais significativo, porém, era o grande número de clérigos empregados para entregar cartas. Acólitos, subdiáconos, diáconos, presbíteros, e até bispos estavam entre os que serviam como carteiros.[161] Identificando e muitas vezes recomendando o portador dentro do corpo da carta, Agostinho, como Cipriano, não somente mostrava quanto valor ele dava a que sua correspondência fosse entregue em segurança, mas também quanto ele apreciava o ministério desses colegas.[162] Certamente sua apreciação por esse ministério aumentou depois que a sua relação com Jerônimo sofreu abalo porque as cartas chegaram com atraso.[163]

Quarto, Agostinho envolveu seus discípulos, especialmente Alípio, Possídio e Evódio, nos concílios da igreja africana. Participando dos debates conciliares, viajando para executar a vontade do concílio, ou apelando ao papa ou às autoridades seculares a favor da igreja africana, esses líderes se tornaram cada vez mais influentes na igreja norte-africana.

Finalmente, Agostinho envolvia seus homens em algumas de suas viagens relacionadas com negócios da igreja. Esses negócios — não relacionados com concílios africanos — às vezes, incluíam consagração

---

[159] *Rule*, 5.3-11.

[160] *On Eighty-three Varied Questions*, p. 71.

[161] *Cartas*, 191.1; 192.1; 194.1 (acólitos); 68; 73.1.1; 82.1.1; 222.3 (subdiáconos); 71.1.1; 73.1.1; 82.4.30; 110.1; 164; 174; 10*.1; 19*1; 23*.5 (diáconos); 80.1; 194.1; 197.1; 198.1; 202A.1; 224.1; 6*.1; 19*.1; 25*.1 (presbíteros); e 10*.1; 19*.1 (bispos).

[162] Nas *Cartas*, 82.1.1; 82.4.30, Agostinho referiu-se ao subdiácono Austério e ao diácono Cipriano como "meu colega" *(collegam meum)*.

[163] *Cartas*, 40.3.3,4.7.; 71.1.2.

PENSAMENTOS DE AGOSTINHO SOBRE A FUNÇÃO DE MENTOR

de bispos, encontros com líderes donatistas, restabelecimento da ordem em igrejas atormentadas por problemas de liderança e encorajamento de líderes desanimados.

Os Pensamentos de Agostinho sobre envolvimento no ministério

Tendo em vista o exemplo de Agostinho envolvendo discípulos na obra do ministério, em que ele acreditava ou o que prescrevia sobre este princípio mentorial? Continuando a demonstrar a postura de um líder servo, o bispo de Hipona comunicou no *Sermão* 49: "Sou um trabalhador como vocês e com vocês; conforme a força que Deus me deu, eu trabalho nesta vinha".[164]

Agostinho acreditava, além disso, que o líder espiritual deveria ser colocado como aprendiz mediante envolvimento prático no ministério. Convicto de que o pregador deve aprender a interpretar passagens da Escritura, Agostinho não somente propiciava modelo disto por meio de centenas de sermões, mas também, como Valério, deliberadamente, envolveu Eráclio, e talvez outros, na pregação.[165] Em *A instrução dos catecúmenos*, Agostinho partilhou com os clérigos seus princípios para preparação de crentes para o batismo, acompanhados de uma série de lições modelares para serem utilizadas com os catecúmenos. Depois de assessorar diáconos como Deográcias com essa obra, a tarefa de ensinar novos crentes continuou sendo trabalho dos diáconos.[166]

Agostinho tinha consciência de suas próprias forças no ministério, e sabia quais aspectos do ministério mais o motivavam. Sabemos que estudar, escrever e debater o atraíam especialmente; mas ele também tinha ciência de suas fraquezas e do seu desdém por ministérios tais como: administração, viagens e servir como juiz.[167] Como Valério,

---

[164] *Sermão* 49.2; também MANDOUZE, *L'aventure*, p. 139.
[165] *On Teaching Christianity*, prólogo, p. 1-9.
[166] *On the Instruction of Beginners*, p. 16-27; ver LIENHARD, "Ministry", ATTA, p. 569.
[167] POSSÍDIO, *Vida de Agostinho*, 19.6; *Cartas*, 33.5; 95.1; 122.1; 124.1; 213.5,6; 24*.1; também BACCHI, *Ordained Ministry*, p. 32, p. 39.

LIÇÕES DE LIDERANÇA DE AGOSTINHO

Agostinho envolveu humildemente outros clérigos em áreas que compensavam as suas fraquezas. Eráclio, seu eventual sucessor em Hipona, inicialmente foi desafiado a aliviá-lo dos fardos da administração e do serviço de juiz, permitindo que Agostinho tivesse mais tempo para estudar e escrever. Certamente, agradava a Agostinho que discípulos como Alípio, Evódio e Possídio se dispusessem, como se dispunham, a apelar a líderes eclesiásticos ou seculares a favor da igreja africana. Enquanto aliviavam Agostinho desses ministérios, para ele indesejáveis, esses discípulos se envolviam cada vez mais na obra do ministério e se desenvolviam como líderes por suas próprias prerrogativas.

Ao mesmo tempo em que Agostinho permitia a determinados homens que servissem em áreas do ministério nas quais ele era fraco, também se via motivado, como Ambrósio e Valério, a incentivar líderes espirituais a seguirem ministérios que correspondessem a seus dons e habilidades.[168] Oradores púnicos como Lucilo, que servia na qualidade de diácono em Hipona, e Antonino, o bispo infame de Fussala, foram escolhidos para os seus respectivos ministérios em grande parte por causa das suas habilidades linguísticas.[169] Devido a seus antecedentes e a seu treinamento em leis, Alípio parecia especialmente qualificado para servir como juiz em seu ministério em Tagaste. As habilidades de Agostinho para comunicação e debate eram postas em uso especialmente durante os concílios reunidos em Cartago em 403, 411 e 419. Sua mente jurídica foi útil durante várias viagens no interesse dos assuntos da igreja na África, e durante os apelos dirigidos ao tribunal romano e à liderança da igreja entre 419 e 421.

Finalmente, Agostinho demonstrou a importância de envolver líderes espirituais no ministério em diferentes níveis de responsabilidade, com o passar do tempo. Já mencionamos os clérigos que viviam com Agostinho no mosteiro do jardim ou no mosteiro clerical de Hipona e que, posteriormente, foram enviados para servir como bispos e clérigos nas igrejas do norte da África. Ele envolveu muitos monges na obra do

---

[168] *On the Duties of Ministers*, 1.215.
[169] *Cartas*, 84; 209; 20*.

mosteiro, também envolveu toda classe de clérigos nos diversos ministérios da igreja. Provavelmente, ele aumentava as responsabilidades de líderes promissores, antes de os separar para servirem como líderes noutras igrejas. Certamente foi o que aconteceu com Eráclio — um presbítero e membro do mosteiro clerical a quem foram confiados os deveres de administrar, servir como juiz e pregar, antes dele assumir a função de bispo quando da morte de Agostinho.

Essa importância do crescente envolvimento de discípulos no ministério também ficou evidente nos concílios da igreja africana. Apesar de Agostinho ser a figura predominante nos concílios, já observamos o crescente papel desempenhado por Alípio, Possídio e Evódio depois de 403. No concílio reunido em Cartago em 411, quatro dos sete oradores que defenderam a posição católica foram Agostinho e os alunos de Hipona, Alípio, Possídio e Fortunato.[170] Em seguida aos concílios de Milevo e de Cartago, em 416, o pequeno grupo de bispos que se encontraram para discutir mais a heresia pelagiana incluiu Agostinho, Evódio, Possídio e Alípio. Todos os quatro foram listados na parte de saudações das *Cartas* 176 e 177, que explicou ao papa Inocêncio as conclusões dos concílios e das reuniões de 416.

LICENCIANDO PARA O MINISTÉRIO

Um resultado lógico da ação de Agostinho envolvendo homens no ministério com crescente responsabilidade foi a liberação deles para serem consagrados como bispos e líderes de outras igrejas, onde eles assumiram a responsabilidade e a autoridade decorrentes desse ministério. Tendo treinado homens no mosteiro do jardim, no mosteiro clerical e na igreja de Hipona, Agostinho desejava disponibilizar seus discípulos e amigos para atenderem às necessidades da igreja na África.[171] Também se dera à tarefa de liberar líderes para o ministé-

---

[170] Ver PERLER, Othmer, "Les Voyages de Saint Augustin", *Recherches Augustiniennes* 1 (Paris: Études augustiniennes, 1958), p. 289-290.
[171] POSSÍDIO, *Vida de Agostinho*, 11.2,3; 31.8.

rio pela participação na ordenação de bispos na Numídia. Como foi observado, ele desempenhou um papel definitivo na escolha do seu sucessor, Eráclio.

Mediante seus atos e seus escritos, em que Agostinho acreditava e o que prescreveu acerca do licenciamento de líderes espirituais para o ministério? Primeiro, rompendo com a prática de Valério e de outros bispos dos séculos quarto e quinto, ele se negava a ordenar à força quem quer que fosse. Isso ficou muito evidente no caso de Piniano, como também na primeira escolha que Agostinho fez de bispo para Fussala.[172]

Segundo, Agostinho dava importância a ordenar homens de um modo que honrasse tanto a igreja local como a universal. Como ativo participante dos concílios da igreja africana, ele tinha alta consideração por sua autoridade e trabalhava para defender e sustentar as decisões desses concílios, bem como as dos concílios plenários. Como tinha conhecimento dos cânones do concílio de Niceia, de 325, que proibiam dois bispos de servirem, tendo sido procedentes da mesma igreja, Agostinho não permitiu que Eráclio fosse ordenado bispo de Hipona durante sua vida. Embora Possídio tenha escrito que Valério desconhecia aqueles cânones, Agostinho mostrou desaprovação por sua própria ordenação pela maneira como ordenou Eráclio. Ademais, parecia importante para Agostinho que a congregação estivesse envolvida na decisão e em dar sua aprovação a um novo bispo.[173] Tendo observado as consequências de não fazer isso nas igrejas de Milevo e Fussala, Agostinho teve o cuidado de assegurar a bênção do povo de Hipona para sua designação de Eráclio.[174]

---

[172] *Cartas*, 124; 126.

[173] Hefele registra que o cânone 1 do quarto concílio de Cartago indicava que se deveria buscar o consentimento dos clérigos e dos leigos, antes de se consagrar um bispo; ver HEFELE, Charles J., *A history of the Councils of the Church: from the original documents, Vol. II* (Edimburgo: T&T Clark, 1896), p. 410-411.

[174] *Carta* 213.1-6; POSSÍDIO, *Vida de Agostinho*, p. 8; também SMIRE, Paul, "Recherches sur la collégialité épiscopale dans l'église d'Afrique", *Recherches Augustiniennes* 7 (1971): p. 14; e VAN DER MEER, *Augustine the Bishop*, p. 271.

PENSAMENTOS DE AGOSTINHO SOBRE A FUNÇÃO DE MENTOR

Terceiro, apesar das grandes necessidades da igreja africana de liderança espiritual, Agostinho manteve altos padrões de santidade, sã doutrina e competência para os clérigos que ele ordenava.[175] Ele também se comprometeu a seguir os cânones do concílio de Cartago, reunido em 397, que impôs padrões estritos a todos os candidatos ao ministério clerical. Por exemplo, eles deviam ser prudentes e amáveis em sua conduta, deviam ter ao menos 25 anos de idade, e todos os membros da sua família deviam ser cristãos católicos. Também era imperativo que eles subscrevessem sã doutrina — principalmente quanto à Trindade, às Escrituras e à salvação.[176] Juntamente com a necessidade de ser um homem de caráter íntegro e de firmar sã doutrina, o candidato à ordenação precisava ser competente em suas habilidades de realizar as tarefas requeridas.[177]

Quarto, antes de ordenar um líder espiritual, Agostinho acreditava que era importante conhecer pessoalmente o candidato e a qualidade de sua vida ou, ao menos, receber uma referência confiável que recomendasse o candidato. Residir no mosteiro lhe permitia conhecer o caráter dos seus homens e determinar quem era apto para a ordenação.[178] Homens como Alípio, Severo, Profuturo, Possídio, Evódio e Urbano — bispos que, segundo todos os relatos informativos, serviam a igreja africana de maneira exemplar — testificavam a habilidade que Agostinho possuía de discernir capacidade de liderança. Contudo, seria incorreto supor que Agostinho podia julgar perfeitamente o caráter, mesmo do monge mais devoto. Escolher líderes tinha seus riscos, como os relatos de Paulo de Cataqua e Antonino de Fussala, ilustram. Agostinho conhecia Antonino desde quando ele entrara no mosteiro, ainda jovem. Agostinho o tinha nomeado leitor. Apesar de Antonino ter tido alguns problemas no mosteiro, Agostinho deu

---

[175] *Cartas*, 167.18; 18*; também DOYLE, *The Bishop as Disciplinarian*, p. 305.

[176] Ver HEFELE, *History of the Councils*, 2.410,11; DOYLE (*The Bishop as Disciplinarian*, p. 181, p. 305) cita os cânones 11-19 do concílio de Cartago reunido em 397.

[177] *Carta* 26*.1,2.

[178] Ver CRESPIN, *Ministère*, p. 180.

LIÇÕES DE LIDERANÇA DE AGOSTINHO

muito peso à opinião do superintendente Urbano, que recomendou Antonino para a vaga de Fussala.[179] A despeito do seu contato pessoal com Antonino e também a despeito da recomendação de Urbano, o verdadeiro caráter de Antonino não foi detectado.

Apesar de podermos afirmar com toda certeza que era impossível Agostinho ou qualquer outra pessoa discernir o caráter de um líder em potencial, parece que no caso de Antonino outros fatores distraíram Agostinho e prejudicaram o seu julgamento. Como Fussala era dominada pelos donatistas, Agostinho desejava instalar um bispo católico para engajar-se nessa peleja doutrinária. Também, como foi observado, grande parte de Fussala falava a língua púnica, e Agostinho precisava de alguém que servisse ali com habilidades linguísticas que poucos possuíam. Por isso, quando o bispo de sua escolha inicial renunciou, Agostinho deve ter ficado em grande dificuldade para suprir a igreja de um bispo que pudesse confrontar-se com uma oposição escarninha. Ademais, como o primaz da Numídia já estava a caminho para ordenar o novo bispo de Fussala, Agostinho, provavelmente, sentiu-se pressionado para prover um substituto.[180] A pressão e as circunstâncias em Fussala fizeram-no tomar uma decisão precipitada e errada, que mais tarde lamentou.

Finalmente, Agostinho, como Valério, permitia que os seus clérigos licenciados se tornassem, cada um, o seu próprio tipo de ministro. Possídio registrou que, embora Agostinho não aceitasse propriedade que fixasse sob a custódia da igreja, não proibia outros clérigos de fazê-lo. Também, embora Agostinho pouco se preocupasse em construir edifícios para a igreja, dava liberdade aos outros bispos para tomarem suas próprias decisões a respeito dessas questões.[181] Ele incentivava outros bispos a exercerem seus dons no contexto dos seus ministérios.

---

[179] *Carta* 20*.2; também CHADWICK, Henry, "New letters of St. Augustine", Journal of theological *studies* 34.2 (1983); p. 441.

[180] *Carta* 20*.3; também CHADWICK, "New letters of St. Augustine", JTS 34 (1983): p. 441.

[181] POSSÍDIO, *Vida de Agostinho*, 24.9, 13.

PENSAMENTOS DE AGOSTINHO SOBRE A FUNÇÃO DE MENTOR

Daí, parecia alegrá-lo que o ministério de Alípio em Tagaste incluísse viagens em benefício da igreja e serviços de advogado da igreja diante das autoridades seculares. Por conseguinte, quando Agostinho licenciava líderes espirituais para o ministério, ele o fazia dando-lhes autoridade e responsabilidade. Como um mentor que exercia continuada influência, ele não usava essa influência para impor direção pesada aos ministérios de outros bispos.

PROPICIANDO RECURSOS

Tendo envolvido homens no ministério, e tendo-os liberado para realizarem, cada um, seu próprio ministério, Agostinho continuou a estar disponível como fonte de recursos para líderes espirituais. Quando escolheu Eráclio como candidato a bispo eleito, ele garantiu, tanto a seu sucessor como à sua congregação:

> No caso de ele julgar necessário o meu conselho, não o recusarei; longe de mim recuar diante disso; não obstante, que tudo o que me era trazido, seja levado a ele. Deixem que o próprio Eráclio, caso ocorra alguma situação em que ele se sinta confuso sobre o que fazer, ou me consulte, ou reclame assistência de mim, que ele conhece como um pai.[182]

A disponibilidade de Agostinho estendia-se aos líderes espirituais de Hipona e da Numídia que ele tinha licenciado pessoalmente, como também a outros líderes da África e de fora da África que o procuravam como seu mentor.

Como já demonstramos, a forma primária de Agostinho oferecer recursos a líderes espirituais era mediante cartas. Ele escreveu 31 cartas em resposta a perguntas teológicas ou exegéticas feitas pelos clérigos, 18 influenciando os líderes no sentido de manterem sã doutrina, ao passo que 35 cartas continham instruções e conselhos relacionados

---

[182] *Carta* 213.6.

com questões práticas da igreja. Assim, Agostinho, à semelhança de Paulo, de Cipriano, de Pacômio, de Basílio e de Ambrósio, valorizava as cartas como um importante meio de discipular e assessorar clérigos ao longo dos seus ministérios.

No capítulo 4 também mostramos que Agostinho assessorava clérigos por meio de livros. Ao todo ele escreveu dezenove livros para os clérigos da África, da Itália, da Gália e do Egito, e ao mesmo tempo enviou outras dez obras, já completas, anexas às cartas. Como acontecia com as cartas, seus livros assessoravam os clérigos em assuntos de teologia, exegese e apologética, com vistas à manutenção da sã doutrina e de assuntos práticos da igreja. O destinatário chave de seus livros era Aurélio, a quem ele também assessorava com sermões.[183] Apesar de Aurélio não exibir forças como pregador ou teólogo, não se sentiu ameaçado por Agostinho, mas recebeu bem a sua contribuição. Mais que isso, ele usou sua posição como o primaz da África e principal responsável por convocar concílios da igreja africana para prover Agostinho de uma plataforma de recursos para os líderes da igreja em teologia, exegese e sã doutrina. Em decorrência disso, Agostinho pôde pôr suas forças em ação como pensador, escritor e mestre na obra de assessorar clérigos como Aurélio e outros.

Também vimos que Agostinho assessorou com recursos os seus ex-alunos de Hipona fazendo-lhes visitas. Às vezes, ele fazia uma parada quando ia a um concílio ou a outra cidade, ou quando voltava. Outras vezes, a visita era com o único propósito de incentivo. Durante as visitas, Agostinho assessorava seus amigos com incentivo espiritual, com ajuda prática e com a solução de problemas relacionados a questões da igreja, e ao mesmo tempo se engajava em diálogo espiritual ou teológico.

Finalmente, Agostinho demonstrava humildade ao assessorar seus ex-discípulos de Hipona, incentivando-os a visitarem outros líderes

---

[183] *Cartas*, 16*.1; 23ª*.3.

PENSAMENTOS DE AGOSTINHO SOBRE A FUNÇÃO DE MENTOR

espirituais e a recorrerem a recursos supridos por estes. Sabemos que Agostinho animou Evódio e Possídio a visitarem Paulino de Nola durante suas viagens à Itália.[184] Antes de ser consagrado bispo de Tagaste, em 394, Alípio visitou Jerônimo em Belém.[185] Agostinho escreveu a Jerônimo que estava enviando Profuturo a Belém, não somente para entregar uma carta, mas também para "ser exposto às suas agradáveis e proveitosas conversas e para ser por elas alimentado".[186] Mesmo em meio às disputas entre ambos, Agostinho quis enviar um discípulo de Hipona para aprender de Jerônimo.[187] Depois de receber Paulo Orósio para um período de estudo e mentoreado em Hipona e de assessorá-lo com o livro *Contra os priscilianos*, Agostinho o animou a visitar Jerônimo em Belém. Ele escreveu a Jerônimo: "Ensinei a ele tudo o que pude, e, quanto às coisas que não lhe pude ensinar, eu lhe disse de quem ele pode aprendê-las, e o exortei a ir ter com você".[188] Expondo seus homens a outros líderes espirituais, Agostinho reconhecia humildemente as suas limitações como mestre. Considerando-se servo, tanto do discípulo como do mestre interior do discípulo, não se sentiu ameaçado pela contribuição de outros servos, como Paulino e Jerônimo

O LEGADO DE AGOSTINHO

Brown escreve que, com a invasão dos vândalos, "Agostinho viveu tempo suficiente para ver sua obra destruída na África".[189] Na verdade, a terrível destruição que caracterizou a queda da África romana desferiu um fortíssimo golpe no movimento da igreja, quando edifícios da igreja foram queimados, freiras consagradas como virgens

---

[184] *Cartas*, 80.1; 94.1-5.

[185] *Carta* 28.1.

[186] *Carta* 28.4,6.

[187] *Carta* 73.2.5; também PELLEGRINO, *True Priest*, p. 54.

[188] *Carta* 166.1.2; também *Carta* 169.4.13; BARDY, *Saint Augustin*, p. 295; PERLER, *Les Voyages*, p. 329-330; e HEFELE, *Histoire de Conciles*, 2.1.176.

[189] Ver BROWN, *Augustine*, p. 429.

LIÇÕES DE LIDERANÇA DE AGOSTINHO

foram violentadas e líderes da igreja foram desalojados ou destituídos. Então, que houve com a obra da vida de Agostinho? Contrario à afirmação de Brown, Agostinho deixou de fato um legado à igreja africana no período subsequente à sua morte, estando incluídos alguns aspectos que continuam a ter impacto nos dias atuais.

Primeiro, de acordo com Possídio, "seu legado à igreja foi um clero bem mais numeroso".[190] No capítulo anterior registramos a lista dos bispos e dos líderes da igreja que saíram de Hipona para servir a igreja africana. Embora cinco dos dez líderes só serviram pouco tempo, por fracasso moral ou morte prematura, Alípio, Possídio, Evódio, Severo e Urbano exerceram importante papel na igreja durante a vida de Agostinho. Provavelmente, Possídio foi o único ex-aluno de Hipona que sobreviveu a Agostinho, continuando no ministério depois de 430, e é significativo notar a presença continuada de líderes católicos na África no meio da presença vândalo-ariana. Em 484, quando o culto católico foi suprimido na África, quinhentos clérigos, só de Cartago, foram exilados.[191] A despeito de uma centena de anos de dominação dos vândalos, ainda se podia ver um bispo dirigindo a igreja de Hipona, quando os bizantinos chegaram, em 533. Finalmente, 220 bispos católicos se reuniram para um concílio da igreja em Cartago, em 534.[192]

Apesar de Agostinho, provavelmente, ter influenciado muitos clérigos católicos que suportaram o período do domínio dos vândalos, é possível que o seu legado tenha sido mais sentido na transformação do ofício ministerial propriamente dito. Como um bispo-monge que tinha "monasticizado" o clero de Hipona, certamente ele ajudou a solidificar a valorização dos ministros serem celibatários. Finalmente, sua dedicação à filosofia, à exegese e à teologia inspiraram a erudição

---

[190] POSSÍDIO, *Vida de Agostinho*, 31.8.

[191] Essa decisão, em grande parte, se reverteu por volta de 496; ver DECRET, François, *Le christianisme en Afrique du Nord ancienne* (Paris: Seuil, 1996), p. 278.

[192] Ver VAN DER MEER, *Augustine the Bishop*, p. 16; e DECRET, *Le Christianisme*, p. 279.

entre futuros bispos e líderes da igreja bem dotados nessas áreas.[193] Assim como Ambrósio e Simpliciano tinham mostrado a Agostinho que ele poderia ser pensador, cristão e líder da igreja, certamente Agostinho passou essa avaliação às futuras gerações de líderes da igreja muito além dos limites da África.

Segundo, Agostinho deixou um legado de mosteiros que existiam para servir a igreja. Possídio registrou que quando os discípulos de Agostinho fundavam mosteiros, "eles preparavam irmãos para o ministério e depois os faziam seguir adiante para outras igrejas".[194] Isto é, eles sustentavam a avaliação que Agostinho fazia de que o mosteiro era um excelente centro de treinamento para os clérigos. Embora não fosse nem necessário nem recomendado que todos os monges fossem ordenados para o ministério, não obstante os mosteiros existiam para servir a igreja.

Como foi observado, Zumkeller afirma que, em fins do quinto século, existiam 38 mosteiros no norte da África, a maior parte iniciada por Agostinho ou por seus discípulos, ou ao menos influenciada por ele.[195] Tanto Quodvultdeus, correspondente de Agostinho, que provavelmente se tornou bispo de Cartago, em 437, como o bispo Fulgêncio de Ruspe (467-533), que adotou o estilo de vida monástico depois de ler os escritos de Agostinho, supervisionavam os mosteiros da sua diocese. Contudo, durante a opressão sob os vândalos, os dois homens foram expulsos da África e efetivamente deram continuidade ao legado de Agostinho, estabelecendo comunidades monásticas na Itália e na Sardenha.[196] A influência monástica de Agostinho conti-

---

[193] Para um resumo sobre esse líderes no período posterior a sua morte, ver O'LOUGHLIN, "Fifth Century", ATTA, p. 362. Para um resumo sobre a influência de longo prazo de Agostinho como pensador, ver HOWIE, *Educational theory*, p. 277-317.

[194] POSSÍDIO, *Vida de Agostinho*, 11.3.

[195] ZUMKELLER, *Augustine's Ideal*, p. 84.

[196] Quodvultdeus estabeleceu um mosteiro próximo de Nápolis, ao passo que Fulgêncio fez o mesmo na Sardenha; ver SMITH, Thomas, "Fulgentius of Ruspe", ATTA, 373,74; e Michael P. McHugh, "Quodvultdeus", ATTA, 693,94.

nuou sendo sentida oitocentos anos após sua morte, quando o papa Inocêncio IV organizou os monges da Toscana (Itália), em 1244, em uma ordem monástica padronizada segundo sua vida e seus valores.[197] Até hoje, mosteiros pertencentes à Ordem de Santo Agostinho podem ser encontrados no mundo inteiro.[198]

Finalmente, depois de investir muito de sua vida em escrever obras que, em muitos casos, eram recursos para os clérigos, Agostinho deixou um legado duradouro através de seus livros. Possídio registrou que, durante a vida de Agostinho,

> o ensino da igreja sobre a fé salvadora, a esperança e o amor, dessa forma tornou-se conhecido por meio de muitos e entre muitos, não somente em todas as partes da África, mas também em regiões ultramarinas. Por intermédio dos livros publicados, que foram traduzidos para o grego, todo esse ensino pôde, com a ajuda de Deus, abrir o seu caminho a partir de um homem e, por meio dele, para muitos.[199]

Tendo influenciado a igreja do seu tempo, Agostinho continuou sendo lido por líderes da igreja e teólogos no século seguinte à sua morte, e suas obras chegaram a impactar pensadores medievais como Tomás de Aquino (1224-1274), como também os reformadores protestantes Lutero (1483-1540) e Calvino (1509-1564).[200] A curiosidade dos eruditos modernos continua sendo despertada pelas obras filosóficas e teológicas de Agostinho em particular, como a constante corrente da erudição testifica.

Como Agostinho investiu muito da sua vida em escrever, ele ajudou seu próprio legado empreendendo, quando já se aproximava o fim da sua vida, um projeto visando classificar, recopiar e preservar

---

[197] Ver LATOURETTE, Kenneth S., *A history of christianity Vol. I: Beginnings to 1500* (Peabody, MA: Prince, 1997), p. 426-427.

[198] Para informação sobre a referida ordem (OSA), ver www.osanet.org

[199] POSSÍDIO, *Vida de Agostinho*, 11.5.

[200] Ver O'LOUGHLIN, "Fifth Century", ATTA, p. 362.

PENSAMENTOS DE AGOSTINHO SOBRE A FUNÇÃO DE MENTOR

seus livros na biblioteca de Hipona.[201] Apesar de Agostinho não ter deixado testamento, Possídio escreveu que "ele sempre teve a intenção de que a biblioteca da igreja e todos os livros que nela havia fossem preservados cuidadosamente para a posteridade".[202] Isso foi estratégico, em vista da invasão dos vândalos, pois a história tem comprovado que muitas vezes a literatura foi perdida ou destruída por conquistas semelhantes. Seus livros serviram para fortalecer a igreja no tempo dele, e continuam sendo lidos e analisados nos dias de hoje.

Sendo que Agostinho deixou um legado de líderes espirituais, mosteiros e livros, em que aspectos ele deixou de exercer um impacto duradouro? Primeiro, embora ele tenha envolvido presbíteros na obra de pregação e tenha assessorado líderes espirituais com o livro *Sobre a doutrina cristã*, podemos ver que nenhum dos seus ex-discípulos de Hipona chegou perto de ser o pregador que ele foi. De fato, os sermões de Possídio e de Eráclio revelam que os dois eram realmente fracos no ministério da pregação.[203] Parece especialmente surpreendente que Agostinho tenha escolhido para a sua igreja alguém cujas habilidades eram deficientes na área que constituía o ministério primordial de Agostinho como bispo.

Segundo, apesar da excelente contribuição literária de homens como Fulgêncio, Próspero (c. 390-455), Eugípio (c. 455-535) e Isidoro (560-636), no período subsequente à morte de Agostinho, como também os esforços modestos de Quodvultdeus e de Possídio, nenhum dos discípulos de Hipona usou da escrita para defender a igreja contra as heresias, nem para produzir recursos com obras teológicas ou exegéticas.[204] O mais provável candidato a suceder Agostinho

---

[201] Ver BARDY, *Saint Augustin*, p. 450.

[202] POSSÍDIO, *Vida de Agostinho*, 31.6-8; Possídio registrou que a biblioteca continha obras de Agostinho, como também de outros homens.

[203] Ver BROWN, *Augustine*, p. 266; MARROU, Henri-Irénée, *Saint Augustin et la fin de la culture antique* (Paris: Boccard, 1948), p. 528; e VAN DER MEER, *Augustine the Bishop*, p. 413.

[204] Ver SMITH, "Fulgentius of Ruspe", ATTA, p. 373-374; McHUGH, "Prosper of Aquitaine", ATTA, p. 685-686; O'DONNELL, "Eugippius", ATTA, p.

dessa maneira teria sido Evódio, principalmente depois de Agostinho assessorá-lo com diversas cartas e com uma pequena biblioteca em Uzalis. Mesmo que aparentemente tenha escrito uma obra contra o maniqueísmo, Evódio não conseguiu emergir como escritor.[205]

Apesar desses problemas aparentes com o legado de Agostinho, os frutos do seu mentoreado foram significativos. Na geração que se seguiu à sua morte, Fulgêncio pôde obter o seu comentário sobre o Salmo 36, e decidiu tornar-se um monge-bispo.[206] Líderes espirituais da África e de outras partes do mundo continuaram a ser inspirados por *Confissões* e pela obra de Possídio, *Vida de Agostinho*, como também a meditar nas questões teológicas que Agostinho tinha levantado.[207] Mosteiros que Agostinho iniciou ou influenciou permaneceram e até se expandiram. Finalmente, clérigos católicos ordenados continuaram a efetuar um ministério que Agostinho tinha influenciado para sempre.

338-339; O'LOUGHLIN, "Isidore de Sevile", ATTA, p. 457-458; e McHUGH, "Quodvultdeus", ATTA, p. 693-694.

[205] *Cartas*, 159; 162; 164; 169; também Brown, *Augustine*, 270, 355; Fitzgerald ("Evodius of Uzalis", ATTA, 344) credita a Evódio a obra *On the faith, Against the manichees*.

[206] Ver Smith, "Fulgentius of Ruspe"; ATTA, 373.

[207] Ver O'Loughlin, "Fifth Century", ATTA, 362.

EPÍLOGO

PASTOREANDO PASTORES HOJE

Os líderes cristãos do século 21 deveriam considerar seriamente os pensamentos de Agostinho sobre o trabalho mentorial em uma comunidade trinitária de amigos cristãos. As pessoas do mundo ocidental, em grande parte, vivem correndo para realizar mais e mais, e para atulhar de itens as suas agendas, os seus planos de ação. Essa corrida, somada à rapidez do aumento da tecnologia, tende a esmagar as relações humanas. A igreja, particularmente a representada pelos protestantes evangélicos bíblicos, parece estar em uma corrida parecida; e os ministérios de discipulado, ainda que bem programados e eficientes, muitas vezes são inteiramente carentes da noção de Agostinho sobre comunidade. Se bem que o seu monasticismo não deva, necessariamente, ser imposto à igreja moderna, a igreja se beneficiaria se fosse mais devagar e desse mais ênfase às relações de qualidade nas quais houvesse profundidade espiritual. Seria radical demais sugerir que os mentores e os discípulos compartilhassem as refeições, sem pressa, e conversassem a respeito de suas vidas espirituais? Poderiam dois colegas desligar seus telefones celulares e conversarem sobre assuntos teológicos enquanto tomassem café? Que dizer sobre fazer uma pausa, nalgum ponto do dia, e orar com um companheiro discípulo?

O tema ressonante deste livro foi que um mentor ainda deve ser um discípulo. Nada é mais atraente ou inspirador para um aluno ou discípulo do que ver seu mestre aprendendo continuamente. Qual será o plano sequencial para crescimento espiritual para pastores e líderes espirituais modernos? Aceitarão esses líderes um "irmão de coração", como Agostinho fez com Alípio, ou a ocupação nas atividades da igreja os impelirão a um desnecessário isolamento, redundando em esfriamento ou em fracasso moral?

Agostinho e os pais da igreja se comprometeram profundamente com sã doutrina baseada na adequada interpretação das Escrituras. Particularmente na América do Norte, com a ênfase em mercadejar a igreja, estamos no meio de um cristianismo sem Bíblia. Iremos permitir que uma cultura sempre em mudança e os fundamentos incertos dos seus valores determinem como conduzir a igreja e discipular crentes? Que dizer de um avivamento do estudo bíblico e teológico entre pastores e leigos? Podemos imaginar-nos treinando novos crentes como Agostinho animou Deográcias a fazer em sua obra *A instrução dos catecúmenos* — com paixão, alegria e firmeza teológica?

No contexto do "fardo" do ministério, Agostinho, como Valério, tinha consciência dos seus defeitos ou lacunas, mas se entregou à obra de colocar líderes capazes naquilo em que ele era fraco. Ele envolvia deliberadamente homens no ministério em nível cada vez mais difícil, e alegremente os liberava para realizarem seus próprios ministérios. Será que os líderes da igreja atual examinam intencionalmente a liderança potencial a seu redor e buscam pessoas capazes de deixá-los na sombra? Reconhecem potencial em outros e os animam a avançar com fé, a despeito da hesitação deles? Confiarão eles, alegremente, a outros alguma responsabilidade no ministério, ou a reterão possessivamente, acreditando que são os únicos que podem ter essa responsabilidade?

Quando Agostinho escrevia cartas mentoriais e visitava amigos, deliberadamente mantinha contato com eles. Como ministrar incentivo era um valor essencial em sua abordagem mentorial, esta não ocorria sem comunicação verbal. Hoje em dia é raro alguém colocar a caneta no papel, mas os líderes espirituais bem que poderiam seguir o exemplo de Agostinho com e-mail, viva voz ou enviando mensagens de texto. Ou poderiam investir tempo em comunicar incentivo pelo

telefone ou por visitas pessoais. Repetindo, oferecer recursos ou encorajamento exige sacrifício de tempo, certamente tirando-nos de outras
tarefas e realizações. Contudo, uma vez que a igreja é uma corporação
de pessoas, essa valorização agostiniana da amizade e da comunidade,
deveria constituir a prioridade, acima de todos os outros trabalhos.

Sua opinião é importante para nós.
Por gentileza, envie-nos seus comentários pelo e-mail:

editorial@hagnos.com.br

Visite nosso site:

www.hagnos.com.br